烽火坪石

詹文格 周齐林 刘帆 著

中山大学出版社
·广州·

版权所有　翻印必究

图书在版编目（CIP）数据

烽火坪石/詹文格，周齐林，刘帆著 . —广州：中山大学出版社，2022.4
ISBN 978-7-306-07468-3

Ⅰ. ①烽…　Ⅱ. ①詹…　②周…　③刘…　Ⅲ. ①中山大学—教授—生平事迹　Ⅳ. ①K825.46

中国版本图书馆 CIP 数据核字（2022）第 040265 号

出 版 人：	王天琪
策划编辑：	熊锡源
责任编辑：	熊锡源
封面设计：	曾　斌
责任校对：	靳晓虹
责任技编：	靳晓虹
出版发行：	中山大学出版社
电　　话：	编辑部 020-84110283，84113349，84111997，84110779，84110776
	发行部 020-84111998，84111981，84111160
地　　址：	广州市新港西路 135 号
邮　　编：	510275　传　真：020-84036565
网　　址：	http://www.zsup.com.cn　E-mail：zdcbs@mail.sysu.edu.cn
印 刷 者：	佛山市浩文彩色印刷有限公司
规　　格：	787mm×1092mm　1/16　12 印张　202 千字
版次印次：	2022 年 4 月第 1 版　2022 年 4 月第 1 次印刷
定　　价：	35.00 元

如发现本书因印装质量影响阅读，请与出版社发行部联系调换

作者简介

詹文格，男，中国作家协会会员，东莞市作家协会副主席，副高职称。已在《人民文学》《人民日报》《青年文学》《小说选刊》《小说月报》《北京文学》《天涯》等数十家报刊发表作品，已出版长篇纪实作品4部，小说集1部，散文集2部。其中《激光先驱邓锡铭》入选全国中小学生必读书目；《行路中医》入选2017年中国作协"中国梦"主题专项重点扶持项目，并荣登2020年3月中国出版协会文学好书榜。先后获"恒光杯"全国公安文学奖，第二十四届孙犁散文奖，第四届广东省"九江龙"散文奖、第三届广东省有为文学奖"有为杯"报告文学奖等。

周齐林，中国作家协会会员，二级作家，副高职称，广东文学院第五届签约作家，广东省散文创作委员会委员。在《作品》《北京文学》《青年文学》《山花》《长城》《清明》《散文选刊》等纯文学刊物发表作品100余万字。曾获第三届三毛散文奖、华语文学民间散文第一大奖第四届"在场主义散文奖"新锐奖、第四届和第五届广东省散文奖、第六届东莞荷花文学奖、第四届延安文学奖散文奖、首届和第三届青年产业工人文学奖等奖项，著有散文集《被淘空的村庄》《少年与河流》《底色》等。

刘帆，男，中国作家协会会员，《荷风》执行主编，文学创作三级。作品散见于《芒种》《作品》《时代文学》《山西文学》《小说月刊》《红豆》《百花园》《人民日报》（海外版）等报刊。2017第三届上海市民诗歌节诗歌创作比赛一等奖、2017年度全国小小说十大佳作奖、第七届东莞荷花文学奖等奖项获得者。作品被《小说选刊》等权威选刊转载，并被收录于各种年度选本、排行榜和中学语文试卷。著有散文集1部、诗集3部、小说集1部，编辑图书10余部。文学研究有《小小说的思维与风尚》等理论文章。

内容简介

本书用非虚构叙述方式，聚焦艰苦卓绝的抗日战争时期中山大学一批东莞籍教授在韶关坪石烽火岁月中的教学经历，用独特视角梳理和叙述他们的精神脉络，为国家、民族和社会留存天地浩然之气与文化命脉。抗日战争时期是中国历史上一个独特的历史时期。为躲避战火，中山大学师生迁徙流离，经历了艰难困苦的不平凡岁月。《烽火坪石》作为一部反映抗战时期东莞籍知识分子"坪石先生"爱国主义精神的长篇历史散文著作，用历史的观感和人文的追叙，客观还原了东莞独特地缘背景下，东莞籍"坪石先生"与所有的中大教授一起，坚持学术、热爱祖国、热爱教育、热爱人民的可歌可泣的历史面貌和历史事迹，生动形象地再现了这批爱国者的书生气质和精神文化追求。他们将人生际遇同祖国的前途、民族的命运和未来紧密联系在一起，为保存学术实力、赓续文化命脉、培养急需人才、开拓民族空间，做出了不可磨灭的贡献。他们的奋斗，表达了一种自强不息的民族精神和抗战必胜的坚强信念，是华南教育历史活化的重要组成部分，更展现了中山大学百年名校的迷人风采和崇高风骨。

长篇历史散文《烽火坪石》，用文学的方式深入挖掘动荡年代下"坪石先生"跌宕起伏的故事，写出了个人与时代共振的命运和厚重感，注重可读性与文学性，具有很好的历史价值和社会价值。

目　录

引　言 …………………………………………………………… 1

第一章　中大，民族的脊梁 ……………………………………… 9
第二章　邓屋，寻找精神的原乡 ………………………………… 23
第三章　坪石，烽火的记忆 ……………………………………… 42
第四章　被兑换的怀表 …………………………………………… 60
第五章　燃烧的火焰 ……………………………………………… 84
第六章　温顺的傲骨 ……………………………………………… 94
第七章　烟波深处 ………………………………………………… 117
第八章　一个教授的战争与文化 ………………………………… 150

参考文献 …………………………………………………………… 181
后　记 ……………………………………………………………… 182

引　言

　　故乡是生命的根脉,当我们走进桥头、虎门、莞城、万江那些脐带似的巷道时,似乎随处都能听到历史的回声。漫步莞邑大地,追寻精神的伦理,凝视灵魂的表情,倾听心底的涛声。作为探访者,我们顺着东江的流向,深入"莞籍坪石先生"的家乡,去追怀先贤的来路。

　　为探寻真理的宝藏,沿着他们跌宕起伏的命运轨迹,重温莞人的倔强与坚韧。那是一代风范长存的知识分子,他们博大的情怀和深沉的力量,如同一座巍峨的丰碑,成为精神的源泉和时代的定海神针。

　　历史是一幅壮观的图景,所有的亮点都会在深邃的时空中散发出耀目的强光,它以迅疾的速度,无声地穿过岁月的缝隙,照亮无边的旷野。苍穹之下,可以清晰地回看那些硬朗的身影和矫健的步伐,他们是一群气节高昂的东莞先贤。

　　岁月悠长,在宽广的美学谱系里,有无数经典的画面,给人持续的滋养。面对群体的雕像,我们会有内在的心灵呼应,能感知精神的重量。回溯那一代极具辨识度的知识分子,从每一个细部都能触摸到金石的质感、骨头的硬度,透过生命的光泽,看到一代人的高贵品格,从而体会到他们肩负的使命和责任。

　　当国家和民族进入危亡之际,他们没有丝毫的畏惧和退缩,更没有逃避和袖手旁观,而是积极投身文化兴邦和学术救国的时代洪流。在民族解放和国家独立的斗争中,薪火相传,英勇奋进,像夜空的星辰散发出璀璨的光芒,成为引领时代的先锋和旗帜。

　　中国知识分子最难能可贵的品格莫过于骨气和情怀,他们能把国家民族的利益放在首位。"先天下之忧而忧,后天下之乐而乐""天下兴亡,匹夫有责",这些都是中国知识分子崇尚的品格。在伟大的历史进程中,如果没有先贤的精神作为指引,人生就像一条没有航标的河流,失去前行的参照。只有将个人思考放置在具体的人生与时代大潮中,方可呈现整个群体的崇高风范,才能在岁月的阻隔

中穿云破雾,再度相逢;才能深切地感知他们在抗战烽火、续接文脉、迁徙奔波的艰难中孕育的民族豪气。

我们从不同的细节中就可看出,老一辈学人经得起考验和磨难,纵使身处逆境,爱国爱乡之情依然矢志不移。他们坚韧执着,信念如山,无往不至。无论是战火纷飞,还是地动山摇,始终坚守信念,躬耕教坛,为人师表。在人类的精神家园培植无数的新绿,带出了一批又一批学术传人。他们那种殉道者的气质贯穿了生命的始终,这是一群夜行的提灯者,一群为理想献身的学人。

为铭记历史、面向未来,2020年5月,《东莞日报》策划了一个反映本土人文历史的重要选题。这个命名为"您好!莞籍坪石先生"的系列专题,以一种回眸历史、钩沉往事的视角,重温艰苦卓绝的烽火岁月,呈现了光耀学界的邓植仪、容肇祖、郑师许、陈安仁、吴壮达、何作霖、邓盛仪、袁镇岳等一批"莞籍坪石先生"的学人风范。

"莞籍坪石先生",这是一个特定的称谓,也是一种深沉的追怀。当年他们为了保存我国的文化实力,培养急需人才,拓展救亡空间,为抗日战争时期的教育事业做出了不朽的贡献。"莞籍坪石先生"的英名,不仅留存在中山大学的百年校史上,而且闪耀在东莞文化先贤的坐标中,他们身上散发着一个群体的光亮。出生在特殊年代,成长在艰苦环境,他们的青少年阶段正值风云激荡的晚清:戊戌变法、庚子战乱、废除科举、新政立宪……

面对千年未有之大变局,一代热血青年屡屡产生复兴民族的冲动,那是一个最能考验意志的时期,一言一行都在检验品行与热度。事实证明,中国知识分子具有追求真理的秉性,拥有强烈的爱国传统和忧患意识,尤其在生死存亡的重要关头,这种意识特别强烈。

抗日战争爆发后,一大批知识分子不论年龄,不分区域,不问专业,他们面对国家和民族的危难,义无反顾地投身全民族抵抗运动。为了共同的理想和目标,不再计较个人的学术生命、成果得失,一代学人在炮火硝烟中,与爱国师生一起向世人宣示了"誓死不当亡国奴"的信念和决心,以顽强不屈的民族精神谱写了一曲曲时代壮歌。

时光荏苒,转眼岁月向前推移了80多个春秋,但是那种民族的彻骨之痛并没有消散,不管侵略者如何美化自己的罪行,公理与真相将永远留存天地间。曾被侵略者践踏的家园伤痕犹在,那些镌刻在碑石上的印痕时刻提醒我们:牢记历史，勿忘国耻。

为弘扬东莞先贤的爱国精神，铭记血与火的抗战记忆，回望那段沉痛的历史，我们从文献的字里行间去重温往昔，从绵密的细节中去感受前辈的生命激情。

生逢太平盛世的年轻一代，过着衣食无忧的生活，无法理解乱世的凄惨。对于形如草芥的普通百姓来说，乱世就是生计的沉重，为一饭一粥发愁，为养儿育女一筹莫展，仅"衣食"二字就压力如山。特别是乱世使社会秩序崩溃，安全感丧失，朝不保夕，随时处于绝望境地，让人无法心安，正如杜甫所言：乱世少恩惠。

20世纪上半叶的中国，留下了危机重重、悲壮四溢的历史画面。那段岁月写满了苦难与新生、抗争与自强，留下了一个古老民族的悲伤和屈辱。

在日本侵华期间，恶行累累的日军，不断制造血腥屠杀，公然无视国际战争法，以轰炸、纵火、劫掠、暴虐等野蛮手段，肆意摧毁中国的学校、科研机构、出版社、图书馆、博物馆……对我国文化教育事业实行有计划、有预谋、长时期、大规模的毁灭性摧残与破坏，给中华民族造成深重的心灵创伤，这不仅仅是一种单纯的战争行为，而是一种丧尽天良的阴谋和罪恶！

1937年7月7日，卢沟桥事变爆发，日本对中国发动了全面的侵略战争，其间对中国高等教育更是实施了疯狂的破坏，使中国高等教育事业遭遇了一场空前劫难。后来包括北京大学、清华大学、南开大学在内的一大批高校在战火中被迫南迁。那是中国高等教育史乃至世界高等教育史上一次罕见的大迁徙，被称为中国高校的"万里长征"。这次艰难的征程意义重大，使中国经过几十年艰难发展起来的宝贵教育资源，以及高等教育的文脉得以保存，使国家经济建设和战后恢复所需的精英人才培养没有中断。

据相关史料记载，截至1937年10月，除当时北平的14所大学因敌人盘踞而未被轰炸外，3个月来，全国共有23所高校被轰炸。到1938年8月底，全国108所高等院校中，有91所遭到日军破坏，其中25所因损失惨重，实在难以恢复而被迫停办；教职员工减少17%，学生减少50%；高等教育部门直接财产损失（包括校舍、图书、仪器设备等）达3000多万元。

教育机构并非军事设施，按照战争惯例不会被纳入攻击范围，可是丧心病狂的日军为何要将炮火对准中国的高等院校？显然是有深层原因的，而且这个原因

在今天看来，无异于国家犯罪，日本侵略者丧尽天良，是反人类的。侵略者的阴险恶毒，正是："欲要亡其国，必先亡其史；欲要灭其族，必先灭其文化。"日寇深知文化是一个民族的根本，如果想切断一个民族的根脉，必先铲除这个国家的文化。

日军在占领区建立了奴化教育的统制机关，如报社、杂志社、通讯社的建立，各种教科书的修改和编印，通过收买、欺骗、引诱、麻醉与强迫文化人和青年知识分子学习日文，为其服务。透过这种表现，可以窥探侵略者的终极目的。

早在1868年明治维新之后日本就暴露了狼子野心，随着其资本主义的显著发展，开始迈上对外扩张的军国主义道路。从19世纪末，日本政府就着手推行吞并朝鲜、夺取中国东北，进而征服全中国、称霸亚洲的基本战略。

1932年"一·二八"事变，日军大规模轰炸上海同济大学、持志学院、上海法学院、国立中央大学商学院。五年后，卢沟桥事变爆发，日军的侵略行径更加嚣张，他们肆意蹂躏，疯狂践踏。在天津，南开大学成了日寇破坏的主要目标。1937年7月29日凌晨，日军首先将炮火对准南开大学，炮击之后，接着又出动多架飞机对校园进行了长达数小时的猛烈轰炸。为此，这所闻名海内外的著名学府遭到了日军的彻底破坏，残垣断壁，百孔千疮，惨不忍睹。

在整个侵华战争中，日军把中国的各大院校作为破坏目标，有选择地重点轰炸了上海的复旦大学、同济大学，南京的中央大学，广州的中山大学等数十所著名院校。

全面抗日战争时期，在大部分国土相继沦陷的形势下，为了避开日军的铁蹄蹂躏，保存"读书种子"，为日后建国大业储备人才，很多大学相继内迁。这次大规模院校内迁，饱含了师生的汗水和泪水，成为中国教育史上的重大事件！其深远影响和现实意义，无论怎样去称赞都不为过！保存学术实力、赓续文化命脉、培养急需人才、开拓内陆空间，更重要的是表达了中华民族顽强的民族精神，以及抗战到底的信心和决心。

抗日战争时期中国高校如此大规模内迁，且坚持到最后胜利，这确实是一个世界奇迹。北大、清华和南开三所名校在昆明成立西南联合大学的历史可说是家喻户晓，载入史册。但很多人并不知道，几乎在同一时期，中山大学4000名师生在颠沛流离中弦歌不辍，从广州开启了一路西迁的漫漫征程。

中山大学的前身是孙中山先生创立于1924年的国立广东大学，1926年定名为国立中山大学。1938年10月中旬，广东沿海军情告急，日军逼近广州，粤当局已经撤离。中山大学在短短的十几天内，将学校的设备、图书以及其他用品打包捆扎，联络船只，于10月下旬分批撤离。

时任代理校长萧冠英、教务长邓植仪以及各院院长指挥人员将学校的仪器设备、图书资料紧急搬运，趁着夜色的掩护，抢时间装船启航，前往西江上游的罗定。

为安全起见，当晚全体师生和家属同步开始撤离，邓植仪和家人只携带少量的衣物与用品，在夜幕的掩护下匆匆启程。

他在忙乱中只挂念着学校的搬迁，家庭和个人的事情根本无暇顾及。从此，在隆隆的炮声中，邓植仪与师生一道，开始了动荡不安的人生之旅。

从1938年10月至1939年2月，全校师生经过4个多月的辗转迁移，有的经越南乘船，更多的则徒步从广西一路向西挺进，最后有245名教职员工、1936名学生到达云南澄江复课。

把寺庙与道观作为教室和宿舍，这是战乱时的无奈之举。远道而来的师生刚经历艰难跋涉，身心疲惫，可是当清晨醒来，放眼望去，只见山间流泉飞瀑，头顶云海苍茫，望着山野秀丽的景色，愁蹙渐次消散，纷乱的内心便在林泉深处获得了短暂的平静。

掩映在山林中的寺庙，如同出世的隐者，藏身于风景秀丽的山川。想着那是佛祖的来路，每走一次都是净化的过程，心间顿生感动。不知到此栖身的师生之前是否想过，一座寺庙和一所学校，彼此之间会有多远的距离？在常人眼里，二者是风马牛不相及的事物，没想到有一天竟会如此接近，彼此相容。抛开世俗功利的因素，寺庙与学校虽是两种不同的文化符号，但坚持信仰、历经磨难、修成正果的指向，却有着相似之处，带给学生新的希冀和期待。平时对某些事物总容易忽略，直至重要关头，所有隐含的意义就会突然闪现，让人豁然开朗。

搬迁之路，不仅是艰辛和磨难。跨州过省，甘冒风险，一路走来，既有对信仰与理想的考验，又有对责任与担当的要求。日复一日，说不尽的喜怒哀愁，只有奔忙依旧。那种脚力的较量，让一些条件优越、阅历不深的学生想起了《西游记》里人物的经历。魑魅魍魉，鬼怪传说，每一步都是挑战。

在澄江，远行而至的中山大学像一棵移植高原的大树，一头扎进泥土，开始吸收高原的阳光与养分……

在那个幽暗的长夜，大学作为人才与知识的渊薮，如同大地上的发光体，烛照了无数前行者的道路。在坚持办学、坚持抗战、传播文明、造福地方的同时，推动了西南地区社会的发展。中山大学在澄江逗留的时间虽然不长，但对当地的交通、经济、教育、文化、卫生事业却起到了重要的影响和促进作用。而对于中山大学的师生来说，同样大有所获，留下了弥足珍贵的回忆文字和影像资料。他们以标本意义保存了民国时期澄江的社会风貌和人文记忆，为研究者提供了宝贵的文化史料。可见历史是由无数个体所创造的，在奔涌向前的大江大河中，我们永远无法忽略其中每一道波纹，每一朵浪花。

人世间总有一些记忆是刻骨铭心的，每当谈起抗日战争时期的大学内迁，相信喜爱阅读的人都会想起齐邦媛的《巨流河》，老人用一种悲伤的笔调开篇："二十世纪，是埋藏巨大悲伤的世纪。"

齐邦媛一直深深地记着1943年8月底的那个中午，一家人从重庆出发，坐船前往乐山。是时，天降暴雨，父亲的长衫全部湿透，从头发往鞋上流淌成一条水柱。更要命的是，拂晓醒来时，在破旧的船上，齐邦媛发现母亲身下流着血，一岁半的妹妹却不见了踪影。与此相类似的还有另一位武汉大学西迁者的回忆：船过三峡时，武大一位职员的孩子掉进了江中，尽管那位母亲撕心裂肺，悲哭长嚎，可是并没有人敢去救那个可怜的孩子……

回望远去的历史，如果作为隔岸观火的回忆，大学西迁写在纸上仅仅是几页简单轻浅的汉字，却感受不到锥心的疼痛和彻骨的悲伤。但是一旦落实到当事者身上，立刻就有了大山般的沉重，那种沉重是由无数的生死危难构成的血泪史。

对于今天的人们来说，那样的境遇几乎难以想象，不管陆路还是水路，一票难求。有些师生为了一张船票，竟然苦等了两个多月才拿到手；在西迁途中，不时遭受日机轰炸，仪器、资料损失惨重。更要命的是，时值春夏之交，高原湿暖，瘴疠盛行，不少师生染疴在身，体弱者无法抵抗，一病不起，生命的小舟沉陷不起，淹没在迁徙的途中。

征途漫漫，一路上再苦再难也没有动摇师生的意志，如同江中逆流而上的船只，留下了一个又一个意味深长的隐喻。逆水行舟，不进则退，它鞭策和启示着青年学子，与母校同呼吸、共患难。

在抗争的艰难时刻，大家心中为着一个共同的目标，只要能开课，其余的困难都不叫困难。找不到像样的教室，学生就与佛像同堂，在罗汉的簇拥中上课。

没有课本、讲义和参考书，大家发挥智慧，想尽办法，共克时艰。

烽火岁月，长途奔袭，无论是老师还是学生，都渴望找到一方净土来修复百孔千疮的人生，可是兵荒马乱的年代，除了硝烟炮火，哪能寻得到真正的世外桃源？澄江时期，师生的生活十分困难，中山大学首任校长邹鲁在《告同事同学书》中写道：

"本校迁澄后，虽得按时上课，然交通、卫生、警卫、各方面仍多缺憾，于咐息甫定百事草创之际部署备感困难……"

"乃数月以来，米价高涨，百物腾贵，一般同事同学，依然埋头教学，日则节膳忍饿，面多菜色，夜仍焚膏继晷，目注芸编，苦斗精神，始终不懈。而生活之困窘，今且更甚，一斗粗米费逾五十元，一碗白饭至三四角，物价房租，飞涨至数倍、十数倍而势犹未已。"

1940年7月，不仅滇南地区物价再度暴涨，而且周边疫病流行，加上日军正在策划从越南进攻云南，使生活极度艰难的师生们雪上加霜。为了寻得更多的安全保障，万般无奈之下，中山大学决定再次搬迁。

在迁往粤北坪石之前，时任校长许崇清亲自撰文，在澄江孔庙亭台东侧立碑纪念，记录了中山大学迁校以及在澄江的办学经历。碑立好后，许崇清特意请澄江人汤继昌拍摄了一张照片带回广东。中山大学迁粤后，东龙潭碧泉的层青阁门头上用墨笔书写的英文"澄江第一景"（原文为 First Scenery of Cheng Chiang），一直清晰完整地保存着。

初到坪石，困难可想而知，从教学到生活，处处受到条件限制，设施设备一切皆得从零开始，各学院无法集中一处办学。从广州到澄江，从澄江到坪石，行走在路上的中大师生，已经把困苦当成了常态。

在大家的共同努力下，学校如期复课，各项工作有条不紊地进行。最让人惊喜的是中大抵达坪石后，还聘请到了一批著名学者来校任教，学校的师资力量大幅增强。

人才是办学的第一要素，由于有一批名师支撑，无论在澄江还是坪石，中山大学的教学质量都处于领先水平。办学条件虽然艰苦，但各学院逆势而上，开展有针对性的教学和科研活动。同时广泛开展社会调查，对弄清粤北、湖南、广西等地区的政治、经济、社会、少数民族情况，以及矿藏、水土、森林、动植物资源等均做出了重要贡献；在宣传抗日、普及科学文化知识方面也发挥了积极作用。

从古至今，中国知识分子始终坚持"以天下为己任"的崇高追求和人格理想，无论是身处要位，还是身陷逆境，他们都以内在的修为来提升自我，将社会理想与人生抱负放在首位；努力超越实用主义的狭小视野，将审美理想视为通往人生解放与精神自由的通道。

80多年过去了，回望来路，我们似乎还能听到"莞籍坪石先生"的心灵足音。如果将东莞、中大、澄江、坪石这些特殊的名词描绘成一张精神地图，那么，我们就能深切地感受到一代先贤的高贵品格和浩然正气。穿过硝烟烽火，他们用傲岸的人格守护了一个民族的独立精神！

第一章 中大，民族的脊梁

一

如果在历史的背面刻一条直线，那么在邓植仪和中山大学的生命轨迹中，坪石就是一个无法绕开的节点。面对辽阔的精神原野，注视大地上星罗棋布的村庄，我不由想到了费孝通的《乡土中国》。

长河浩荡，岁月匆匆，屈指数来往事已经远去了80多个春秋。当我在21世纪的天空下，将目光投向粤北，投向坪石这个边陲小镇的时候，那里已经重新燃起了文化的火焰。80多年前的点点滴滴，已沉淀为精神的印迹，凝固成历史的遗存。

从个体到群体的汇集，有一条清晰的路线。位于韶关乐昌西北部武江上游的坪石镇，属于典型的南方丘陵地区，是个以熔岩地貌与丹霞地貌为主的小型盆地，在这个岭南与内地的交接点上，我看到了熟悉的山川河流与自然风物。

形态各异的山丘成片耸立，馒头似的山形，幽深的岩洞，鬼斧神工的怪石，彰显出粤北山区的地域个性。节理发达的红砂岩支撑起险峻的山体，像一群四肢裸露、身体雄健的肌肉男。

在坪石，时光的钟摆略见缓慢，炊烟带着山乡的节奏，徐徐飘荡。如果我们借用新的眼光和新的视角去记录历史，猛然间就会发现，身边那些司空见惯的普通风景，某种寻常的事物，都带着特有的气息和细微的痕迹，它们如同生命的密码掩藏着记忆的伦理。

关山重重，空间阻隔，尽管在粤北感受不到海风的吹拂和涛声的喧腾，但是山自有山的定力。这里的红砂岩虽然硬度不一，有些岩性还不够稳定，容易风化，可这些岩石却用不同的色彩与硬度，塑造出独自的个性，让我们明白石头与

石头之间也存在巨大的差异。

在东莞的乡间，或者说在更广阔的岭南地区，我经常与这种红色的岩石迎面相遇。红色是鲜明的印记，曾经在很长一段时间里，红砂岩都是这里的常用建材。巨大的岩石如同肋骨一样，从山体中分离，然后再在石匠手中切割加工，制作成门框、窗台、柱石、墙砖，成为组合房屋的重要构件，默默支撑起无数的岭南建筑。

红砂岩以一种朝夕相处的方式，进入了人们的生活和日常，让这些自然产物有了特殊的意义。行走在粤语的平原上，每当见到这种深红的岩石，我就会心存敬意，很自然地联想到人体的肌肉和骨骼；矿石隐藏在地层深处，不被发现，但正因为这些藏于底层的筋骨，才有力地支撑起生命的大厦。

历史虽然已经悄然远去，但是那些闪光的遗珠并没有长久地沉没，总有一些热心人不忘收集、发掘、整理和打捞，拂去覆盖在其表面的尘埃，让沉潜于河床的富矿成为精神的舍利。

2019年6月，广东省"三师"（规划师、建筑师、工程师）专业志愿者委员会、广东省文物考古研究所等团体组织在坪石一带开始行动。他们对中山大学坪石抗战办学历史遗址遗迹进行系统发掘、保护和活化利用。这是一次有意义的行动，让我们有机会再次感知那一代知识分子的热血和心跳。

历史的经验已经证明，古今中外，不管哪一场战争，都是生灵涂炭的人造灾难！无论对国家和民族，战争带来的都是无情的杀戮和毁灭性的摧残。不仅让冲锋陷阵的将士在前线流血牺牲，就连后方的普通百姓也是朝不保夕，随时都有生命之危。

长久的和平和持续的幸福，让泡在糖水中的人们麻木起来，忘记了战争的残酷，面对泡沫泛起的快餐文化，许多宝贵的东西都成了过眼云烟。事实证明，那些震撼人心的画面，那些触动灵魂的片断，要比庸常俗套的讲述更有吸引眼球的优势。我曾被一个介绍抗日战争时期大学南迁的视频深深地感动。那是一个让人百感交集的年代，忍辱负重、自强不息的民族精神在血管中汩汩流淌，那些被压在心底的悲伤苦痛，家仇国恨，强烈地渴望找到一个宣泄的出口。

我的手机存储了一个有关抗日战争时期我国高校内迁的视频，一位容貌端庄的女孩，站在一幅大型图片下，动情地讲述。她说：你知道吗？在中国，有这样一所大学，校舍又丑又破，从开办到结束不过短短8年时间，毕业学生共计3882

名。数量虽然很少，但是荣耀却很多，从这所学校走出了两名诺贝尔奖得主，4名国家最高科技奖得主，8名"两弹一星"元勋，173名两院院士和百余名人文大师，在学校纪念碑的背面，还刻有834名参加抗日战争的学生的姓名。说到此处，想必你都已经知道了答案，这所大学堪称"中国教育史上的珠穆朗玛"，它有一个如雷贯耳的名字——国立西南联合大学，简称西南联大。

在高远的天空中，西南联大如同一道直射的强光，吸引着无数注视的目光。但是我想在此郑重地作一个补充，在那道强光背后，还有许多明亮的星火在闪烁，就如抗日战争时期的中山大学，同样遭遇了与西南联大一样的悲壮命运。师生员工从广州出发，由西江，经梧州、南宁、龙州，入安南（今越南），转云南，最终落脚澄江。

战争使大批师生颠沛流离，艰难跋涉，这是时代的不幸。然而抗日救亡，赴汤蹈火，民族振兴，披荆斩棘，在艰难中，大家心手相牵，多难兴邦，这又是一个民族的大幸。面对战争这个书写的母题，我似乎看到了一条永不屈服的浩荡江河，它不舍昼夜，激越奔涌，最终抵达无边的壮阔。

跋涉中的师生有着无比深切的感受，苦行就像朝圣，从澄江奔赴坪石的路上，邓植仪脑海中不时闪现四年前的场景，战火纷飞，灾荒与战乱同行，国难与校难重叠。中大师生在生死存亡的关键时刻，表现出了崇高的爱国主义精神，体现了宁折不弯的民族风骨。处在煎熬中的邓植仪深深地懂得了"民族危亡"这四个汉字的深刻含义。

从1937年8月至10月，1938年3月至6月，在不到一年的时间里，中山大学的校舍被日军飞机先后轰炸10余次，投弹50多枚，多处校舍被夷为平地，造成5人死亡，10余人受伤。图书仪器损失惨重，学校被迫停课……

遭受空袭之后的中山大学，多数生员离校避难，可是因各种原因，还是有部分人员无法撤离，即使有机会撤离，他们也不愿离开，因为他们觉得还有比个人安全更重要的事情急需处理。

萧冠英、邓植仪和各院院长都在安排人员紧急转移学校物资。如果不是遭遇战乱，颇具规模的中大图书馆就是师生心中的理想天堂，然而，在侵略者的铁蹄下，天堂也会有刺耳的乱音。当战火步步逼近的时候，中大图书馆就像一幢苦心营建的华美宫殿，陷入了一场史无前例的劫难之中。

面对毁灭性的"书劫"，广东南海人杜定友站到了巨浪的前头。这位中国近

代图书馆事业和近代图书馆学的奠基人,以一种勇于担当的责任感和使命感,做出了抢救图书的决定。

历时115天,长达万余里的颠沛流离,经历了如唐僧西行般的艰难。面对图书的漂流,整个中山大学最忧心如焚和寝食难安的人当属图书馆馆长杜定友,他做梦都在操心这些书的命运。

嗜书如命的杜定友多才多艺,他爱书之余,擅长做手工,那些陈列在图书馆内设计精巧的家具全是他亲手制作,完美的制作堪称工艺品。对于他的手艺,同事们平时倒没有感觉太多的意外,可是当中山大学面临紧急西迁的时候,他的小手艺终于派上了大用场。

抗日战争之前,中山大学图书馆的藏书已接近30万册,藏书量在民国高校中名列前茅。杜定友深知一所大学的存在离不开书籍,离不开图书馆。没有图书馆的大学无法构建精神的殿堂,就像寸草不生的沙漠,荒芜一片,不见绿树,让人痛苦和绝望。

1937年中山大学遭遇空袭后,杜定友与员工一起将珍贵的古籍转移到香港九龙货仓保存。1938年广州告急,馆内图书急需寻找去处,杜定友反复估算,如若馆内图书全部搬迁转移,仅木箱就需要1200只,可是学校批下来的200元经费真乃杯水车薪,只够买67只木箱。

怎么办?珍爱图书的杜定友不愿眼睁睁看着大批好书毁灭而坐以待毙。作为中大图书馆馆长,他决定与书同在,与书同行。在极短的时间内,他发动图书馆全体教职员工把书架、书桌、门窗、板凳、黑板全部拆解开来,改造成木箱。最终赶制了299只木箱,抢救出5万多册珍贵图书。可令人痛惜的是,余下20多万册图书没能救出,只能无奈地看着它们在沦陷的炮火中化为灰烬,或散落流失,不知所终。

对于视书如生命的杜定友来说,这是一次致命的打击,他心疼得无法承受。后来他在一篇文章中感慨道:"十万图书化为灰烬,余职司典守,呵护无力,罪该万死,回想前尘,不禁老泪纵横。"

杜定友一生都在与书相爱,与书相恋,他是真正理解"书中自有千钟粟,书中自有黄金屋,书中自有颜如玉"的人。不管是远迁澄江,还是回迁坪石,他都让一个漂泊中的大学弥漫着浓浓的书香,让一群落魄书生在战火中多了一种高雅的气质,多了一种体面的人生。

在广州第一次搬迁时，杜定友就以天才般的智慧设计好了"两用木箱"。开箱后即可叠为书架，也可改装为书桌板凳，采用"图书馆木箱化"，使旅途中的师生随时可以享用精神食粮。这个寄托一片苦心的小发明，体现了一个爱书者一生的挚爱深情，融入了日积月累的心血，他的智慧如雨露甘霖，在艰难中为读书人提供了无限的慰藉。

人生与事业都有可能遇上轮回往复、起起落落的时刻。当大家从广州出发，一路艰难，西迁澄江之后，师生们以为暂时可安定下来。谁知噩梦很快到来，1940年9月22日，中山大学再次从澄江出发，山高水长，千里迢迢，师生们途经滇、黔、桂、湘、粤五省，纵横数千里，于10月16日回到粤北坪石。

图书馆搬迁坪石后，由于受简陋的条件限制，书架桌椅多用新旧木箱堆砌而成。图书馆馆员极有创意，在阅览室的地面铺上一层松针，如同绿色天然的地毯，使阅览室里散发着一股山林草木的清香，营造出安静典雅的阅读氛围。

在坪石时期，师生的读书风气甚浓，自1940年12月开馆第一周，入馆登记的读者就达4155人次，平均每天593人次。不仅师生热爱阅读，坪石的群众也喜欢进馆阅读。当时街头贴有"智识是人民的生命""欢迎民众来中大图书馆阅读"等标语，让群众感到亲切和温暖。

二

邓植仪是"莞籍坪石先生"的"领头羊"。和别的同事相比，他不仅工作年限长，而且对中大的感情深，他伴随着中山大学的发展变迁，因而有着截然不同的心路历程。

从1920年担任广东省农林试验场场长、广东公立农业专门学校校长，到后来农专合并入国立广东大学，成立广东大学农学院，再到广东大学更名为中山大学，他与师生员工一起经历了合并、创建、更名和发展的艰难岁月。在这些载入校史的重要节点中，研究土壤的邓植仪一直谦虚低调，在风雨岁月中体现出泥土一样质朴的本色。

回想历史的关头，促成中山大学从澄江迁往坪石的，不是单一的原因，而是有多种因素在起作用。从史料中来看，其中广东地方实力派的要求是重要因素。广州沦陷后，国民党广东省政府已迁至韶关，韶关成为战时省会。广东当局认

为，本省除敌占区外，其他地方局势都较为稳定，再加上本省及邻省如湖南、江西等地区学生入读大学十分困难，中山大学返迁回粤，可以缓解这些问题。还有一个原因是国民党在广东的元老认为，纪念孙中山的大学应回迁广东更为合适。再加上广东文化教育界的进步人士积极支持把中山大学迁至粤北，认为在坪石便于与桂林相呼应，更便于开展进步文化活动。几方面的声音汇集一块儿，中山大学的回迁就成了共同的愿望。时隔80多年，我从文字的背后努力窥探，从一些细节中看到了从地理到空间的意义转换。

坪石地处广东、湖南两省交界处，是粤北通往湖南的门户，粤汉铁路贯穿其间，使其成为南北交通要冲。中山大学奉命迁回坪石后，校长许崇清聘任重要人员组成迁校委员会和新校址筹备处两个机构。迁校委员会设干事部，负责回粤人员及公物运输事务。这次迁校工作得到了各方的大力支持，连当时第七战区司令长官余汉谋也专门派军车帮助解决中山大学的搬迁运输问题。

作为一个挚爱农业的土壤专家，不管在和平时期还是在战火纷飞的岁月，邓植仪从未中断过对土壤的调查工作，中山大学农学院迁到哪里，土壤调查工作就开展到哪里，真正做到了田野就是课堂，土壤就是事业。即使在举校搬迁的紧张状态下，他依然坚持这项基础工作，用行动来诠释土地是财富之母的道理。

1939年随中山大学内迁时，邓植仪和当时著名的农学家丁颖等学者冒着战争炮火沿滇缅公路考察昆明至大理间的土壤、农林状况，并采集了大量的标本，为研究西南地区的农林概况收集了重要的资料。

对一个土壤学家来说，他深爱着脚下的每一寸土地。在澄江的每一天都是难忘的经历，他白天忙完事务，晚上还得加班，偶有闲暇就会静下来抬头望天，观看头顶的飞絮流云，回顾如烟的往事。当时他的感受就如沈从文先生的描述：

> 云南是因云而得名的，可是外省人到了云南一年半载后，一定会和本地人差不多，对于云南的云，除了只能从它的变化上得到一点晴雨知识，就再也不会单纯的来欣赏它的美丽了……可是我们若在黄昏前后，到城郊外一个小丘上去，或坐船在滇池中，看到这种云彩时，低下头来一定会轻轻地叹一口气。具体一点将发生"大好河山"的感想，抽象一点将发生"逝者如斯"的感想。心中一定觉得有些痛苦，为一片悬在天空中的沉静黑云痛苦。因为这东西给我们一种无言之教……

沈先生借用天上的云朵描绘云南的地理特征，而处于战乱漂泊中的中大师生，他们心里又何尝不是苦水泛起，在乱云飞渡？

中山大学回迁坪石后，按照当时在澄江的办学模式，除了利用寺庙空屋外，新建房舍88栋，其中课室36栋、师生宿舍31栋。虽然作了巨大的努力，但还是无法集中一处办学，只能以村为单位，在坪石周边分散教学。当地村民非常支持，对中大师生充满热情。由于房屋紧缺，很多中大教师都借住在村民家中，上课的地方是竹棚。有了澄江的经验，师生们个个都成了生存的巧匠能手。他们用棚树皮做屋顶，用竹片编成墙壁，搭建成学生宿舍和教室，远远看去，武江两岸的山头垒满了许多微缩的"金字塔"，山间飘荡着朗朗书声。

如今书声远去，遗迹尚存。据乐昌本地文史研究者考证，当年中山大学的办公厅、研究院、先修班设在坪石镇上；文学院设在坪石清洞，后迁往铁岭；法学院在乳源县武阳司，后迁往车田坝；理学院在坪石矿口；工学院在坪石三星坪；医学院在乐昌县城；师范学院在乳源县管埠；农学院则迁到了与坪石毗邻的湖南宜章县栗源堡。多年来，这段历史一直尘封在史料中，并没有浮出岁月的水面。

中山大学在迁往坪石之前，邓植仪的工作和职务都发生过一次重大变化，引发这次变化的人叫陈济棠。陈济棠曾是广东政坛的一位风云人物。1929年至1936年间，他掌管了广东的军事、政治、经济大权。1936年6月，陈济棠联系桂系反蒋，其行动遭到部下的激烈反对，黯然下野，出走香港。后复出，成为国民政府第一任农林部部长。陈济棠对这个全新的事业倾注了大量的心血，尤其是对农业建设更是满腔激情。

陈济棠邀请邓植仪出任农林部技术总监，其中经历了不少的周折。由于当时中大澄江校区师范学院学生正在闹罢课，直到1940年5月才逐渐平息。

史料中虽然没有记录两人交往的具体细节，但是陈济棠无疑很早就知道邓植仪这位广东农业界鼎鼎有名的专家。1929年邓植仪卸任广西实业院职务，刚回广东时，陈济棠正好在四处物色广东农林局局长人选。当时作为人选之一，邓植仪进入了陈济棠的视野，可是由于邓植仪不喜欢去政府部门当官，陈济棠最终选择了岭南大学的教授冯锐（1897—1936）。可惜，冯锐这位为广东改良甘蔗、复兴糖业的开拓者，折戟沉沙，最终没能圆就人生梦想。

陈济棠1940年1月出任农林部部长，而邓植仪1940年5月29日才辞去中大职务。邓植仪离开后，中大调整了由此出现的人事空缺：邹鲁代理教务长职务；

农学院院长和农科研究所所长由温文光代理；土壤学部主任由黄菩荃教授代理；土壤调查所所长职务由谢申教授兼技正代理。

1940年6月初，邓植仪到重庆任职，6月下旬被批准成为简任技监。按照农林部组织法规定，农林部下属有总务司、农事司、农村经济司、林业司、渔政司、垦务总局，技术处、参事处与上述各机关并列。

邓植仪在技监岗位上协助陈济棠做了大量的工作，比如建立战时农业管理体制：一是关于军民衣食供给，扩展供销物产，增加农民收入；二是改善农民地位，以求耕者有其田；三是应用科学方法，以求农场的合理经营，组织农民生产，使其主业和副业搭配合理；四是金融调剂，合作督导。这四方面重点皆与农民的切身利益有莫大的关系，如果能执行到位，将有利于促进农村经济发展。

接着邓植仪又提出了三个施政原则：一是因时制宜，根据气候变化种植适宜的作物以适应战时需要，如尝试在四川种植棉花；二是因地制宜，不仅根据不同的自然环境采取不同的农林政策，而且在沦陷区、前方战区、后方根据地采用的农林政策应该有所区别；三是因事制宜，农民要办的事情，政府尽量协助，凡是政府承办的事业必须不以营利为目的，且要有效果，并符合经济原则。

这种客观、科学、人性化的施政方略体现了邓植仪超前的"三农"发展意识，70多年过去，这种观念依然还有强大的现实意义和实用价值。

三

坪石本是粤北的边陲小镇，随着中山大学内迁到此，岭南大学农学院、培正中学、培道中学亦接踵而至。一时间，这个一度僻静荒凉、经济文化滞后的小镇一跃而起，成为广东新生的文化区域和华南地区的教育重镇。

20世纪40年代的坪石小镇商铺鳞次栉比，银行林立，满街的洋货琳琅满目，这种突如其来的梦幻般的变化得益于大批高校师生的到来。坪石热闹得宛如时光倒流，让当地的居民重回往昔。从清代《重建广同会馆碑记》中可以看出，昔日的坪石算得上是个繁华之地："五羊城之西北一千里曰平石，乃韶州府乐昌县属地……京舟车毕至，来往官商所共游者也。"

坪石时期的中大，条件虽然艰苦，但师生们的情绪并不低落，从他们的言谈举止中可以看到那种苦中有乐的健康心态。各个学院尽管分散教学，大家的心却聚在一起，彼此牵挂。最令人惊喜的是，在如此简陋的情况下，竟然还请来了一批著名的学者来校任教，一时间名师云集，以至于若干年后还让学生们念念不忘。

1940年，王亚南应中山大学校长许崇清之聘，到坪石任中山大学经济系教授兼系主任。他来坪石之前就与郭大力合作翻译了《资本论》，然后登上了大学讲台，中山大学是他从教的第一站。王教授除在中大从事教学工作之外，还牵头创办并主编《经济科学》杂志，撰写《中国经济原论》一书，用马克思主义的立场、观点、方法，分析中国半殖民地半封建社会的经济形态，这是他经济理论体系中的代表作之一。

王亚南在中山大学讲授马列主义经济理论，鼓励与支持进步学生，深受广大师生的尊敬和喜爱，但是他的行为却遭到国民党敌特分子的忌恨。为此，他经常收到特务的恐吓信，但王教授没有被吓倒。

时光已经流逝了80多个春秋，在武阳司村，还可以看到当年王亚南教授的办公室，那些重要的著作就是在美丽的武水河畔撰写完成的。

当时武阳司村办学点是中山大学法学院旧址，东莞籍教授何作霖先生曾在此处任教，他讲授国际公法、国际私法和宪法，另外还有两名东莞籍学子也在此求学……

面对远去的历史，感慨人生易老，时光飞逝。武阳司这个小小的村落，曾经有过多少思想的火花在此碰撞，有过多少法学的探索在此留痕。

中山大学初迁坪石时期，发生过一起轰动一时的意外事件，那就是中山大学农学院院长丁颖被土匪绑架。

1888年出生于广东高州的丁颖与邓植仪是同年老庚，而且都是留学归来的农学家和教育家。1924年丁颖毕业于日本东京帝国大学农学院，因研究水稻而蜚声中外，有"中国稻作之父"之称，是中国现代水稻研究的主要奠基人。

我们可以从一个细节中感知丁颖的敬业精神。1938年，中山大学内迁撤离前的一天晚上，在隆隆的炮声中，大家都忙着收拾家当，带上家人，赶紧逃离。而丁颖却放下自己的事务，火速赶到位于石牌的广东稻作试验总场，将当年夏天收获的400多个水稻品种分别包装，一直忙到深夜。次日清晨，丁颖又把几百个良种番薯种苗进行分类，等他带着那些"宝贝"赶到码头时，已经错过了撤离的航船……

1940年,中山大学迁移坪石,丁颖出任中山大学农学院院长,邓植仪当时还在农林部任技监。丁颖凭他在农学界的威望和影响,一批国内的顶级农学家欣然接受其邀请,冒着战火硝烟奔赴坪石,到中山大学农学院任教。

当时农学院的知名教授不少,为何丁颖会被土匪绑架?原来事出有因。由于丁颖身矮体胖,行走很不方便,所以他平时出门经常乘坐轿子。不料这个经常坐轿出门的教授被打家劫舍的土匪盯上了。土匪认为从不走路、出门几步就乘轿子的大教授,一定是个有钱的阔佬,于是在一条偏僻的山路上拦路剪径,截下轿夫,对丁颖实施了绑架。

丁颖被绑架后,土匪提出了很高的赎金,成为轰动一时的大案,惊动了广东省国民政府要员。后来,还是通过当地有权势的乡绅出面交涉,土匪才将丁颖放回。事后,广东省政府曾拨给丁颖一笔安抚款项,作为绑架劫持的损失赔偿,丁颖将那些安抚款如数捐给了农学院,用于购买兽药,为农民防治牛瘟。

在中山大学的建校史上,驻守在坪石的那段烽火岁月具有标本意义。2019年,在广东省"三师"专业志愿者委员会和广东省文物考古研究所的共同努力下,意外发现了中山大学坪石天文台遗址。虽身处战火纷飞的动荡时期,四处迁移,但是中山大学师生始终没有放弃其天文学研究事业,正因为他们执着坚守,后来才能培养出一批优秀的天文人才。那个年代,遥想先后来校任教的那一批名师,如繁星闪耀,让中大有了不同凡响的底蕴和引以为傲的过往。

那个年代的武河两岸,歌声不断,著名音乐家马思聪、黄友棣,他们在坪石创作了数十首抗战歌曲。1941年,偏僻的坪石小镇响起了优美的旋律,29岁的黄友棣创作了一首名满天下的抗日歌曲《杜鹃花》,这首歌让世界感受到了中国人爱国思乡的炽热情怀。

"哥哥!你打胜仗回来,我把杜鹃花插在你的胸前……"优美的歌声在天空中飘荡,在大地上回旋,这首富有诗情画意的抗战浪漫曲唱进了人们的心扉,在后方和前线传唱不绝。

文艺具有无法替代的作用和功能,越是艰难的时候,越需要精神支撑,唱歌跳舞,舞剧话剧,那不是苦中作乐,而是品格升华。在坪石,中山大学的学生社团活动在训导处的主导下有序开展,学生的文娱活动丰富多彩。师生们通过各种形式宣传抗日,凝聚人心,鼓舞士气。在师范学院任教的许幸之、马思聪教授的指导下,以戏剧、音乐为主要内容的文艺活动尤为活跃。

音乐的美妙是无法用语言来形容的，可以毫不夸张地说，它持续的感染力可以贯穿人的一生。1942年11月9日，师院为纪念校庆在礼堂举行音乐演奏会，那是一场高水准的演奏会，有马思聪的小提琴独奏、王慕理的钢琴演奏、黄友棣指挥的"中师合唱团"大合唱等。

1942年11月25日，师院举行戏剧座谈会，请张雅琨教授和许幸之教授等人演讲。张雅琨教授讲的是《戏剧与人生》，许幸之教授讲的是《戏剧之本质及其教育价值》。这次会议上成立了中山大学师范学院剧团和"中师合唱团"，演出的《粤北大捷》《黄河大合唱》《抗日战歌》均受到师生的一致好评。令人印象深刻的还有马思聪的《思乡曲》，那可是真正的天籁之音。

1944年4月底，在坪石戏院举办音乐演奏会，内容有混声合唱、四重唱、独唱、提琴、口琴、钢琴演奏等。有一次，马思聪、王慕理夫妇正在为坪石群众进行演出，刚出生不久的次女小瑞雪留在后台由学生照料。突然小瑞雪哭闹不止，哭声传到了前台，正在进行钢琴伴奏的王慕理不得不暂停演奏，赶紧转到后台给孩子喂奶，而马思聪就静静地站在台上等候。台下所有观众无一人喧闹，大家全都安静地留在原位，肃然静候，场面十分感人。

马思聪的这首著名的《思乡曲》创作于1937年，当时日寇的铁蹄践踏华北大地，东三省的学生唱着"我的家在东北松花江上"流亡关内。马思聪远行到北国之后再折回广州，他从一首绥远民歌中获得了灵感，谱下了这首《思乡曲》。这曲子从诞生的那一刻起，就注定具备了经典的意味。在抗战的烽火岁月里，拨动了多少人的心弦，引发了炎黄子孙的强烈共鸣。马思聪的《思乡曲》是中国小提琴第一首堪称世界经典的杰作，也是中国现代民族音乐的不朽经典。八十多年过去了，中大人一直为有过这样的音乐大师、产生过这样的传世经典而骄傲和自豪。

最令人难忘的是1943年6月底，应中山大学文科研究所的邀请，一位面容清癯的先生冒着战火来到了坪石。这位先生在清华任教时，上课有"三不讲"的规矩："书本上有的我不讲、前人讲过的我不讲、我讲过的我不讲。"可以想象一下，大学老师完完整整地上完一节课，能做到不重复书本、不重复过去、不重复自己，达到"三不讲"境界的人，绝非等闲之辈。没有广博的知识、深厚的功底、独到的学养，绝对不敢轻易说出此话。

难怪这位先生的历史课总是学生爆满，许多外系学生都慕名旁听。

郑天挺称他为:"教授的教授。"

吴宓赞其是:"全中国最博学之人。"

梁启超由衷佩服:"陈先生的学问胜过我。"

傅斯年更是惊叹:"陈先生的学问近三百年来一人而已。"

能获得这么多名师赞誉的人,究竟是何许人也?这个人就是学贯中西的大家——陈寅恪。他学问之精深,见解之独到,一般人难以望其项背。

1943年,正是中国抗战最关键的时期,当时陈寅恪先生在桂林广西大学任教;因受中山大学邀请,他在日军的炮火中前往粤北山区坪石讲学。患有严重眼疾的陈先生一路上可说是困难重重,险象环生,然而他却冒着生命危险,在坪石开展了长达一周的讲学。

在坪石的这一周里,他没有躲到隐蔽安全的地方享受太平,而是利用宝贵时间与中山大学师生进行广泛交流。

一袭长衫的陈先生,夹着双层方布巾包好的几本书,走上讲台。他一出现,教室里便鸦雀无声。接着陈先生用略带湖南口音的普通话开讲。他先后作了《五胡问题》《清谈问题》《魏晋南北朝读书方法之"合本事注"》《南朝民族文化》《宇文泰及唐朝种族问题》五场专题讲座。这五场讲座虽有内在关联,但绝无任何重复,陈先生果真做到了"三不讲"原则。

陈先生讲魏晋南北朝史,仿佛有一道神光从黑板上乍然洞开,学生顿感一片神奇。仿若看到才华横溢的文人们会聚山林,饮酒作乐,诗文唱和,个个放浪形骸,人人醉眼蒙胧。此时,身穿长衫的陈先生如身临其境,神游其中,仿佛他就是魏晋名士的化身,双手叉腰,旁征博引,侃侃而谈。对每一个细节他都论证严谨,环环相扣,密不透风。作为学生,能听到这样精彩的讲课,可谓三生有幸,受益终生。因此,许多学生一辈子都没有忘记陈先生的治学风范。

人生有许多的关键节点,对陈寅恪先生来说,一周的讲学时间虽然不长,但这个过程却奠定了他在中山大学的影响和地位,更重要的是让他与中山大学结下了不解之缘。想来这似乎都是冥冥之中的天意,从这一次讲学开始,陈先生的命运就与中大变得越来越紧密。当时目光深远的陈先生恐怕也没有料到,中大将成为他人生的归宿,他的后半生会在中大的校园中度过。

人生苦短,在历史长河中,我们每个人看到的都是极短的一个片段,谁也无法经历从起源到结局的全部过程。对于陈寅恪先生而言,到坪石讲学的那一周时间，决定了他后面的人生走向。坪石是一个地域的缘起，我从陈先生的学生留下的回忆文字中展开想象，后来陈寅恪先生在中山大学整整待了20年，20年里，中山大学像一个成长的少年，与先生一起经历了许多的曲折和磨难。

四

从历史经验中去看，虽然世事难以捉摸，但是日月交替，轮回往复，有些往复之事好像给我们编织了一个圆形的世界。

1942年初，邓植仪辞去了农林部的职务，回到了中山大学。6月，邓植仪正式担任中山大学教务长。相隔几年，再度担负起中大教务管理之责，邓植仪非常感慨，也许这就是世事情缘。

坪石时期，中山大学的规模较之澄江时期扩大了许多，学生人数从迁校初期的1736人，增加至4197人。师资方面邀请了英籍教授贾慧宜、美籍访华教授葛德石、英国教伦大学教授雷威克等国外知名人士来校讲学，为中山大学开展国际学术交流敞开了大门。

中大在坪石时期生源增多并非因为降低了录取标准，反而是因为有了更高要求。坐落在坪石下街回龙庙上首的广同会馆，是当年中山大学的校本部和研究院。尽管已是80多年前的往事，但现在去广同会馆依然可以看到1941年中山大学招录新生的入学试题。试题的难度丝毫不亚于当下的高考，严格的遴选过程不由让人感慨，当年的考生要想考取中山大学并不是一件容易的事情。

1943年8月，坪石校区举行新生入学考试，校长金曾澄和教务长邓植仪亲自巡视。为加强学生的学业管理，教务处对学生转换院系做了严格的规定，凡是转换院系的学生，如考试不合格回原院系要降级，如转出学生欲退回学院须取得原学院准许。平时教师对学生旷课要做登记，并向学校报告。

校长外出时，由邓植仪代理校长事务，包括代表校长出席大会。那个时期邓植仪的工作有点像大户人家的总管，所涉及的事项非常庞杂。从1943年10月21日的《国立中山大学日报》上可以看到邓植仪的事务记录。如代理金曾澄校长召开第三次行政会议，表决针对教育部关于技术人员的规定；配合教育部取消贷金制度，实行公费生制度；关于赣省联合考试录取本校学生三十名，经过招生委员会讨论决议不予接受，电告江西省教育厅本校生源不足，不可。

回首坪石的烽火岁月，无不充满了艰难困苦，但是，远迁而来的中大师生却没有因为战火的侵袭而放弃应有的追求。经过炮火洗礼的知识分子，不仅一直坚守学术救国的道路，同时还注重各类活动，取得了累累硕果。当时的法学院设有经济学系，他们在村后小山岗上建有操场、课室、宿舍、水井，还在山顶和河边建了两个篮球场，学院的文体活动非常活跃。

当时的武水河畔可说是群贤毕至，思想激越，学术争鸣，聚集了一群才华横溢的教授。一批法学、社会学、政治学、经济学专业的知名学者被时任校长许崇清集中聘用。其中包括中国共产党创始人之一的李达，他曾在中山大学社会学系任教，为学生讲授马克思唯物主义辩证法，宣扬革命思想，组织爱国救亡运动。

坪石办学时期，李达教授为社会学系带来了马克思主义先进思想，引导学生运用马克思主义原理来分析中国的实际问题。

抗战时期的中山大学像一粒种子，在大家的呵护下，沐浴着硝烟战火，扎下了顽强的根脉，使中大成长为一棵健壮的大树，在教育的沃土上分蘖出华南理工大学、华南农业大学、华南师范大学这些丰饶的果实。

（詹文格）

第二章　邓屋，寻找精神的原乡

一

邓植仪作为"莞籍坪石先生"的杰出代表，他的成长与故土亲缘有着莫大的关系。如果说家族品格是一种遗产，那么邓屋就是他的精神原乡。

当我们顺着家族的路径回溯往昔的时候，脚底就能感知无形的汹涌的波涛。历史虽然已经远去，但留下了许多细微的切口和淡淡的印痕，草蛇灰线，伏脉千里。当人们从雪泥鸿爪的细节中淘洗出吉光片羽时，透过广阔的地理时空，可以清晰地看到一个家族的血脉流向。

在东莞桥头，以姓氏命名的邓屋如一块弹丸之地，也是一方邮票大小的地方。我无数次穿行在邓屋的大街小巷，渴望从那些熟悉的岭南建筑内，从亚热带的常绿植物中，寻找到精神的起源。可是万物皆有秘密，想要探寻秘密就得克服许多困难；特别是那种沉稳的个性和内敛的气质，如同深藏地底的矿藏，需要体力和耐力去勘探发现，去开采提炼，然后再发掘出特有的价值，使其散发出持久的光芒。

面对宏大的历史，微弱的个体就像一叶单薄的扁舟，在宽阔的水面上很容易迷失方向，所以在寻找时需要具备深刻的认识和准确的判断，努力追问浩瀚时空中的事实真相。当走完这个探寻的过程后，我终于深有体会，无论对一个家族的解密，还是对一个地域的探寻，都是一件颇有难度的事情。就像我站在高度工业化、城镇化的村落里，唯有回望才能感受曾经的气息。如今的东莞远不止一小块稻田，在镇区边缘，在东江水畔，在高楼背面，奇迹般铺展着成片的稻田。从那些明镜似的水田中，依稀可见村庄的倒影和先贤的足迹。

我深信一方水土养一方人的道理，桥头邓氏家族的崛起不是一次偶然的现

象,而是一种持续的内在规律。"忠厚传家久,诗书继世长";"坤方远接沧浪水,元门高摘斗牛星"。从门庭的对联就可感知这个家族的高贵气质和美好寄寓。

在乡村,面对挥汗如雨的劳作者,晴耕雨读是一种理想状态。作为一位杰出的农业教育家,邓植仪先生是近代广东高等农业教育的拓荒者,也是中国土壤学的奠基人。他虽身居领导岗位,仍不忘教书育人,不辞辛劳地在全国率先开展土壤调查与研究。我深信一个学者对农业的挚爱,必定有其根源和由来,当目光投向邓氏先辈时,一条隐藏在日常生活中的脉络逐渐浮现。

邓植仪的父亲邓庆云,出身底层,年幼时经历了贫寒的乡村生活,饱受磨难,深知读书求学的重要性。他凭着丰富的人生阅历,向子女灌输新思想,传播新事物,鼓励后人多读书,常游历,勤思考。读万卷书,行万里路,努力进取,用知识去改变命运,去有所作为,体现价值,过上体面的生活。

真理永远是朴素的话语。邓庆云的教育引导,对子女们的人生观、价值观产生了极大的影响,从邓植仪这一辈起,个个发愤读书,学业有成。除邓植仪留学美国之外,还有四子邓鸿仪、六子邓盛仪也留学美国。邓鸿仪以优异的成绩考取第二批庚子留美公费生,入读美国密歇根大学攻读化学工程专业,毕业归国后,曾任广东士敏厂厂长,后在搪瓷厂、机器制砖厂从事制造工业。邓盛仪,考取第三批庚子留美公费生,攻读土木建筑工程专业,毕业归国后,曾任广三铁路工程师、广西公路交通部门主管,任教中山大学,其后在广州和香港分别兴办铁钉厂和钢窗厂多年,曾任香港中华商会副会长、广东省政协委员、全国工商联委员。此外,五子邓权仪,上海南洋公学毕业,从事工业企业管理。

邓庆云因为有超前的思想意识和开阔的人生视野,重视子女教育,千方百计为后代创造良好的学习条件,最终将儿女们培养成为各个领域出类拔萃的人才。

在家族精神的感召下,邓氏后代持续接力,发扬知识分子的优良传统,坚持科技报国的理想,为国家独立、民族解放,走上了求索奋进的漫漫征程,在坎坷磨难中见证了内心的真诚和坦荡,取得了骄人的成绩,成为年轻一代的精神典范。

二

绵延不绝的时光像一场持续的化学反应,经过存储发酵之后,产生新的物

第二章 邓屋，寻找精神的原乡

质，这种物质在某一个特殊的时段迸发出意想不到的火花。正如马克思所说：生活不是我们活过的日子，而是我们记住的日子。

对于刻苦求学的邓植仪来说，宣统元年（1909）是他人生的重要节点。这一年邓植仪21岁，正是意气勃发、风华正茂的年龄，追逐梦想的他，经过不懈努力，终于登上了远航的轮船，正式迈上赴美求学的人生旅程。

对于这段历史，我希望在邓氏家谱中找到一段具体的描述，可是家谱和地方文献一模一样，都是极简主义的版本，对于家族的一些重要事件，大都惜墨如金，一笔带过。我从语焉不详的文字中，雾里看花般没有找到具体的描述。为了获得更直观的印象，我有幸在邓氏的相册中见到了邓植仪留学时的照片。百年前，照相是一件神奇而稀有的事情，然而正是这种从西方传入的新技术，让我能在一百一十多年后重见当年的光影。

照片上的邓植仪风华正茂，英气逼人。尽管这张年代久远的黑白照片留下的是宣统元年的背景，但我第一眼就从他身上看到了漫天的时尚和簇新的岁月。

照片上的邓植仪已经解开了传统束缚，脱下了清朝的长袍，换上了得体的西装。那个年代，出国求学是一个难以实现的梦想，对绝大多数人都是可望而不可及的。父亲年迈，家里兄弟姐妹众多，负担过重。家境并不宽裕，无法解决出国留学的费用，邓植仪一时陷入了焦虑。

一个不肯轻易向困难低头的人，不可能就此放弃，他总会找到解决困难的办法。如果按照古人"三十不豪，四十不富，五十全靠子来助"的消极思想对待，这个时候的邓植仪不敢再有半点痴心妄想和鲁莽造次。面对现实，应该放下远行的浪漫，收起梦想的羽翼，安下心来挣钱养家糊口，遵循孝道，尽一个男人该尽的责任和义务。

怀揣梦想的邓植仪心有不甘，他认为好男儿不应该苟且度日，而要志存高远，兼济天下。当时邓植仪虽然只有21岁，可他已经有了一双儿女。父母在，不远游，上有老，下有小，面对孝敬父辈、养儿育女的责任，邓植仪感到了担子沉重。为人夫、为人父、为人子，不应该萌生不切实际的想法，可是心中梦想的火光无法熄灭……

为圆留学梦，邓植仪与父亲商议，准备向亲朋好友筹措出国费用，等学成归国再作偿还。

向亲友筹借虽然是个办法，但开始他们还是有些犹豫的，能否借到，没有把

握,担心亲友们为难。可是还没等他们开口,闻知消息的亲朋好友便主动上门,大家慷慨解囊,热情相助,很快就凑足了所需费用。亲友们对读书用功、品学兼优的邓植仪寄予厚望,能培养一名留学生,那是家族和亲友的荣耀。

常言道:成功永远属于有准备的人。因为邓植仪行事早有计划,所以后来的留学之路几乎是水到渠成的,十分顺畅。

邓植仪入读的广州时敏学堂是近代广东最早创立的新式学堂之一,在新式教育的影响下,他产生了对科学的向往,对新知识的渴求。此时,邓植仪看到了闭关锁国之后的中国与西方国家的差距,于是萌生了出国留学的念头。国外的教学水平、学习条件要比国内强很多,最关键的是在国外能掌握最新的学术动态,掌握国际前沿知识。为此,他在广州时敏学堂学习后,接着又转到了两广游学预备馆。两广游学预备馆是为出洋留学生创设的培训机构,邓植仪在这里打下了良好的英语基础,为出国创造了必备条件。

抵美之后,邓植仪先入读加利福尼亚大学。由于不清楚美国高校的学科设置,而美国的农业又是一个大学科,且门类众多,究竟该选择哪个专业才更适合自己的理想,最初难以确定。

邓植仪从"国以民立本,民以食为天""有土斯有财"的古语中受到启发。他从小就看到,在封建统治阶级和帝国主义的双重压迫下,农民们"自耕不能自食,自织不能自衣",且因为缺乏文化知识,无力改变命运,农村经济日见凋敝。邓植仪认清了土地乃农业之根本,人类在大地上繁衍生息,森林草木,五谷杂粮,全都离不开泥土;土壤无疑是万物生存的基础,守住了土地,就守住了幸福。经过深入了解和反复比对,他冲破当时不屑学农的观念,选择了农科中的土壤学,并立志爱农、学农、振兴中华农业,将其作为自己毕生的奋斗目标。

只有明确了目标,才能找准努力的方向;远行求学,就得学有所成,学以致用。想着费尽九牛二虎之力才得来的留学机会如金子一般宝贵,这样的宝贵时光一刻也不能耽搁。邓植仪在加州大学只待了半年,就转往威斯康星州立大学农学院,开始攻读土壤学专业的学位。

进入威斯康星州立大学农学院的邓植仪,比之前更加刻苦勤奋,无论在课堂上,还是在实践中,他都是最认真的那一个,各门成绩都是优秀。从邓植仪的同窗学友吴宓编撰的《游美同学录》中可以看到客观的记载:"民国三年,得硕士学位。撰各种植物取滋养于磷酸盐类说,载威斯康星农事试验场杂志,得土壤学金奖。"

　　在举目无亲的异国，求学之路充满艰难，可喜的是邓植仪非常幸运，他遇到了一位好老师。这位名叫埃米尔·杜鲁格的老师不仅教学经验丰富，而且学术功底深厚，后来成为世界著名的土壤学家。

　　作为获得该校首位土壤学硕士学位的中国留学生的导师，杜鲁格对邓植仪的才华非常赏识，平时总是高看一眼，毕业时还邀请他留校工作。可是出乎意料的是，当征求邓植仪的意向时，邓植仪却很坦诚地表达了自己要回国工作的愿望，他说自己的祖国更需要他。

　　听说邓植仪不愿留校，导师杜鲁格非常意外，因为在他身边他见过太多的留学生，几乎每一个留学生都梦想留在美国。可是眼下这个黑头发、黄皮肤的中国留学生却不为个人的名利所动，他想到的是家乡贫穷的农民，落后的农业，奇缺的人才。科学兴农，振兴中华，自己责无旁贷。

　　邓植仪心里已经明白，放弃留校的机会，从个人利益来说，这是错失良机，对自己的人生事业无疑是一个重大损失，这种千载难逢的机会一辈子不可能再有。如果留校工作，学校有良好的工作环境，优越舒适的生活条件，一流的科研平台，那是一条宽广无边、鲜花盛开的金色大道。在学科上很容易跻身前沿，获得更大的成就和发展空间。

　　选择回国工作是一条崎岖的羊肠小道，有无数的艰难险阻横亘在前。可是想到自己当初千辛万苦，远渡重洋，赴美留学，并非为了贪图享受，谋取个人利益和学术桂冠。他只想改变中国封闭落后的农业现状，让贫苦的乡亲早日过上衣食无忧的生活。留在美国，就算个人再成功也没有意义，只有返回家乡才能实现自己的理想和抱负。

　　事实证明，言行一致的邓植仪，当初的选择既不是头脑发热，激情冲动，更不是一时的豪言壮语，而是深思熟虑之后的具体行动。

　　1914年秋，邓植仪开始做回国准备。导师杜鲁格一边为这位中国学生惋惜，一边又暗暗赞赏。临别时，他特意从书架上找来一张自己的照片，并在照片背面签上名字，送给邓植仪作为纪念。他真诚地祝愿这位中国学生归国后工作顺利，事业有成。

　　深秋的校园枫叶如火，天幕湛蓝，邓植仪像一只归巢的大雁，背起行囊，与师友依依握别，那一刻邓植仪心中有太多的话想说，但是又不知该从何说起。

四年的时光虽然不算太长,但也并不很短,成长中的每一天都被赋予新意。回到朝思暮想的家乡,他感觉到了明显的变化,比如两个稚嫩的孩子已悄然长大,见到突然而至的父亲有一种意外和陌生。特别是女儿,表现出姑娘的害羞,面对父亲的问话,一直低着头,一双水灵灵的眼睛慌忙躲闪,红扑扑的脸蛋显得非常腼腆。再看头发斑白的父亲,比前几年苍老了许多,妻子的额头和眼角也布满了风霜。他知道,这一切都是岁月的痕迹,都是为家庭操劳的磨损。

过去的四年里,他远在异国他乡,对于家庭来说,他是一个缺位的主角,一个逃避者。生计、教子、养老这些担子全都压到了妻子身上。邓植仪看着这一切,内心无比愧疚,他在心中暗暗发誓,一定得努力工作,用行动来回报支持自己的家人和亲朋好友。

三

远行归来,尽享天伦之乐,邓植仪感受了乡音的亲切,乡情的温暖。然而,归来的他就像泊进港湾的航船,经过短暂的歇息之后又得重新扬帆,继续远航。

留学归来的邓植仪有一种双重的责任感和紧迫感。对家庭来说,既要偿还亲友借款,又要担负生计之责;对事业来说,学以致用,最急切的是要报效国家,服务社会,要尽早施展才能抱负。这两件事情一刻也不可耽搁。

四年的留学经历,使邓植仪有了内外对比、上下观照的机会。他对当时中国的政治形势有正确的判断和认识,他决定选择教书育人这条救国之路,因为他已经明白,教育是开启民智、塑造精神、增长本领的最好途径。

邓植仪曾在一篇文章中写道:"我国自鼎革以还,有志之士,方庆政体革新,国运可以从此复兴。不谓二十年来,政治仍未见如何清明,社会事业仍旧滞而不进,原有黑暗弱点,日益暴露,民族美德,日以颓丧,内忧外患,纷至沓来,国势岌岌,几不可终日。饱学自爱之士,进不易得相当之地位以展怀抱,而有所建树于国家,惟有投身大学服务,从事发扬文化,谋将来根本改造社会。倘大学能善为保养,使得相当机会以发展其专长,则国运将有复兴之日。"

作为一个目光深远者,因为邓植仪有强烈的理想抱负和人生目标,所以他回国后没有选择到非农业部门工作,更没有去政府机关谋取一官半职,而是心无旁骛地投身农业科研和教育事业,在专业领域发挥自己的作用。

中国是一个农业大国，也是一个农业古国。根据考古发现，中国的水稻种植历史可以追溯到距今一万多年前的新石器早期。已探明的就有湖南道县玉蟾岩、江西万年仙人洞、江西万年吊桶环三个万年以上古稻作遗址。其中玉蟾岩遗址经年代测定为距今一万二千多年。

尽管中国有漫长的耕作历史，有悠久的水稻种植记录，但是在很长一段时期内，中国的农业都处在人放天养、自生自灭的低端状态，直至清朝后期才开始涉及相关的农业科技。

1898年7月4日，光绪帝下诏在京师设立农工商总局，1906年设立农工商部，由农工商部负责筹款设立农工商部农事试验场。农事试验场建成后，行文各地将本地的物产缴送样本，植物要详述培植方法，动物则详述饲养方法。开列清单有谷菽类、果蔬类、染料类、药材料、杂类、蚕类、鸟兽类、鳞介类和昆虫类。

设立于1906年的农工商部是中国近代中央政府负责农业的最高行政机构。同年3月，农工商部在给慈禧太后和光绪帝的奏章中提出："泰西各国，罔不以农为重。美利坚以农立国，富甲全球；日本维新以来，农事改良，遂致物产繁兴，工艺发达。近闻日本之福冈、北海道等处，均有试验场，或数百顷以至千顷，皆为劝农所设……京师为首善之区，树艺农桑又为臣部所职掌，自宜择地设立农业试验场一所，以示模范。"

这是中国农业文明的曙光，农事试验场开办之后，开展了一系列农事试验。1916年，农事试验场改名为中央农事试验场，并颁发了《中央及地方农事试验场联合办法》。

为便于"观览"和"研究"，农事试验场选址在距西直门二里许的乐姜园旧址（现北京动物园以西一带）。千余亩的农事试验场，包括堤塘245亩，田地158亩，园地304亩，房屋用地85亩。场地分为水稻试验场、谷类试验场、桑树试验场、蔬菜试验场、果树试验场、花卉试验场、牧草试验场，以及鱼池、森林树苗养成等十大试验区。

1915年，邓植仪担任中央农事试验场土壤化学师。从公开的资料中无法查找到详细的记录，以说明邓植仪为何在中央农事试验场仅仅工作一年时间就转行教坛了。也许是猛然间的醒悟，让他认识到，只有教育才能实现自己的职业理想和人生抱负。

1916年，邓植仪正式进入校园，走上讲台，开启了培育人才、推动现代高等农业教育发展的新征程。

长沙高等工业学校是他从教的第一站。邓植仪先是担任学校解析化学教员，后又到湖南高等师范学校讲授"矿物学"。因为具有扎实的专业知识和前沿的理论指导，邓植仪的课深入浅出，颇受学生喜爱，随后被聘请到南京高等师范学校农科任教。

南京高等师范学校为南京大学前身，当时学校名师云集，仅农科就有植物病理学教授邹秉文、昆虫学教授张巨伯、农具学教授李炳芬等，能进入南京高师农科任教者都是出类拔萃的精英。

1920年，邓植仪32岁。已过而立之年的他，思想更加成熟，眼光更加长远。在教学之余，总有一种强烈的使命感和责任感在心中驱使着他，他希望能拥有一个更适合自己施展才华的舞台，获得一个报答家乡的机会。

没想到不久机会果然来了，提供这个机会的人叫杨永泰，是邓植仪的同窗好友。杨永泰系广东茂名高州大井镇大坡山村人，北京政法专业学校毕业，系当时的国民政府高级官员。

杨永泰曾出任广东省财政厅厅长，1920年4月就任广东省省长。上任伊始，杨永泰踌躇满志，决心要有所作为，展示一下自身的能力和才华，立志要把家乡建设好、管理好。所以那段时间，杨永泰四处网罗人才，聚集智者，招贤纳士。在农业发展方面，他首先想到了自己的同窗学友邓植仪。在新任省长的友情动员下，邓植仪欣然接受了杨永泰的邀请，同意回粤工作。

邓植仪在南京高师农科的教学水平屡获好评，经过几年的教学实践，已经有了一定的影响，这个时候离开似乎有点可惜。但是，为了回馈故土，造福桑梓，邓植仪决定返回广东。特别是杨永泰承诺全力支持农专和农林试验场的发展，增拨经费，下放权力，这样的条件，更加坚定了邓植仪回乡工作的决心和信心。

穿越金陵古城，告别繁华热闹的夫子庙、秦淮河，顺着那条著名的乌衣巷，默念着刘禹锡的"朱雀桥边野草花，乌衣巷口夕阳斜。旧时王谢堂前燕，飞入寻常百姓家"，邓植仪启程南下。

南下的邓植仪回到了粤语弥漫的家乡，听到满耳的乡音，顿感亲切，脸上的表情就像一株春风里的迎春花，枝叶舒展，生机勃勃。

四

历史往往起始于偶然，同样也终结于偶然。1920年6月，邓植仪走马上任，成为广东农林试验场场长、广东公立农业专门学校校长。当时的他或许也没有想到，在往后的岁月中，自己对广东农业教育，对土壤研究，对农业科研能做出哪些成绩。

带着雄心抱负上任的邓植仪有着满满的激情，他就职后大刀阔斧地进行了改革。在接下来的动荡岁月中，虽然一路上风风雨雨，但他没有停歇，将广东农林试验场、广东农专当成人生、事业的试验场，并使它们成为广东现代农业的纪念碑。

回望他所走过的路，每一步都很艰难。首先，邓植仪要求省府撤出农专校内的驻军，同时在试验场增设调查科，组织开展广东分县农业概况调查。这是他从美国学来的有效经验。搞农业科研不能思维保守，闭门造车，所谓的经验就是不断去总结和发现。真正的田野调查必须深入一线，实地勘察，收集重要的一手资料。只有对当地的气候、土壤、水文、农事耕作了如指掌，才能科学指导，因地制宜，合理利用，有的放矢。

当我在探寻广东农林试验场的创办历史时，最初有一个疑点，发现试验场及农专校内有驻军。按现代思维，这似乎难以理解，校内怎么可以驻军？但是，在那个年代，情况异常复杂，校内驻军并不离奇。广东农林试验场起源于1909年，由清末民初的"海归派"学子与华侨学生创办。他们为报效祖国，以"实业救国，振兴农务"为己任，在广州城东创办了农林试验场。当时的试验场位于现在的农林东路、农林下路、中山一路和东风东路一带。那个时候这些地方非常偏僻，属于远离人烟的荒野。一批热心农林事业的青年，按照他们的设计方案在这里办起了试验农场。

牵头负责开办的青年叫唐有恒，是一位从美国留学归来的农学博士，当时知名的华侨实业家张弼士也从经济上给予了支持。办场的十几年里，历届场长和大多数技师都是归国留学生。他们组织师生到番禺、东莞、增城、顺德、梅县等地进行生产实践，同时收集整理各县农谚，写成《种植浅说》《造林摘要》《广东农林试验场报告》等专业书籍。

试验场大力引进当时国外的先进农业技术,在场内开设了蔬菜、水果、花卉、畜牧、养蚕、造林等试验区,进行选种、培育、防治病虫害等试验和鉴定,还建成了广州第一个现代气象观测站,以研究农业与气候的关系。

多年以后,在广州随处可见的细叶桉树种,就是当年在农林路培育出来的苗木。试验场还培育了优良蚕种,引进了马铃薯,为广东现代农业打下了坚实的基石。

人尽其才,这是知识分子的理想归宿。回到专业领域的邓植仪,如鱼得水,他以一种立足天地的壮志,如入大野,用一种拓荒牛的精神,努力开掘华夏农业文明的沃土。

为壮大调查队伍,提升素质,增加新鲜血液,邓植仪千方百计给学生提供实践锻炼的机会。1920年秋天,邓植仪从首届农专毕业生中挑选了12名优秀学生,正式聘任到农专和试验场工作,分别担任资料编辑、调查员等职。

1920年前后,广东政局混乱,广东农林试验场生存极为艰难。邓植仪在努力探寻农业发展之路的过程中,深知农业行政必须为农业生产服务的道理。他首先设立了调查科,由著名农学家利寅担任主任,安排9人前往各县开展农林情况调查,其中4人由试验场技术员担任,其余从学校优秀毕业生中挑选。

那是一次艰辛的跋涉,也是一次意志的考量。惠阳、博罗、南雄、佛岗、潮安、揭阳、澄海、罗定、茂名、信宜、化县、海康、徐闻、感恩、琼东、定安、儋县、陵水、昌江、崖县、澄迈,20多个县的农林概况调查,范围跨越琼州海峡,抵达了遥远的海南岛。

邓植仪认为,现代农业技术的推广是一项重要工作,为此专门设立了推广科,作为重要部门,他亲自兼任主任。推广科下有编辑资料员数人,负责推广编辑发行的读物,还有巡回讲解员3人。他还设立了研究科,下设作物课、园艺课、蚕桑课、畜牧课、化验课、森林课、病虫害课、兽医课。这样的安排布局,放到当下的农业高校来看仍然适用,可见当时邓植仪是站在国际前沿来谋划学科的。

为提高工作效率,研究科的技术人员大多兼任调查科的调查员,以便节省经费,保障科研的正常开展。

邓植仪熟悉农业,了解农民,为使研究成果与生产实际相结合,他首先把重点放在易于推广的项目上。比如实行水稻和其他作物轮种,试验中发现蚕豆和水稻轮种效益很好，不仅可增产增收，而且能改良土壤地力，减少肥料的施用。据谈家桢、赵功民主编的《中国遗传学史》一书记载，邓植仪在主持广东农林试验场期间，就开始了广东最早的稻作育种试验。

为推广农业新技术，邓植仪想了很多办法，认为编印农技读物是一种有效的方式。那段时间推广科先后编辑出版了《广东造林法摘要》《苗圃年务便览》《兽疫预防须知》等丛书。同时有针对性地编印了《农产种植纪要》《种树须知》《养蚕浅说》《草菇培养法》《种蔗浅说》《马铃薯水稻选种法》《水稻良种》《治螟虫》《桑园改良法》《种棉浅说》等20多种农林专业资料。编印出来的农林读物内容简明扼要，非常实用。试验场安排人员分送给农民，一般稍有识字能力的农民都能看懂。从书本到实践，直观明了，为农业技术的推广打下了基础。

可惜时局不稳，对农业发展造成了直接影响，农林场的研究报告也因各种原因，自1914年以后就没有再印行。邓植仪认为农林研究成果要及时转化为生产力，要有效推广传播才能带动发展，造福于民。

邓植仪专门安排人手整理前任资料，整理出版了《广东地方农林试验场第四期报告书》，后来又将他担任场长期间的研究资料进行整理，推出了第五期、第六期报告书，对农林试验场的研究成果做了一次深入系统的展示。

可惜当时的治安环境恶化，土匪横行，战乱频繁，给工作开展带来了极大的难度。幸好有邓植仪这个主心骨，农林试验场坚持深入乡村进行农业推广活动，即使在粤桂战争最激烈的时候，此项活动也没有终止。

战火的蔓延，百业受害。那段时间惠州战事频发，"禾谷强半失收""兵燹之余益以荒年，何堪设想"。作为场长，邓植仪忧心如焚。他考虑到必须促进当地冬耕，尽快恢复农业生产。越是战乱越要抓好农业，荒疏农业就会引发灾荒。当他了解到农民急需农作物种子时，1920年下半年，邓植仪分别派出技术人员和相关人力，赶往惠州各地劝导农民种植，并且带去了马铃薯、大麦、小麦等种子和种苗。

在战火中煎熬的人是不幸的，尤其是底层乡民，更是形如薄纸，命如草芥。他们虽然领到了些许种子，但由于各种原因，仍然难以播种。再加上政局动荡，官员走马灯似的变换，让一些有心干事的人也四顾茫然，无所适从。1920年4月，在岑春煊、陆荣廷等西南实力派人物的大力支持下，杨永泰信心满满地就任广东省省长，无奈好景不长，在省长任上拳脚还未来得及伸展，变局就已出现。

1920年夏天，粤系将领陈炯明回师广东，将桂系陆荣廷驱逐出境。1921年5月，孙中山在广州就任中华民国非常大总统，唐绍仪等人把当年政学会改组护法军政府的幕后活动向孙中山和盘托出，并有声有色地描绘了政学系张耀曾、李根源、杨永泰等人在这中间穿针引线的作用。

杨永泰知其在广州已无法立足，便北上投靠北洋军阀政府。到了北方，杨永泰感觉英雄无用武之地。1922年，杨永泰再度出任北洋政府国会参议院议员，但随着曹锟贿选丑闻被揭露，北洋政府时代的旧国会顿时解体。政学会也随之偃旗息鼓，烟消云散。杨永泰无奈，只好离开北京前往上海，心情郁闷地过起了蛰居生活。

那是一段风雨飘摇的岁月。尽管省府主官走马灯似的不断更换，然而邓植仪始终心系稼穑，没有动摇过发展农业、振兴乡村的信心和决心。虽然政府一再压缩经费，但农林试验场的工作仍然在艰难中推进，培育的油桐、橡胶、相思树、合欢树的树苗木大受欢迎，以致树苗供不应求。政府为了节约开支，将分散各地的9个苗圃划归试验场管理，邓植仪计划给9个苗圃各派一名负责人和技术员，由于经费匮乏，最终计划流产，为此他懊恼不已，自怨位低言轻，无法施展雄心抱负。

坚持多年的土壤研究，邓植仪有了土地一样宽厚的品性。他深知不努力改造农业、提升农业水平，农村就难以得到发展，农民的生活就不可能获得改善。为了在山区推动蚕桑业，他在梅县开办了巡回蚕桑讲习所。半年一期的学习培训，效果明显，学完之后的47名学员目光坚毅，出现了少有的自信。掌握了新方法、新技术的农民成为当时的生产带头人，无论是良种推广，还是病虫害防治，农业科技在对比中进一步显现。邓植仪主持农林试验场和农业专门学校工作期间的实践经验，在后来广东大学农科院和中山大学农学院的教学、科研实践中得到了充分的检验。

广东农林试验场在邓植仪的倾力推动下，在广东农业行政管理中发挥了重要作用。因为当时还没有设立全省性的农业行政管理机构，全省农业行政事务均由农林试验场承担，所以在那段时间，农林试验场实际上成了政府职能管理部门。正因为有这个职能，所以邓植仪的一些计划和设想能付诸实施，农林试验场的研究成果得到了及时的推广和转化。

五

陈炯明主政广东期间，要求兴办实业，特别是主抓农业发展。他向邓植仪提出，由农林试验场牵头筹备广东省第二次农产品展览会。

筹备农产品展览会在当时是一项重要工作，展览会除了展览农产品之外，农林试验场作为主办单位，还负责培训各地农会派来的学员，教他们如何选择农产品参与展览会。从某种意义上说，农产品展览会就是农业推广会。

1922年，陈炯明决定召开广东第二次农产品展览会，他亲自出任会长，邓植仪任筹备主任。为使展览会的消息广为人知，发动更多人前来参观，农林试验场致函学校、商会，动员学生、商人参与，同时在报章上刊载广告使市民知悉会展消息。

农林试验场和农专师生职员积极参与展览会的筹备工作。为了壮大展览会声势，邓植仪向军方借来马匹，还向先施公司借了两头骆驼，把它们放在展览会的显要位置，以此来活跃展会的气氛，提升人气，扩大展览会的影响。

经过紧张筹备和广泛动员，展览会共征集到了7000多件展品，后因省港大罢工，部分水乡展品未能如期运抵，其余大部分县份都有农产品参展。1922年3月1日，广东第二次农产品展览会在广州石马岗农林试验场隆重开幕。开幕式上，省长陈炯明、参议院院长林森、国民党要员汪精卫、广东省财政厅厅长马育杭、岭南大学校长钟荣光、广东女子师范学校代表等分别致词演说。安排了广东高等师范学校、广东女子师范学校、广州第一中学、执信中学等学校的话剧社在展览期间表演，吸引参展观众。同时还邀请粤军第一师军乐队在开幕式上奏乐，广东高等师范学校乐队、岭南大学银乐队在展会期间一连数天演出助兴，精武体育会也前来表演了武术，场面非常热闹。

除了上述精彩的活动之外，农产品展览会还安排了多场学术演讲。首先，汪精卫作了题为《广东丝业之前途》的演讲，论述了与广东农业经济密切相关的丝业改良的重要性和改良办法。廖仲恺作了《农政与农业团体之相互作用》的演讲，提出国家要注重农政制度的建设和农业教育的发展，以及需要农民自动组织起来，成立农会，使农会成为介于政府与农民之间的传导机关，农政方得施行。

大会评选出了获奖展品，获奖者700余名，占参展产品的十分之一，其中优等奖208个，获奖者有农会、企业、农场、学校、个人等。邓植仪将展会文件汇集成《广东第二次农产品展览会报告书》。这个报告书的后记中提出："刷新农业之方法，原有三大端：曰教育，曰试验，曰推广。"

邓植仪总结农产品展览会是农业推广的一种方式，第一次概述了农业推广的内容。邓植仪在这本报告书后简略叙述了展览会的筹备经过和举办意义，希望形式多样的展览会能在各地推广，为宣传农业改良发挥积极作用。

我常想，历史的重现有时并非偶然，从成因分析应该带有发展的必然。百年前，邓植仪策划主导的广东农产品展览会，从形式到内容都有某种启示作用，其隐含的内在规律让人联想到创办于1957年的"广交会"。透过这个被誉为"中国第一展会"的国际贸易盛会，可以看到邓植仪领先时代的思想光影和示范启迪。

无论是历史还是当下，从大型活动的背后可以发现诸多的细节内涵。邓植仪是一个有想法的人，他曾设想将农专的学系分为农艺、园艺、蚕桑、农业化学、病虫害、森林生产、林业经营、林政八系。但由于当时经费、师资、设备等方面的限制，计划未能实现。直至20世纪30年代，国立中山大学农学院才按照邓植仪当年提出的学系设置方案，逐步完善实施。

为了提高学术水平，从1923年开始，农学院与东南大学农科、北京农业大学商定，建立交换教授与学生的合作协议。校际交流活动不仅促进了师资队伍建设，而且还推动了国内三所重要农业院校之间的学术交流和经验分享。

邓植仪在农林试验场开展的各项工作颇有起色，得到了省长陈炯明的高度认可。后来陈炯明又请邓植仪负责林业推广。当时设在粤北的第五区模范苗圃的苗木已经长成，需要出圃以继续育苗。但是，因林务专员已经撤销，广东林政归农林试验场管理。苗圃圃长萧永光专门致信邓植仪，反映群众不知苗木之作用，少数知情者也是以营利为重不去过问，苗木分发至各县，同样得不到各县的重视。

邓植仪获知情况，立即呈文陈炯明，请求省府令南雄等粤北各县长官派人到该苗圃领取苗木。陈炯明批准邓植仪呈文和附上《广东省第五区模范苗圃规定区属各县领苗章程》，发出省长训令给南雄、始兴、曲江、英德、乐昌、翁源、乳源、连县、阳山、仁化等县县长，要求各县按照章程，督促农民前往该苗圃备价领取苗木造林。

当年邓植仪不遗余力，推动粤北地区的农林业发展，他没有想到多年以后，自己会随中山大学的迁移来到乐昌坪石。世事不可捉摸，时局之变，想来他的内心也应该是万分感慨的。

当年除了推动林业发展，邓植仪还促动了陈炯明对广东蚕业的重视，可是由于广东政局处于极不稳定的时期，虽然陈炯明是第二次复出，但是这次在省长任内的时间同样很短。1920年11月10日上任，1922年4月19日卸任，随之他的相关训令便成了一纸空文。

又是一任省长的替换，官场成了走马灯似的舞台，真乃你方唱罢我登场。伍廷芳任省长期间，广东财政陷入困境，当局不仅不支持邓植仪推广农林事业的设想，而且还将试验场全部田地抵押给了广东银行，获贷款30万元。后因无力偿还贷款，发布广东省公署民国十二年469号训令，卖断农林试验场场地给广东省银行。农林试验场当即派出代表前往省长公署和省财政厅交涉，同时到广东省银行抗议。

试验场教职员工与广东农专学生，发布宣言呼吁社会各界声援广东农林试验场，以全场人员的名义发出多个宣言文告。这些文告列举了大量事实阐述试验场所取得的成绩，以及在国际国内农业试验所处的地位和作用；指出当局拖延发放经费，以及十几年来在场内驻扎军队和设立司令部，将农场侵占为驻兵场，使试验场经营大受影响。虽然试验场职员和农专师生不断抗议，但是当局还是没有一分一厘经费拨给农林试验场。1924年1月，广东全省农林试验场宣告结束。

农林试验场撤销之后，人员和财产并入农专，试验场只保留了50亩场地，这50亩场地后来成为国立广东大学（中山大学）农科和第一农场。在邓植仪的努力下，广东近代最早的农业试验机构的研究设备、土地和科研人员被保存到了广东农专名下，为后来国立广东大学农学院的创办保留了种子，积蓄了力量。

邓植仪处在一个非常尴尬的位置，特别是不断发生的变故，以及一桩接一桩的闹心事，让他应接不暇，疲于奔命。

那些年里我们可以从邓植仪的日常节奏中看到他工作的艰辛和曲折，如果换成一个缺少定力、意志不坚的人，或许早就另谋高就了。然而，挚爱农业、倾情教育的邓植仪却越挫越勇，不仅在艰难中挺起了腰板，而且还为农业技术推广、

促进实业发展倾注了全部心血,表现出一个知识分子对事业的坚韧和执着。

六

  1924年是广东教育史上的一个重要年份,这一年国共两党首度携手合作,国民革命风起云涌,世纪伟人孙中山高瞻远瞩,他视"教育为神圣事业,人才为立国大本",在广州亲手创办了一文一武两所学堂,文是国立广东大学(中山大学前身),武是黄埔军校。

  作为国立广东大学的初创者之一,当年邓植仪正在积极筹备农专改大专的相关事务,孙中山于1924年2月9日发出大元帅训令第52号,将国立广东高等师范学校、省立广东法科大学、省立广东农业专门学校三校合并,改为国立广东大学,派邹鲁为筹备处主任。

  邹鲁就任筹备主任后邀请国民党要员、著名学者、教育界名流组成筹备员。35名筹备员中有31人先后出过国,获得不同等级的学位,了解国内外的教育情况。他们的学历、学识在当时均十分引人注目,因而得到孙中山的重视和厚望。35人中邓植仪是唯一具有外国农学教育背景的学者。由于邓植仪是农专校长,又是广东农业界知名专家,1924年2月21日邹鲁任命邓植仪为国立广东大学农科筹备处主任,主持农科学院的筹备工作。

  邹鲁是邓植仪所敬仰的革命家和教育家,邓植仪追随他把创办广东大学作为重要的人生历练,邓植仪在后来的文章中曾多次提到这段难忘的历程。

  1924年2月26日,国立广东大学筹备会将原三校的全体学生召集到广东高等师范学校开会,广泛收集学生对农专改大专的意见,供学校参考。会议结束后,孙中山发表讲话,宣传三民主义与建立国立广东大学的目的和意义。

  1924年11月11日,国立广东大学举行成立大会,校长邹鲁主持大会并报告筹备经过和开会理由。孙中山为国立广东大学亲自题写"博学、审问、慎思、明辨、笃行"十个大字,这十个大字后来成为广东大学(中山大学)的校训。

  对于广东农业专门学校的贡献,研究者早有公论:近代广东高等农业教育起源于广东农业专门学校,这是广东现代农业教育的基石。广东农专正式并入国立广东大学,成为农科学院,这是一大盛事,也是一大喜事。在邓植仪的精心管理下,广东高等农业教育进入了一个快速发展的新阶段。

1926年7月17日，国立广东大学更名为中山大学，邓植仪担任农科学院院长。从"筚路蓝缕，以启山林"到"造福乡邦，利岂有既"，邓植仪体察民情、兴修水利、怜悯百姓、发展农业、带动经济的举措，可以从"鸡笼岗陂增加水量碑记""重修六陂碑记"那两块石碑上去感知。风风雨雨过后，两块立在石牌村头的碑石，成为邓植仪人生与事业的纪念碑，那是民心的遗迹，历史的见证。

起起落落，兜兜转转，邓植仪吃过多少苦，遭过多少罪，受过多少委屈和误解，他全都没有放在心上，所有的痛苦、烦恼、忧伤与不快统统抛进了时间的滚滚洪流。在他和全体师生的不懈努力下，中山大学农科学院不断壮大发展，最终成为专业领域的著名学院。

时光如同沙漏，每分每秒都在遗漏细节，面对远去的往事，就像一川逝水，一经流过，再无往复。为此，我们只能从留存的史料中去窥探往事。具有学术理想的邓植仪个性鲜明，坚守原则，不肯苟且。如果要验证一个人的品格，无需看他的豪言壮语，关键时刻他的风骨和气节是最好的证明。

当年有些亲朋好友为了把一些没有达到录取分数的孩子送进农专，专程带着礼物寻到邓植仪门下，要他予以关照。面对亲情和友情，邓植仪始终坚守底线，他一边热情接待，一边耐心解释，请求谅解。因为招生规矩不能破，所以农专的招生工作一直公平公正，按照招生规定执行，从没有一个学生找关系、走后门。

对于他的铁面无私，亲友们很不理解，背地里都说他六亲不认，不讲情面。其实邓植仪是个内心火热的人，他对于家庭困难、要求上进的学生十分厚爱，在生活上关心体贴，在衣食住行方面倾囊相助，使学生安心学习，促他们成长成才。

对于这个阶段的邓植仪来说，我常常想起"举步维艰"这个词。1922年，当局出现了拖欠农专教授薪水长达5个月的情况，教授们在基本生活无法得到保障的情况下，仍然坚持教学。到了1923年，当局积欠的薪水实在太多，全体教职员工在无奈之下罢工罢课，要求当局迅速发放积欠薪水。

经过反复交涉，当局答应发放一个月的欠薪。朴实的教师们没有太多的要求，给点阳光就灿烂，停课20多天后，大家开始回校授课。可是当局很快又停发了薪水，当年11月开始，全省各校教师再度罢课。农专教职工虽然报酬不高，甚至欠薪多时，但在这种艰难的情况下，大家还是响应学校倡议，每人捐出一个月薪水，共计四千余元作为新建校舍的款项。

　　1924年4月底,广州当局为修建东山马路,规划从农专所属的农场中穿过。如果按照他们的修路规划,学校农场就会被拦腰切断,弄得支离破碎。农专师生闻讯立即致信市长孙科,申明农专农场整体性不能破坏。学生会正副会长张农、姚碧澄为市府开马路一事,请邹主任与孙市长交涉。邹主任认为,学校农场,主权所在,自然要据理力争。

　　回想这种保护学校利益、不事权贵的行为,在邓植仪这里并非稀罕事。1932年,虎门要塞司令向中大农场索要一批苗木,当时校长邹鲁已函准。但是,具体负责农场事务的邓植仪认为,学校和农场的生存十分艰难,每一步发展都来之不易,如果谁都来向农场伸手索要,那往后将"场之不存"。于是他以孙中山先生亲自倡导创办的学堂需要大家爱护关心和支持为由,婉拒了索要树苗的司令官。

　　1925年8月15日,在广东大学农科学院召开中华农学会年会,这是农科学院第一次主持全国性的学术会议。在这次会议上,邓植仪开讲了《广东之农业问题》,提出了一系列农业改造和发展方案,与会者对他的改造方案高度赞赏,认为邓植仪看问题不仅透彻深入,而且还非常长远。

　　实践出真知,邓植仪在农科学院非常重视学生的实践活动,除了在第一农场实习外,还安排教授带学生外出考察。学生撰写毕业论文时要求深入一线调查。1924年3月,农科四年级同学即将毕业,获准到江浙、南洋、日本、菲律宾等地参观学习。在经费紧张的情况下,邓植仪仍派出成绩优秀、活动能力强、表现突出的学生黄干桥到日本考察农科教育与农业发展,目的是吸取日本高等农业教育的制度和经验,作为广东大学农科学院的建设参考。

　　为支持学生的农业实践活动,教师平时非常注重学生的动手能力,学院认识到教学要学以致用,特别是农科学生,更要注重实践。有多名海丰、茂名籍毕业生回乡着手经营农场,种植果树蔬菜,结合养鸡,发展蚕桑。

　　1925年11月28日,邓植仪的得意门生张农、姚碧澄、彭师勤等三人赴法国学习。余下的师生将农专时期形成的学风和学术传统带到了农科学院,在邓植仪的倡导下,续接传承,发扬光大。

　　纵观中国的农业发展史,历尽艰辛,每一步都走得不容易。当我们敞开记忆的大门,回望那一代人的精神来路,在陌生的地方寻找熟悉的身影,感知他们的高贵和卓越,蓦然发现,那些不肯熄灭的火焰,那些镌刻在内心深处的记忆,才是故乡给予每个人的最初底色。有了这一层底色，再微小的个体也就有了光亮，那光亮就是信念和勇气。

(詹文格)

第三章 坪石，烽火的记忆

一

当我迎着一缕初升的朝阳，翻开案台的文献资料时，突然有一种穿越时空的感觉。望着凝固在纸页上的文字，仿佛看到了先贤的背影，他们精神矍铄，孜孜不倦，正在学术的丛林中探寻真理。

我赶紧放轻脚步，缓缓走过，在书桌前坐下，慢慢翻开那些发黄的书卷。目光穿行于文字的海洋，凝视纸页，犹如仰望高远的夜空，顿感星光灿烂，满眼通明。在这个浓缩的世界里，每一个文字都鼓动着一腔热血，每一段话语都托举着高洁的灵魂。当我以一个读者的身份，轻轻翻动书页的时候，时光闪烁，一眨眼就在指缝间穿越百年。

横平竖直的汉字带着一种特殊的神韵，在时空中浸染，光亮处就像一束燃烧的火把，照亮了混沌的夜空，那一刻我理解了"缘分"二字。

世居东莞桥头的邓氏家族，他们与中山大学的机缘为何会如此深厚？在反复的追问后我终于看到了真相。这样的机缘并非某种天意和巧合，而是那一代知识分子的情怀与担当。

打虎亲兄弟，上阵父子兵。在烽火连天的古道上，虽然兄弟前行的路径不同，但指向却高度一致。当兄弟、叔侄、父子这几层血缘亲情聚集粤北的时候，坪石的每一天都变得温润如水，非同一般。

如果把邓植仪与中山大学的关系比作红花和绿叶，那么他的胞弟邓盛仪与中山大学的关系则像飞鸟与大树。

很多人都不知道，邓氏兄弟与中山大学有过怎样的生命情缘。兄长邓植仪曾两度出任中山大学教务长，累计时长达11年之久。从1920年至1949年，邓植仪的职场生涯经历了广东公立农业专门学校、广东大学农科学院和中山大学农学院三个发展阶段，历时30多个春秋。除了中途短暂地出任广西实业院院长、广西农务局副局长和农林部技监外，其余时间均服务于中山大学。先后担任广东大学、中山大学筹备委员会委员，参与创办广东大学、广东大学农学院。

排行第六的邓盛仪，留美归来之后，怀揣报国之志，曾任广三铁路工程师、广西公路交通部门主管。大学教授虽然没有成为他的终生职业，但邓盛仪一生却与中山大学发生了两次深度交集。第一次是中山大学工学院成立前，1925年广东大学（中山大学前身）校长邹鲁聘请萧冠英、邓盛仪、邓焕模、桂铭敬、叶家垣等人为工科筹备委员会成员。以萧冠英为主席，经过一年时间的认真工作，广东大学工科筹备事宜按时就绪，随之开始招收预科生。

第二次是1941年12月香港沦陷之后，邓盛仪被迫放弃香港的产业，历尽艰险，举家回到故乡东莞桥头邓屋村。在祖屋小住几日后，邓盛仪带着二子邓锡全、三子邓锡铭奔赴粤北坪石，在中山大学工学院土木工程系任教。

尽管时光有强大的遮蔽功能，但是从那些复制的史料中，依然可以清晰地看到一本用毛笔书写的聘书："邓盛仪先生为本大学工学院土木工程系教授，月薪国币三百六十元。聘期自民国三十一年八月至三十二年七月底止。聘约随附，代理校长金曾澄。"

再翻一页，是由工学院院长陈宗南签名的聘书："请聘，邓盛仪为本院土木系教授，月薪三百六十元，由八月起薪，由港来坪以为旅费之补助。"

旁边的核准一行有金曾澄校长和工学院院长陈宗南两人的落款。

邓盛仪两次到中大工作的时间虽然都不长，但是对他的人生和下一代却产生了深远影响。二子邓锡全和三子邓锡铭，坪石期间就读于中大附中，兄弟二人在坪石耳濡目染，懂得了落后就要挨打、科技可以报国的深刻道理，后来兄弟俩刻苦读书，成了国家的重要人才。邓锡全曾任机械工业部环境保护科学研究所高级工程师；邓锡铭毕业于北京大学物理系，后来成为我国著名的激光科技专家、中国科学院院士。他的思想与精神、成长与成才均离不开坪石那一段艰苦岁月的淬火和磨炼。

虽然抗战的烽火早已消散，但是再遥远的往事，也有回溯的路径。在时间的长河中，肉体与精神的感应持续地存在，处在万物互通的时空中，任何事物都不可能孤立呈现，其内涵、外延与现实有着千丝万缕的关联。家族是见证历史流变

的小集体，每个带着血肉温度的普通家族史，都是纵深大历史的切片和拼图。我常常思考，人才辈出的桥头邓氏家族，为何能不断提升壮大，而中山大学又为何能持续发展，其中都深藏着必然的因素。

一所大学的发展，一个家族的兴旺，需要几代人甚至数代人的不懈努力和共同奋斗，才能在不断升华、不断扬弃中形成独有的精神特质。这是一个值得探讨的课题，古今中外，几乎每一个成功的家族，都有着自己独特的文化属性，有着至高无上的家族荣誉感和使命感，正是这种文化力量，这种精神支撑，才是整个家族保持长盛不衰的优势。

在近年跟踪研究中，我看到了桥头邓氏家族奋发向上的人生态度，以及无私奉献的价值追求。以姓氏群居的邓屋，就像一条静水深流的长河，不喧哗、不张扬，默默亲吻着南粤大地，无声滋养着故土家园。为此，让我想起那句名言：真正的美德就像河流，越深越无声。

邓盛仪这位两度供职中山大学土木工程系的教授，他的生命轨迹就如一条潜藏地底的暗河，默默流淌，无声奔腾。其意义就如东深供水工程的起点，其指向就如造福深港两地的终点，滴滴水珠，润泽心田。

不管处在哪种状态中，邓盛仪始终保持着低调务实的作风，他是一个不被大众所知的人。他的爱国情怀，他的高风亮节，他的无私奉献如同天边的白云，默默地装点着蓝天。他把光环与荣耀呈现在别人的头顶，自己甘做一块支撑大厦的基石。

1892年出生的邓盛仪，19岁留学美国，他从美国密歇根大学土木工程系毕业后并没有急着回国谋得职位，获取薪水，而是抱着更强烈、更高远的报国之志，在欧洲进行了为期6年的专业考察。我想6年考察，这简单的几个汉字背后，包含了多么强大的信息。2000多个日子，假如没有摒弃浮躁、坚守专业的定力，一般人怎么达得到这种执着境界。

我们可以想象，一个在美国名校留学的中国学生，好不容易学成毕业，他却没有急着回国奔赴前程，谋取职位，而是继续深入一线调研，他想进一步了解美国先进的工程设计与施工情况，这功用得多深！通过深入细致的调查考察，邓盛仪看到了中美之间的差距，知道国内人才稀缺的紧迫，于是马不停蹄地回到了阔别9年的祖国，渴望找到一个施展抱负的舞台。

可愿望就如天边的彩虹，与现实有着天壤之别。回国后他先后在铁路和公路交通部门任职，由于痛恨国民政府的腐败，以及官场的黑暗，工作两年后愤然辞职，到香港创办工厂，生产钢钉和钢窗。

正当他倾心实业的时候，时局突变，1941年底，香港沦陷，日本侵略者为了巩固自己的战略阵地，开始在香港暴力征用中国技术人员。从美国名校毕业的邓盛仪自然难逃他们的魔掌，当时要求他的工厂为日军效力，生产军需品，邓盛仪断然拒绝。日本人恼羞成怒，认为邓盛仪不识抬举，准备对他采取极端手段。为确保家人安全，邓盛仪只好放弃香港的实业，返回内地家乡，暂避风头。

后来到了坪石，在中大任教，直到日军撤出香港，邓盛仪才再次返港，重新启动了钢窗厂，并担任董事长。工厂生产的钢钉和钢窗不仅打破了国外产品的独家垄断，还远销国内外市场。

重回香港的邓盛仪没有忘记自己的使命和责任，他在经营工厂的同时继续为香港中共地下党组织提供各种便利和帮助，甚至把工厂的小饭堂改为香港地下党的秘密联络点，用来搜集重要情报。随着工厂实力的壮大，邓盛仪先后担任香港中华工商总会副会长、会长，中华人民共和国成立后还当选为广东省政协委员，多次受到中央领导和广东省委领导的接见。

1950年，抗美援朝战争爆发。由于新中国刚刚成立，经济基础十分薄弱，国家百废待兴。为支援抗美援朝，保家卫国，邓盛仪带头发动香港有爱国精神的企业家捐款捐物。一批热爱祖国、心系家乡的企业家积极响应，踊跃捐献，通过各种途径向在朝作战的中国人民志愿军提供生活、医疗、军事方面的物资（包括汽车轮胎）。同时还号召企业家购买大陆发行的公债，支援国家建设。

据邓盛仪的儿子邓锡清讲述，他父亲曾经为钱学森先生经香港转道回国做了相关的接应工作。最有意思的是多年以后，邓盛仪的三子邓锡铭，从北大毕业后接过国防科研事业的接力棒，与钱学森有过科研上的深入接触，受命设计建造激光研制靶场。然而，邓盛仪当年所做的一切就像润物无声的春雨，在特殊的历史时期隐藏了诸多不为人知的细节。然而，我们在公开的史料中却找不到一丝一缕记录，很少有人知道这些感人至深的过程。纵观古今，但凡博爱无私的人往往都是不图名利的智者，正如《道德经》中所言：大音希声，大象无形。

1956年国庆前夕，邓盛仪组织工人在工厂内举行庄严的升国旗仪式，谁知这个升旗仪式竟触怒了国民党潜伏在香港的特务。在升旗的第二天早上，一群身份不明的暴徒冲进工厂，实施了打砸抢烧的暴行。多年辛辛苦苦建起来的工厂，

被暴徒一把火彻底烧毁，邓盛仪无比气愤，他质问：一个中国人难道热爱自己的祖国都有错吗？后来通过新闻媒体的声援，强烈谴责了暴徒的野蛮行径。

邓盛仪的工厂被烧的消息很快传到了内地，时任中南局第一书记的陶铸专门接见了邓盛仪，鼓励他振作精神，不管遇到多大的困难都不要害怕，因为他的背后有强大的祖国。果然政府资助他重建了工厂，很快，一个更大规模的新厂竣工投产。看着漂亮的工厂，邓盛仪激动万分，于是他更加深信，只要背后站着强大的祖国，不管遇到怎样的大风大浪都不会动摇！为此，他一生与祖国紧密相连，一刻也没有分割。

作为一个爱国企业家，邓盛仪虽然没有加入党组织，但是他为了祖国统一、民族振兴、国家富强，发挥了重要的桥梁纽带作用，直至生命最后一刻他都保守着秘密，没有透露他所做的一切。

受父辈先贤的影响，邓氏后人刻苦努力，奋发向上，发扬邓氏务实、笃学、重教、奉献之精神。邓锡铭多次回广州、东莞、深圳举行专题讲座，作科技报告，为家乡的发展出谋划策。

如果说人类有DNA信息代码，那么家庭文化、家族信息就是一条无法看见的基因链条。当我对中山大学的文献史料进行搜索之后，在那些年份的简洁描述中，常常会浮现出一种对日常的想象。

邓盛仪在坪石任教的时间虽然不长，但他与兄长邓植仪一定是有过往来与交谈的。工学院教学点设在坪石上游的三星坪及其对岸新村，这里风景优美，在所有学院中环境最为幽静，而农学院则远在湖南宜章县栗源堡。兄弟俩相隔很远，加上邓植仪校务繁忙，同在中大任教，平时在一起长谈的机会恐怕也不多。但是，我相信兄弟之间的心灵感应，无时不在沟通联络，于是那种齐心协力的默契和教书育人的理想，悄然转化为手足情深的支持。想想兄弟二人，同时任教中大，这是理想与事业的合流，回首人生，这是多么值得骄傲的事情。

二

在坪石让校领导最为焦虑的事情是经费紧张，学校需要千方百计节省经费，连翻印讲义的纸张油墨都得一再节约，精打细算，恨不得每一分钱都掰开来花。

作为教务长，邓植仪需要考虑的事情难计其数，小的如图书管理，借还书制度，大的如教学安排、粮食供应，以及办公费、购置费、学术研究费、教职工薪金的发放等，可说是事无巨细。

1943年，由于粤北地区通货膨胀，学校多次向教育部请求增加经费，但杯水车薪，效果甚微。考虑在困难时期裁减教职员工可以节省一些经费，但显然这是下策，采取此法，实属无奈。多年以后邓植仪回想那次减员校务会，他的内心仍有愧疚。工作与生活常有矛盾冲突，本该柔软的时候，偏偏需要表现坚硬。会上了除了通报教务工作之外，还要遵照教育部的指令，确定各独立学院教习人数暂行规定，裁减人员，提高工作效率，节省糜费。

人事自古就是敏感的事情，该如何发放聘书，左右为难，一旦确定裁减就关系到教员的饭碗问题，所以在寒假之前校长会同教务长、训导长以及各院院长反复斟酌裁减人数。裁员工作虽然很难，但是，最后还是裁减了48人。邓植仪提出，裁减人员之后，将缺员的课程由续聘教师兼任，以此提高兼任者上课时薪。

谁知经费紧张的难题还未得到缓解，另一个更加紧迫的问题已经出现。由于当时坪石小镇人口剧增，一度出现粮食紧张，尽管1942年中山大学成立了"生活改善委员会"，但粮食的供给还是难以掌控。1942年11月4日，在以邓植仪为主席的生活改善委员会第三次会议上，宣布教育部已增拨经费120万元，但是，须拟定细则才能发放。到了1943年，学校的粮食困难问题更趋严重，为此，金曾澄、邓植仪等校领导极为忧心，通过不同的途径和社会关系去筹措粮食。

为解决中大师生的吃饭问题，中央成立了有合作社性质的粮食购运管理委员会，加强对粮食的采买。金曾澄、邓植仪还电告重庆，请求邹鲁帮忙，邹鲁复电，已电告湖南省长官薛岳协助解决中大粮食问题。为稳妥起见，学校还电告省粮政当局，禁止商人向粤北、栗原堡等地购买粮食，以保障学校粮食供应。

邓植仪作为中山大学教务长、农学院院长、著名的农业专家，面对粮食紧缺的问题，他的内心肯定要比其他学院的教授更纠结、更紧迫、更难受。对于一个农业专家来说，提高粮食产量，解决群众吃饭问题是第一要务，无论哪个时代，吃饭问题永远是头等大事。

邓植仪早在1932年10月担任农林部技监时就起草了《增加广东米粮生产以足民食计划大纲划拟》，对解决广东粮食问题做了详细的规划给广东当局作参考。

1937年抗战全面爆发后，邓植仪再次撰写《广东粮食问题》，对建设战时粮食安全保障制度提出进一步的措施。在技监岗位上，邓植仪可说是尽心履责，他

联合技术顾问团队向陈济棠提出建议,加快在农林部领导下的粮食保障制度的建立。

1941年3月,农林部提出《禁种糯稻改植粳稻紧急措施办法》,限制用于酿酒的糯稻种植面积。农林部还专门设立了粮食增产委员会,分为水稻组、小麦组、垦务组、病虫害组、土壤肥料组、农田水利组、兽疫防治组、农场经济组,其职责就是对各地粮食生产提出指导性意见。政府行政主管部门对粮食生产包括对冬耕注意事项都作出了详细提示,推广冬耕,利用冬闲田增种杂粮及绿肥。如在四川尝试种植棉花,保证抗日军民衣食的充足。

行文至从此,不禁让人想起当年《大公报》总编辑张季鸾写的《我们在割稻子》。"就在最近十天晴朗而敌机连连来袭的时候,我们的农民在万里田畴间割下黄金稻子,让敌机尽管来吧,让它来看我们割稻子。抗战到今天,割稻子是我们第一等大事。有了粮食,就能战斗。"

张季鸾这篇文章在《大公报》以社评的形式发表之后,在抗日军民中激起了巨大的爱国激情和抵抗精神。收割稻子是为了果腹生存,这是个天赋的权利,然而残暴的日军却仍然要轰炸。

1942年底,邓植仪亲自指导学生开展土壤学研究,进行开放性的学术交流与讨论,要求研究生在会上作学术演讲。这一时期,尽管环境异常艰苦,但是学院的学术研究特别活跃,大家在专业问题上刻苦钻研,相互碰撞,迸发出众多的学术火花,培养出了一批优秀的农学人才,后来成为我国著名的昆虫学家的赵善欢就是其中之一。

爱才惜才的邓植仪就是识马的伯乐,千里马常有,而伯乐不常有。一个又一个人才被他培养出来。

1914年出生于广东高要的赵善欢,是一位杰出的科学家。他在水稻主要害虫综合防治、有机合成杀虫剂、植物性杀虫剂、昆虫素理学、作物根区施药、害虫不育技术与昆虫激素等方面,成果斐然。1980年,赵善欢当选为中国科学院院士(学部委员)。

翻开赵善欢的履历,瞬间就让人惊呆。他是我国农学史上最牛的学霸,4年时间读完本硕博,26岁当上了中大教授。然而一个优秀人才的出现,不可能是从天而降的,他的成长离不开老师的启蒙,离不开学校的熏陶培养。

1929年,年仅15岁的赵善欢考入了中山大学农学院专门部学习。这个法布尔一样的小小少年，活泼可爱，十分聪慧。刚进农学院不久就博得了众多知名教授的青睐，像土壤学家邓植仪、水稻学家丁颖、植物学家陈焕镛、昆虫学家成其伟等。

赵善欢虽然正值青春年少，但是他是个早熟的孩子，课余时间不是上图书馆，就在野外捕捉昆虫制作标本。1933年，赵善欢留校担任助教。

1935年，在中山大学农学院的推荐下，赵善欢被选送到美国俄勒冈农业大学深造，仅一年时间即以优异成绩获得学士学位。

1936年9月，赵善欢转学康奈尔大学深造，这所学校培养的农科博士在当时的美国首屈一指。他在康奈尔大学除了学好各门必修课，学校的学术活动几乎每场必到，课余时间还自学德文、法文。

身在异乡，赵善欢没有忘记自己的来路，他时常想起中大的老师，想起邓植仪院长的谆谆教诲。学习之余充分利用休息时间，大多数的节假日都在实验室里度过。每到圣诞节，宽敞的教室只剩他一人。赵善欢一个人独自看书，独自完成实验，兼给试验植物浇水管护。

有付出就有回报，就读期间他在美国多家昆虫学杂志包括有学术影响的刊物上发表多篇论文，受到教授和专家的一致赞赏。毕业时受聘于康奈尔大学研究院担任研究工作。然而，在邓植仪这一批师长言传身教的影响下，赵善欢心怀家国，惦念故乡，他没有贪图国外的优厚待遇，毅然辞职回到了祖国。

上行下效，在这一点上可以肯定，赵善欢是因为有榜样的力量，为人师表的邓植仪给学生做出了模范和表率。与赵善欢经历相似的还有中大培养的果树学家、园艺教育家黄昌贤。1910年出生于广东汕头的黄昌贤，1926年7月考入国立中山大学农学院，1931年毕业后升入该校农学院园艺系。1933年毕业，获农学学士学位；1934年，他抱定振兴中华农业的宏愿，矢志园艺，赴美留学，同年秋天考入美国俄勒冈州立大学，1936年获园艺学硕士学位。之后到美国加利福尼亚大学、佛罗里达大学、密歇根州立大学研究院继续深造，1940年获园艺系博士学位。

黄昌贤留美期间，正值日本侵华。他时刻关心祖国命运，经常参加芝加哥大学中国留美学生会组织的抗日爱国运动，如"一碗饭"募捐、抗日游行、救国演讲等。

我在中山大学的历史资料中，见到了黄昌贤与邓植仪的合影。那是一张暖意

融融的照片。师生二人西装领带，目光炯炯，满脸笑容。两人看上去精神抖擞，无比时尚。身后是一列庞大的火车与两道锃亮的铁轨，照片所取的景物呈现出一种眺望远方的浪漫意境。这是1935年邓植仪访问美国时，与学生黄昌贤交谈之后的留念。

1940年，黄昌贤回国，由于他在园艺学方面成绩优异，美国著名的贝·汤姆生植物研究所（Boyce Thompson Institute for Plant Research）挽留他在该所工作，并承诺给予优厚待遇。该所的植物激素专家齐摩门博士还对他说："日本正在入侵中国，现在中国成了地狱，你不要回去了。"黄昌贤很坚定地说："我是中国人，就算是地狱也要回去！我的事业在中国，我的亲人在中国。"

1940年8月底，黄昌贤毅然从美国回到了故乡，先任教于岭南大学，1941年，他离开潮阳，赴坪石从事教学工作，1942年正式成为中山大学教授。

数十年过去了，尽管从史料中找不到详细的记载，但我依然相信黄昌贤的选择与邓植仪1935年赴美访问有直接关系。师生间的深情畅谈，以及邓植仪的价值选择和未来期许，都会成为学生的人生参照。赵善欢、黄昌贤的脑海中时刻涌现中大教授的身影。

1939年底，赵善欢远行云南澄江，回到了中山大学农学院，担任副教授。凭借出色表现，次年晋升为教授。

多年后赵善欢对自己的求学之路做了总结回顾，他认为做学问要善于抓两头：一头了解国际先进科技成果，一头了解国内生产实际，包括学习和总结群众的有效经验。

1940年至1941年，赵善欢与林世平一起在云南、贵州、广西、湖南、广东五省大范围进行调查，1942年编撰完成《我国西南各省杀虫植物编撰报告》，成为当时我国杀虫植物研究的最高成果。

教书育人是神圣的事业，邓植仪在中山大学农学院还推送了谢申、简浩然前往美国威斯康星大学（那是他的母校）深造，让学生接续了自己的学术之路。

三

面对土地，我常常陷入思索，一个研究土壤的人，他一定深爱着土地，所以他的胸襟也会和土地一样深厚和宽广。做过农林部技监的邓植仪，他的学术视野没有局限于一时一地，而是有一种放眼天下、眺望世界的高度与广度。

从1921年开始派出技术人员和农专学生到广东各县开展农林情况调查，到1925年广东农业概况调查和东莞县土壤调查，再到广东分县土壤调查。邓植仪和同事合作撰写了《东莞县土壤调查报告书》《土壤学》《广东土壤提要初集》等一大批农业与土壤学专著。

在繁忙的教务之余，邓植仪多次前往东莞虎门万顷沙田实地调研，分析潮水涨落规律对咸田土壤咸性影响，得出咸田水稻的最佳灌溉时机。他还协助横沥镇某养蜂场引进意大利优良蜂种进行繁殖，以提高当地蜂蜜的产量和质量。

在东莞东坑与横沥交界处有一块纪念碑，民国时期出任过南京特别市市长、广州市市长的横沥人刘纪文撰写了一篇《东莞寒溪水闸记》，该碑记的主题是记录民国二十四年五月筹建寒溪水闸的过程。在这段往事的叙述中，刘纪文用文字道出了对邓植仪的感激之情。

> 东莞青鹤湾之水，自寒溪以上，其地率低于江岸，东江水涨，田亩皆沦为泽国，被害面积达八万一千余亩，为民患害久矣！民国十六年，乡人请于广东治河处，审度地势，议建闸于寒溪以御之，惟以费巨莫由集而罢。二十年，乡长邓朝宗等复审前请，仍以款绌不行。二十一年，军长香公翰屏主中区绥靖事，轸念民瘼，锐意修举，复咨与农学院邓君植仪，以为建闸利大，不宜以费阻……

尽管碑记惜墨如金，对有功之人点到为止，但世事常常带着诸多的机缘巧合。时隔数十年后，东莞散文家詹谷丰先生参加采风创作活动，再次从尘封的地方史料中发现了闪光的片段，打捞出这个被时光埋没的细节，让邓植仪为家乡发展所做的善举浮出了时光的水面。

抗战胜利后，邓植仪在家乡桥头主持筹建了东莞县第一所农业职校——东莞县农业职业学校。

在关注东莞农业和广东农业发展的同时，邓植仪同样关心着全国各地的农业发展。1943年，邓植仪应湖南新农学会邀请，前往湖南演讲关于湖南农业的改良问题，出席人数140多人。

湖南自古就属农业大省，邓植仪深入浅出地谈到，如何改善农民的地位，以

求耕者有其田，通过组织农民应用科学方法，使主业和副业双向推动，搭配得当，大力扩充外销产品，以增加农民收入。

1944年，邓植仪再次应邀前往湖南讲学，他在关于湖南农业的文章中着重谈了生态保护问题，《湖南之土壤问题》一文对湖南土壤的研究，对各种土壤作了深度分析，他提出了对湖南各种土壤的合理利用。

他在长沙给湖南农林界人士主讲《湖南之农业问题》。全文除了讲述湖南农业人才的培育问题、作物合理种植之外，还用三分之一的篇幅谈及湖南山地开垦和湖南四江（湘江、资江、沅江、澧水）、洞庭湖之间的水利关系，指出"政府为增加生产，正在发动垦荒。湖南可垦的荒地很多，要想把这些可垦的荒地开发增产，就不能不把沿江及山林的水利问题予以注意"。他充满忧患地指出：

> 湖面一天一天缩小，而湖身一天一天淤浅，于是上纳九江和藕池各口的下泄之处，如岳州城陵矶对岸至泥嘴等处，业已淤成高原，横亘其口，狭如束颈然，此为近年来洞庭水患所由来……

从这段文字中我们可以看到一个深谋远虑的智者，在70多年前就已经看到了环境污染和水土流失的后患。

同样邓植仪对化肥农药也有着超人的醒觉，刚一开始，他就意识到了化肥对土壤的破坏和危害将会成为未来的一大难题。可惜当时根本没有引起重视，现在一切都得到了应验，过量施用的化肥成了伤害土地的鸦片。

写到此处，我不禁想到了一个叫王应榆的东莞人，这个与蒋光鼐将军同属虎门老乡的军人，却没有把人生的筹码压向炮火连天、叱咤风云的战场，而是将所有的生命激情都倾注到了水利事业，特别是黄河治理这个世界难点上。毕业于保定陆军军官学校、参加过武昌起义的王应榆始终遵循自己的内心，把人生的理想抱负投向了一条奔腾的大河。

1932年考察黄河后，王应榆写下了逻辑严谨的《治河方略》。93篇黄河日记，留下了王应榆黄河视察的全过程。而在1934年，邓植仪利用暑假对长江、黄河流域各省土壤和农业状况进行了实地考察，并写成了颇有见地的报告书。1935年，邓植仪建议政府借鉴美国的做法，整治黄土高原的水土流失，认为黄土高原地下水位过低，造林难度太大："窃以为先利用此种黄土高原生长牧草，徐徐增高其土地之有机质及保蓄水量，然后进行造林，比较有所把握。"

从1932年到1934年，仅仅相隔两年，就有两位为理想而生的东莞人出现在那片辽阔的土地上。一个为水，一个为土，两位殊途同归的东莞人，行走在黄河两岸，那种感人的画面，不是一幅匆忙的速写，而是一组厚重的雕塑。我相信在西部的漫漫风沙里，在那些干枯的小道上，邓植仪与王应榆的脚步一定有过高度的重叠。那不是命运的巧合，而是生命的必然，因为在两位老乡同频共振的心跳里，他们都看清了黄土的颜色，听清了黄河的涛声。

当王应榆的治水理想基本实现的时候，邓植仪70多年前提出的大西北环境治理举措也已成为我们当今着力推行的方略。具有远见卓识的邓植仪在当时提出的科学见解，充分说明他对土壤研究的宏大视野。他没有死守自己的一亩三分地，没有把治理考察的眼光局限在华南这片狭小天地里，而是将其纳入江南塞北全国一盘棋的大局中。

知识就是力量，良知才是方向。一个人在事业上能否有所成就，就看他关键时刻是不是勇于担当。回顾过往，邓植仪两次都是在极其艰难的情况下出任中山大学教务长。特别是在坪石时期，他已年过半百，而且还患有高血压等慢性病，身体欠佳。因为教务长事务繁多，平时他驻守校本部，主持日常校务管理工作。中大校本部离宜章县栗源堡的农学院有30多里的路程，每个周末，他都会抱病从坪石跋涉几十里崎岖山路，赶往栗源堡，处理农学院教务工作，并按时讲授他所兼任的地质学、土壤学、土壤分类学、农田水利等课程。

邓植仪感觉农学院的工作还有进一步拓展的空间，于是他首倡"教建合作"。令他遗憾的是农学院在栗源堡两年多时间，作为教学与科研基地的农场没有建设好，只有区区的20亩水田，新建农场还处于计划之中，所以邓植仪决定加速乐昌农场的创办，并根据抗战需要，发动农学院师生以各种形式支援前线。

以邓植仪为代表的"莞籍坪石先生"，就是一个自带光芒的群体，在时空中遗留了许多发光的片段。我从并不系统的文字描述中，拼接出一些片段，想象邓植仪在坪石的经历，很快就想起了读过的一首短诗："一生中/必须经历两个伟大的时间/日出与日落/多么有福/与这轮日出同处一个时空/成为幸存的见证者。"

乌云终究遮不住太阳的光辉，在等待黎明的暗夜里，邓植仪像一支静静燃烧的蜡烛，散发着全部的光和热。

四

　　在交通便捷的时代，无论从广州起程，还是从东莞出发，抵达坪石都是一件轻而易举的事情。虽然速度可以消解距离，但曾经的坪石已物是人非。

　　漫步在记忆沉潜的泥土上，隔代的种子依然抽枝展叶，迎风飞舞。三星坪那株耸立在武河岸边的古香樟依然遒劲苍翠，像一位阅尽世事的老人，送走了永不回复的流光逝水。

　　岁月如滔滔的武江水，一浪接着一浪，曾经被脚板亲吻的山野古道，如今杂草丛生。草木的后面掩藏着中山大学坪石旧址，那里不仅印刻着母亲蓬头垢面的容颜，同时还纷呈过中国百年以来波澜壮阔、沧海桑田的样态。70多年的风霜雨雪，屋舍早已倾圮，唯有怀念在天地间默默流转。

　　三星坪曾为武江河畔的繁华码头，是武江入粤第一站。明清时期，没有公路，倚水而得丰稔的坪石，受惠于武江水运，这里曾是令人向往、远近闻名的富庶之地。然而岁月之水冲走了昔日的繁华，清冷的三星坪码头再无喧闹。距古樟和码头仅一箭之遥的村落里，有一些若有若无的旧砖残垣耸立在毛竹、芭蕉和杂草丛中。黧黑的砖墙上爬满青苔和藤条，那里遗留着曾经的书香气息。

　　粤北坪石，在地理属性上与云南澄江一样，在70多年前还是一个僻静的山乡小镇。中山大学的到来让山乡吹进一股新风，顿添情趣和热闹，因此，当时的坪石被称为"小广州"。

　　远道而来的学生一身干练的装束，男学生穿西装，女学生穿裙子剪短发，如此洋气另类的打扮，在山乡人眼里特别新奇……

　　那是一段值得追忆的日子。为探访"莞籍坪石先生"的足迹，2021年初夏，我以一个异乡来客的身份，慕名来到这个久仰之地。抛开城镇的现代元素，透过簇新的高楼，渴望在幸存的老宅与大树之间找到曾经的蛛丝马迹。在坪石只见静默的古树覆盖着幽深的小巷，漫步在石头铺设的路面上，想象着曾经的岁月风云。

　　土地有着安静的品性，山环水抱的坪石至今固守着端庄和宁静，典型的丹霞地貌塑造出陡峭的山体，骨感的山岭像大师点染的国画，萌生出草木的苍翠。在这个庞大的山体中有一块雄鸡模样的石头，为此，那只引吭高歌的雄鸡，获得了一个生动的名字——金鸡岭。

在炮火硝烟的抗战年代，金鸡岭成了一种精神象征。当年不仅是中山大学，还有岭南大学农学院、培正中学、培道中学相继来到坪石。随之而来的还有商家店铺、银行报馆、机关部门。遥想艰难岁月，金鸡岭下留存了一代人的集体记忆。师生在不设围墙的校舍中，艰辛探索，砥砺前行，走出了一条求学之路、救国之路。如今粤北古驿道经过活化发掘，一系列的遗址遗迹被先后修复，在社会各界的共同努力下，正在复活中大的集体记忆，华南历史教育研学基地的建立，以一种工匠精神在打捞民族记忆，让流落各处的历史遗迹散发出持久的光芒。

五

在我有限的视野里，以为坪石是中大迁移的终点，是师生漂泊的尽头。谁知穷凶极恶的日军并没有就此止步，他们赶尽杀绝不放过对每一寸土地的侵略。坚持学术救国的师生，无论怎样迂回转移，始终无法安放一张平静的书桌。受炮火的威逼，他们只能再次迁移。为此，坪石并没有成为中大师生磨难的终结，反而留下了更深的伤痛。

尽管在动荡不安的局势中教学，但是颇有预见的邓植仪已经提前谋划了战后的农业重建。1943年11月10日的农学院纪念周上，金曾澄校长应邀出席，报告参加国民参政会的情况和战后农业实施计划。邓植仪发表了题为《抗战中改进农业之认识与注意》的报告，让学生明白当时的农业研究，不仅是为了战时农业，更是为了战后农业的重建。从邓植仪的努力中，足以看出他对中国农业发展高远的谋篇布局，与超前的远见卓识。

邓植仪安排土壤所继续进行广东省内土壤调查，先后完成了连县、南雄、乐昌、仁化、始兴五县土壤调查。随后又对乳源、阳山、连山三县进行土壤调查。

1944年1月，邓植仪与广东、广西两省当局商洽，由两广当局负责经费，农学院负责技术，对广西十万大山的植物资源和土壤资源进行全面调查，为战后开发做好准备。

当时的十万大山可说林深路险，人迹罕至，是土匪强盗出没之处。中大农学院农林植物研究所的技士黎旭祥刚完成连山县的调查任务，接着又马不停蹄地赶往十万大山，与采集队汇合，深入大山腹地，仅用两个月时间就完成了十万大山

的植物与土壤调查任务。

那段时间，邓植仪心里有一种紧迫感，在抓好省内外农林资源和土壤资源调查的同时，加强学校对外学术交流。1944年5月初，英国剑桥大学生物学研究员李约瑟抵达栗源堡参观和演讲。李约瑟到校后，邓植仪与他商谈了中英科学研究的合作事宜，并安排他到各学院演讲，到图书馆参观。在农学院，邓植仪为李约瑟安排了两天的考察活动。作为研究中国科技史的英国专家，李约瑟这次与中大农学院教授交流了中国古代农学的若干问题，并首次探讨了公元前5世纪前后的《禹贡》，认为《禹贡》可能是世界上最古老的土壤学著作。

晚年的邓植仪以《禹贡》为研究对象，撰写过先秦土壤学史的长篇论文，该论文的缘起就是源于与李约瑟的讨论。考察时，李约瑟不仅与丁颖深入探讨了古代中国的稻作起源，而且还深入农学院图书馆，了解馆内藏书，特别对年轻的梁家勉研究中国古代农书的行为充满兴趣，参观后，李约瑟与梁家勉进行了一个下午的座谈交流，由刚从美国留学归来的赵善欢做翻译。当时李约瑟虽然学习汉语的时间不长，但他已经能听懂普通话，而且对古书的词语理解基本自如。有些中国古代文献名词，连赵善欢翻译起来都感到吃力，可是李约瑟却能逐一提出，让人佩服和吃惊。

我在李约瑟的助手黄兴宗撰写的一篇题为《记战时李约瑟在中国东南地区的旅行》文章中看到这样的叙述：

> 我们也于4月27日离开了韶关，并乘火车于10点到达坪石。我们在那里待了一周，访问了中山大学的不同学院，包括岭南农学院。中山大学是我们在中国访问过的最大的大学。在主校区，这有艺术学院、科学院、法学院、工程学院和教师楼，有2500名学生。农学院位于距离栗源堡20公里的地方。李约瑟对这两个学院很受震撼，这里有很多有趣的研究工作正在进行中。我们拜访了蒲蛰龙教授、李以英教授，他们在之后的岁月里成为中国控制虫害生物应用的先锋。
>
> 5月4日下午，我们从坪石出发到达乐昌，这是中大医学院的驻地，学院和教学医院设立在崭新且现代的建筑里，多位教职工曾在德国受训，这又给李约瑟说德语的机会。我们在次日夜晚离开了乐昌并且在晚上9点到达韶关……

这几次到广东的访问令我很愉悦，因为我能看见很多来自香港的朋友，他们正在这些学院中工作或学习。我们当时并未意识到我们正在见证这些学院生命的最后时日。它们的存在很快就会被日军的战争所粉碎，四个月后，当我们再次穿过广东时，我们曾经访问过的机构都陷入混乱，机构被迫解散或者转移他们的设备和人员到更内陆的地区。

可以想象到，李约瑟到坪石、栗源堡之后，已经预感到山雨欲来之势，日本侵略者之目的就是想要斩断中华文化的根脉。

邓植仪似乎早有预感，农学院在图书和史料收集方面能取得可喜成果，就是因为邓植仪未雨绸缪，提前做好了安排。后来华南农业大学农史研究室的藏书能在国内高校独树一帜，再次证明邓植仪的深谋远虑和过人预见。

正当一切工作都在紧锣密鼓地进行时，局势陡然发生变化。日本侵略者大举进犯粤北，攻占广东省战时政府驻地韶关，企图打通粤汉铁路，使北方南下的侵略军连成一片。日寇分别于1939年12月、1940年5月、1944年11月发动了三次大规模的向粤北进攻的战役。前两次粤北会战，日军均以失败告终。第三次粤北战役，日军攻占了韶关、乐昌，打通了粤汉铁路，为此，战火再次波及在坪石办学的中山大学。

面对侵略者的铁蹄践踏，手无寸铁的师生只能迁移，迁移就是逃亡。可是这一次迁移却有些措手不及。1945年1月，日军突然入侵宜章县栗源堡，坪石也已陷入包围之中。

学校闻讯仓促通知各院紧急搬迁，就这样中山大学匆匆结束了在坪石四年零五个月的办学历史，再次开启了漂泊之旅。

部分师生由校长金曾澄带领，经乐昌、仁化、龙川抵达梅州，设立校本部。农学院由邓植仪负责搬迁工作，经历过两次长途迁徙的邓植仪，已经有了处置应变的经验，在这个关键时刻，他作为农学院的主心骨，冷静应对，非常镇定，农学院师生在迁徙时没有出现太多的慌乱。

搬迁前，邓植仪主持召开了农学院的院务会议，与同事们商议搬迁办法。会上大多数人认为当时交通不便，搬迁困难，若长途迁徙，没有交通工具，师生们的人身和公私财物安全难保。考虑到栗源堡地处村野，属于非军事要地，估计日军只会经过，不会占领。即便一旦发生事变，师生们尚可临时疏散于附近山林荒

野,避过日军锋芒之后,再转移到附近安全地带躲避。这一计划得到了会上大多数人的赞同,邓植仪将会议意见报告金曾澄,得到其同意。

当时农学院一边坚持教学,一边为迁校做准备工作。同时还安排各学院转移教学仪器和图书,成立购贮粮食委员会,确保战时转移不会遇到食宿困难,因为有这些周密措施的及时推行,农学院在栗源堡遭受突袭时损失大为减少。

1945年初,由总务长何春帆带领部分师生撤抵连县三江镇。在迁离坪石时,位于三星坪的中山大学工学院的部分师生没来得及突围,建筑工程学系主任卫梓松落入敌手。卫梓松坚持不受敌人利诱,最终自杀殉国。中山大学附中教师陆兴焰、学生诸兆永等人由坪石迁往仁化的途中惨遭日寇杀害。更令人痛心的是搬迁时先后发生多起沉船事故,有近百名师生员工罹难,让人无比痛惜。

家仇国恨点燃的熊熊怒火,迫切需要找到一个宣泄的出口。这一时期,中共地下组织向前方输送了两百多名中大学生,参加曾生领导的东江纵队。从文弱书生到钢铁战士,都热血沸腾地完成了身份的转换,一往无前地奔赴抗日前线,建功立业,英勇杀敌。

六

坪石事变导致中大师生全员撤退。当时坪石有一部分师生,由金曾澄校长率领,经乐昌、仁化、向东行进,赴龙川,最后决定设校本部于梅县。研究院、文学院、理学院、医学院、先修班、师范学院附中部分师生则在梅县校本部附近上课,其他学院分布在梅县周围各县上课。

邓植仪为主任的连县分教处,除了农学院,还有文、理、法、工、师范学院部分师生。连县分教处的文、理、法、工、师分教点的负责人由邓植仪任命,教学工作正常进行,而且要求确保教学质量。

后来法学院教授梅龚彬撰文回忆,讲述当时在连县分教处的工作过程。

> 到达连县后,中山大学教务长邓植仪指定我担任法学院连县分院主任。连县的办法条件比坪石还差,但条件再差也不能糊弄学生。在我们的精心安排下,复课后,不仅补上了因疏散而造成的缺课,而且基本上保证了本学期的正常教学进度。

没有到达粤东或连县的部分师生，则留在仁化县，组成仁化分教处，以陈宗南教授为主任。梅县的校本部和连县分教处都在1945年3月间恢复上课。所幸那里的农业生产搞得很好，有利于教学和科研实践。农学院的丁颖、侯过、赵善欢、王仲彦、林亮等骨干教授都追随邓植仪到达连县复课。专业课由这些教授负责，基础课则聘请在连县分教处的理学院教授担任。对大四学生的毕业论文，农学院要求学生和导师按照规定进行必要的试验，以保证论文的质量。分教处其他教授的研究也在有序进行中，如丁颖的水稻品种研究在连县东陂顺利展开。

虽然这次迁移复课充满艰难，但是能够如期安全抵达的师生却感到了无比的幸运，想起那些曾朝夕相处却因遭遇意外不幸永远长眠在迁移途中的师长和学友，他们不禁潸然泪下。

那是黎明前最黑暗的一段时间，大家都是咬着牙关在坚持。可喜的是，拂晓过后，天就要亮了，那种饱经磨难、苦尽甘来的欣喜无以言表。1945年8月，日本宣布无条件投降，以邓植仪为首的中山大学连县分教处师生根据校本部命令，在当年10月踏上了迁返广州的归途。

秋阳高照，瓜果飘香，蓝天白云之下，一群大雁款款飞翔，那个写在天幕上的"人"字，就是精神与力量的化身。告别苦难，师生们即将回到广州石牌那个睽违已久的家园……

八年全面抗战，苦难和泪水难以诉说，中国教育的万里长征感天动地。中山大学的师生们在国难面前毫不退缩，那些精神高贵的知识分子，像引路的星辰，留下了可亲可敬的身影。他们在流离失所中坚持学术理想，在动荡不安中开展抗日救亡。经历了民族和个人的深重磨难之后，仍然葆有玉石一样洁净的品格和持久的光芒，他们的美德照亮了世纪的天空。

作为"莞籍坪石先生"的集体称谓，从历史记忆中我们能辨认出他们相同的习性，听其声，见其人，与之同呼吸，共命运。无论是开怀大笑，还是潸然落泪，在这些人物身上足可比对出自我的卑微和缺陷，通过他们的鼓舞和照亮，能使自己飞向更高更远的地方，看到更多迷人的景色。不管时光过去多久，人们会永远记住前方的航标和灯塔。

（詹文格）

第四章　被兑换的怀表

一

　　我曾在虎门北栅的一个五金塑胶厂工作多年。郑师许的陈列馆离我曾经工作的地方相距不远。在虎门，我不仅听见大海咆哮的声音，还听见时钟嘀嗒嘀嗒走动的声音。

　　战乱时代，郑师许争分夺秒苦读的身影时常萦绕在我的脑海里，挥之不去。

　　许多年后的今天，阳光灿烂的午后，我驱车一个多小时来到郑师许纪念馆——虎门逆水流龟堡。这是一座有着300多年历史的古老村落。四面环水，巷道纵横，四四方方宛若一座城堡。俯瞰，这里好像一只逆水而行的"龟"，因此得名"逆水流龟堡"。在古村的一侧，我看到一棵200多岁的古榕树，以及两棵上百年的蒲桃树。古树仿若一个个慈祥的老者，注视着过往的路人。古树，是大地的使者，是生命的另一种图腾。多年的光阴，俯仰之间，瞬间与永恒，平凡与伟大，尘埃漂浮在岁月的长河上，上下沉浮，于幽暗的心灵深处激荡出心灵的火花。古树，更像是一个守夜的人，无声地矗立在村庄中央，以一种不变的姿态，默默地注视着村里的人从自己眼前日复一日地走过，又悄无声息地渐行渐远。在郑师许陈列馆，我看到了属于他的这棵树依旧在时光的泥土里枝繁叶茂，茂盛生长。

　　时钟是时光穿在脚上的鞋。一个人的出生地，是嘀嗒嘀嗒走动的时针的起点。

　　郑师许祖籍虎门白沙，出生在东莞莞城北门街一带，家境贫寒，年幼丧父的经历让他变得早熟。母亲含辛茹苦地把他和弟弟郑惠民抚养成人。母子三人多年相依为命的时光慢慢变成一种深厚的情感。

家境的贫寒让年幼的郑师许不断拧紧内心的那个时钟发条，珍惜学习的每分每秒。

在东莞翰香小学就读的郑师许十分珍惜这来之不易的读书机会，平日里勤奋苦读，老师徐亦良看在眼里，心底颇为欣赏。"徐老师的教法的确让人容易进步。不到七个月，像我这样的呆孩子，便喜欢作经义题，并且顶喜欢作'临财毋苟得临难毋苟义'的双难重题。"后来在徐老师的建议下，郑师许投报并考取了东莞中学，还得到了东莞明伦堂的资助。

我从郑师许身上看到了渴望通过读书来改变命运的农家孩子的影子。郑师许天生好学，喜阅读喜钻研，这种本性颇为可贵。1918年他从东莞中学毕业后，看着日夜操劳、面容憔悴的母亲，备感心酸。在生计和贫困家境的双重压力下，郑师许权衡再三，考取了东莞邮局的一份工作。彼时，邮局的工作待遇十分优厚。但郑师许很快就放弃了邮局的工作，他的这个决定让旁人颇为意外。"要是天天坐在柜面里卖卖邮票，写写执号单据，如此机械，那么，喜欢读书喜欢研究的本性，岂不是全部被消磨殆尽？"这是郑师许的理由。在他看来，待遇优厚但机械的工作无异于在浪费消磨宝贵的生命。辗转之下，郑师许在东莞虎门太平的一个小学教授小学国学和历史。小学工资待遇虽然比邮局的待遇低很多，但毕竟可以与书籍为伴。

20世纪初的东莞还是一个小小的县城，在虎门太平教书的郑师许并没有因这个村落交通与信息的闭塞而在思想上守旧和落后。相反，从东莞中学毕业后，深受五四运动新文化思想影响的他求学之心愈加迫切。他曾报考赴法国勤工俭学班，想学习冶金技术，但因为曾祖母双眼失明，他担心万一家里有事恐无人照料，从而选择了放弃。在个人志向和孝心之间，郑师许选择了尽孝。当时郑师许的弟弟郑惠民正在北大求学。长兄如父，作为兄长，他理应照顾好这个家庭。郑师许心怀大志，教书治学之余，他把所有的时间都耗费在了研习各门功课上。

郑师许有着很强的自律精神和自学能力。《纳氏英文讲义》是当时英国人写的最为权威的英文学习著作，由浅入深共四册。在东莞中学求学时，郑师许在英语课陈老师的指导下认真学完了。在虎门太平教书之余，郑师许还把这本著作重新读了一遍。郑师许苦学英文是欲出国留学，然而家境的贫寒是他最大的牵绊，失明的祖母成了他最深的牵挂。

机会总是垂青有准备的人，五四运动的现代思想风暴改变了现代中国高等教

育的基本格局，一大批高等学府如雨后春笋般冒了出来。作为全国四大高等师范的学府之一，南京高等师范学校这一年来到广州招生。多年后的今天，我们可以想象南高师招收公费生的消息传到郑师许耳中时，他那兴奋无比、满含期待的心情。得知消息后，郑师许压抑着兴奋的心情回到了家里。犹豫再三，他把这个招考的消息告诉了正在昏黄的烛光下缝补衣服的母亲。母亲用期许的目光给予他支持。漂洋过海来去往异国他乡求学，仿佛断线的风筝，母亲自然难以应许。如今欲备考求学南京，郑师许的母亲自然大力支持。她懂得儿子心底最真实的想法，他知道他最需要的是什么。几日后，郑师许辞别母亲，坐上了去广州的船。站在拥挤而潮湿的甲板上，看着岸上不停朝自己挥手告别的母亲，郑师许不由得悲从心来。一阵微风袭来，一片枯黄的落叶从树顶坠落而下，在半空中随风飘舞着，最终在重力的吸引下落到了水面上。落叶随着水流飘到郑师许的面前。看着这片枯黄的落叶，他想起母亲那张因辛劳过度而枯黄的、爬满皱纹的脸。船行至江中央，再回首，依旧看见母亲的身影立在岸头，只是身影变得模糊，细小如豆。在彼时交通还极其不便利的时代，从偏远的虎门去往繁华的省城广州是一件大事情。

郑师许衣着的旧映衬出他脑海里思想的新与进步。到广州后，看着街道上拥挤的人群，郑师许瞬间就感觉到自己的渺小。依着脑海里模糊的记忆，郑师许来到了在省城教书的一位东莞前辈的家门前。郑师许想拜访一下这位前辈。进屋后，郑师许颇为谦卑地说明了自己此趟来穗的目的。这位乡贤看着他一副寒酸的打扮，以为他思想不合潮流，跟不上时代的步伐，便问其平日里都读什么书。这位乡贤不知郑师许平日教书之余，不仅勤学苦读，而且时刻关注着国家时局的变化，绝非一腐儒。当郑师许说出自己常读《新青年》的那一刻，乡贤顿觉眼前一亮。几日后，郑师许考完便胸有成竹地乘船回到了东莞。果然，一段时间后，郑师许以广州考点第一名的成绩顺利被南高师录取为公费生。不鸣则已，一鸣惊人，郑师许的抢眼表现瞬时惊呆了众人。好消息传到郑母耳中，她悬着多日的心终于放了下来。她默默地为儿子感到高兴。勤奋和扎实的旧学功底让郑师许从众多考生中脱颖而出。

1921年，郑师许辞别母亲，踏上了去南京求学的路。20世纪上半叶，作为我国创办最早的四所高等师范学校之一，南京高等师范学校学术氛围浓郁。1921年改名为东南大学后，成为当时国内仅有的两所综合性大学之一，陈钟凡、竺可桢、张其昀等学术大师都在东南大学任教过。1921年，国学大师陈钟凡受到老家江苏南京东南大学的邀请，离开北京，来到了金陵东南大学教书。陈钟凡来东南大学之前在北京女子高等师范学校担任国文部主任。他背井离乡在京教书，忙于教学，很少回到故乡，家中的妻儿更是无时间顾及。每每念及此，他心有愧疚。一个从故乡广东东莞前往异乡南京，一个从异乡回到故乡南京。两人以师生的身份相遇后，在随后的几年中结下了深厚的友谊。人不是一个个孤独的个体，人的命运总是息息相关的。郑师许后来从南高师毕业后，之所以得以进入交通大学、中山大学任教，这都与陈钟凡的举荐有着千丝万缕的关系。

就读南高师于郑师许而言只是一个新的起点，仿佛一尾搁浅的鱼重新回到大海的怀抱，郑师许如饥似渴地徜徉在知识的海洋里。南高师学风浓厚，在崇尚中国传统文化的同时，又力求西学，兼容并蓄。郑师许沉浸其间，深受影响。他完全没有满足于课堂上的教学，而是凭借自己多年来养成的强大的自学能力，利用课余时间贪婪地阅读自己喜欢的书籍，钻研自己感兴趣的学术项目。课余时间，他经常驱车前往南京的秦淮河畔、夫子庙附近的书坊，寻找自己喜爱的书籍。

命运总是悲喜交织。1923年12月，寒冬时节，郑师许在南京求学的第三年，他就读于北京大学的弟弟郑惠民身患肺结核，在疾病的折磨下，身体日渐虚弱，无奈之下从北大辍学归来。郑师许的父亲经畲公书田曾以行医糊口，但其父过早去世。家里的顶梁柱坍塌了，家中的重担落在了郑师许母亲瘦弱的肩膀上。郑师许的母亲袁氏起早摸黑，靠着家里的几口薄地和做一些零活维持家用。除了抚养两个年幼的孩子，袁氏还要照顾双目失明的婆婆。贫穷的家境让年幼的郑师许兄弟觉得读书升学是一种奢望。然而，黑暗中照进一丝光亮，在东莞伦明堂的资助下，他们得以迈入学堂，没有辍学。郑师许的弟弟郑惠民由东莞中学考入北大后，求学期间颇为勤奋。在北大期间，郑惠民居住在沙滩宿舍，有一次不慎煤气中毒，导致体质下降，后又不幸染上肺结核。郑惠民在校期间曾翻译出一本《人类婚姻史》。这本厚厚的《人类婚姻史》，郑师许曾经妥善保管在上海一家私人银行的保险箱里，无奈最终因战乱而丢失，甚为遗憾。

郑惠民从北京回来后，去香港就医。在香港治疗不久就不幸离世。噩耗传到郑师许耳中，无异于晴天霹雳，让他痛苦万分。因父亲病逝早，郑师许与母亲和弟弟相依为命，兄弟间感情甚笃。弟弟去世带来的痛苦和对家庭的打击，在郑师许祭奠弟弟去世一周年而写的《最苦行》一诗中有着细腻而浓重的书写：

去年今日我最苦，泪不垂眶倒入肚。弟病临危母槌胸，勉强慰弟复慰母。医经有语弟不治，九曲肠如遭鬼斧。母子三人居一隅，夜深灯映眉峰聚。苦哉诀别弟呼兄，负债累累兄是主。惟念慈亲独爱儿，中道别离伤肺腑。阿兄事母当倍老，弟死不瞑念阿母。言时作势言母出，虑母痛儿不忍视。阿兄闻言中心摧，欲再问世转无语。回看母倒弟长眠，慰生哀死知何所？白人黑人共悲伤，鹊舌咿呀首齐俯。悠悠生死别经年，聊床无复听龟鼓。愁来晨起忆香江，翘首白云亲舍处。

这首诗弥漫着浓郁的悲伤气息。

弟弟离世后，世上最亲的人就只剩下母亲一人了。弟弟的离世加剧了郑师许内心的乡愁。1925年从南京高等师范学校毕业后，郑师许匆匆回到了广东。当时彭湃在海陆丰教育局做局长，在他的邀请下，郑师许成为海丰中学的校长。这里离故乡东莞很近。

陈炯明与彭湃都是广东省海丰县人。1920年8月，陈炯明率援闽粤军回粤打败盘踞广东的桂系军阀，成为粤军总司令兼广东省省长。12月，刚控制广州的陈炯明就邀请陈独秀到广东主持全省教育工作，陈独秀向陈炯明提出任教育委员长的三个条件："一、教育独立，不受行政干涉；二、以广东全省收入的十分之一拨充教育经费；三、行政措施与教育所提倡之学说作同一趋势。"这三个条件在政治上、经济上与文化政策上为陈独秀的教育革新提供了有力保障，陈炯明皆一一答应。12月25日，陈独秀出任广东教育委员会委员长。

陈独秀希望任命共产党员彭湃为海丰县教育主管部门负责人，在海丰掀起宣传新文化、新思想，以及马克思主义和共产主义思想的热潮，把刚成立的中国共产党的社会改造思想在海丰宣传，以及进行初步实践。彭湃就任教育局局长期间，与杨嗣震、黎樾廷等一起积极宣传苏联革命和马克思主义思想，推动马克思主义在海陆丰地区的广泛传播，促进马克思主义与社会运动的结合，为彭湃后来在海陆丰领导农民运动奠定了社会基础，为中国第一个苏维埃在海陆丰的建立打下坚实的群众基础。

郑师许来到海丰中学担任校长后，邀请了赵景深过来担任语文教师。"一九二七年春，郑师许邀往广东海丰中学教语文，同事有黎锦明、招勉之等。一九二七年秋回上海，任开明书店第一任的编辑。"赵景深当年深秋离开了海丰。赵景深的离开与郑师许受通缉有密切关系。当时,郑师许成为由国民党左派人员成立的海丰县临时人民政府委员会委员。1927年11月,蒋介石发动清党行动,发动暗杀共产党员的秘密行动。一时间血流成河,大革命失败,郑师许也一时成为广东省国民政府通缉的对象。为躲避国民党的暗杀和通缉,无奈之下,郑师许举家来到上海避难。

二

在战乱时期,一本书的命运就是一个人的命运。不断迁徙丢失的书籍仿佛逃难中失散的人们,有的被撕碎,有的不幸被烧毁,直至面目全非。书的命运轨迹折射出一个人命运的悲戚与幸福。

20世纪30年代,上海是远东第一国际大都市,街上车水马龙,人流如织。上海外滩上矗立着的五十二幢风格迥异的、弥漫着古典气息的复兴大楼,是这座城市显著的地标,素有万国建筑群之称。马路上行驶着的高档轿车,黄浦江上游弋着的各国军舰,无时无刻不在诉说着这座城市的繁华与忧伤。1926年,郑师许离开熟悉的广东,来到上海大学任教。

彼时的上海政治环境还相对稳定。一本本书静静地躺在书桌上或者直立在书柜里,等待着郑师许的细细阅读。

郑师许没想到自己会在上海待十年。这十年是他做学问的黄金时期。1926年至1937年这段时间,战火还没有席卷全国,政治局势还相对稳定。这无形中给予了郑师许一个安稳的做学问的外部环境。除了上海相对稳定的外部环境,郑师许在上海十年取得的学术成绩,离不开他日复一日的勤奋。而这争分夺秒式的勤奋源于他"要言之有物,不能误人子弟"的教学原则,也源于他立志做学问的那分严谨和勤奋。

近一百年后的今天,当我坐在书房里,阅读郑师许的《中西交通史》,屋外正是寒风呼啸,房间里的暖气让我仿佛置身于暖洋洋的春天。透过书的缝隙,我脑海里浮现出20世纪20年代末的某个飘雪的冬天,屋外寒气逼人,寒风把窗户吹得直发抖,窗玻璃上蒙上了一层白色的霜,郑师许正伏案写作,寒气侵袭着他的身体。可以想象,寒冷让他的手和脚慢慢变得僵硬和麻木,仿佛失去了知觉。家人拿来两个取暖器给他,一只对着他的手,另一只对着他的脚,盘旋在他手脚

的寒意才渐渐退去。深夜,郑师许沉浸在自己的学术研究里。他白天游走在几家大学上课,裹着满身疲惫回到家时已是薄暮时分。在静谧的书房里,他经常工作到深夜两三点,次日清晨又迎着晨曦去学校上课。他像不停歇的陀螺一样飞速旋转着。他时常感到挚爱的祖国此刻就像一条臃肿笨拙的鱼,身上带着鱼鳞刮落后渗出的血丝,无数个渔人站在岸上正拿着鱼叉,露出浓浓杀气。眼前看似静谧安稳的时光,却暗流涌动。他觉得自己必须抓住这动荡时局下尚算安稳的日子努力钻研学问。书房里静得能听见他伏案疾书时的呼吸声。墙壁上的时钟发出滴滴哒哒的响声,仿佛是时光的脚步声。在他眼里,每一分一秒都弥足珍贵。为了节省时间,郑师许家里通常不做鱼吃,因为鱼刺多,他们担心狼吞虎咽与时间赛跑的他吃鱼时会被鱼刺刺伤喉咙。于是鸡蛋肉饼成了郑师许经常食用的早餐。

郑师许上海十年的学术成就主要集中在考古学以及中西交通史两个领域。郑师许的考古学成就斐然,当时在圈内影响力颇大,得到了众人的认可。原中山大学历史系主任、著名的历史学家朱谦之曾这样评价郑师许:"在十年中本系所延聘的国内史学专家不少,如朱希祖之南明史,吴宗慈之清史,杨成志之人类学,黎东方之西洋通史,容肇祖之中国思想史,姚宝猷之日本史,罗香林之隋唐五代史,郑师许之考古学,罗志甫之希腊史,均能卓然成家,而陈安仁著述之多,尤属罕见。"对于一向很少表扬人的朱谦之,能得到他的肯定,实属不易。

上海十年,郑师许同时担任上海大夏大学、暨南大学、光华大学、持志大学等大学的教授。他像飞速旋转的陀螺般,每天辗转于各个大学之间,忙于教学和独立的学术研究。

郑师许对古文字学和考古学的兴趣在南高师求学时就已萌生。柳诒徵是郑师许在南高师时的国文历史老师,彼此相差近二十岁,人生遭遇有相似之处,如都是年幼丧父。相似的人生遭遇很容易让两个陌生的心灵迅速靠近,师生俩惺惺相惜。

师长的鼓励能让一个人对一件事物萌生更加浓郁的兴趣。

柳诒徵在南高师仿佛神一样的存在,面容清瘦的他时常身着长袍马褂,细长的烟杆上挂着一个黑色烟袋子,神情从容悠闲。郑师许的才华很快得到了柳诒徵的认可和赏识。"在南高师期间,1924年7月郑师许与柳诒徵、徐则陵、陈衡哲、朱经农、王郁文等一道参加中华教育改进社第三次年会。中华教育改进社的前身是新教育共进社,是由江苏省教育会、北京大学、南京高等师范学校、暨南学校和中华职业教育社共同发起成立的学术性社团。除举办年会外，该社还创办杂志《新教育》，先后由蒋梦麟、陶行知等担任主编，主要撰稿人有蔡元培、胡适、郭秉文、黄炎培等教育界名流，与《中华教育界》《教育杂志》齐名，其言论在教育界颇具影响力。"作为学生的郑师许能与老师一同参加这种名家云集的会议并一起撰写提案，可见其在老师心中的分量。

在南高学习期间，柳诒徵家就在学校附近，郑师许每每饭后就步行到老师家聊天。柳诒徵对甲骨文和金文颇有兴趣和研究。王懿荣死后，其儿子王翰甫将他父亲生前所收藏的甲骨转让给了刘鹗。刘鹗是真正对甲骨文研究有兴趣的人。岁月流转，刘鹗被袁世凯迫害致死后，其所藏的甲骨失散流落开来。柳诒徵购得刘鹗所存甲骨三百片。他的孙子柳曾符把他收藏的甲骨文的摹本重新整理，编辑成册《劬堂藏甲》。

有一次他去柳诒徵家里聊天，柳诒徵把甲骨给他看。"有一片他释为取羔卜其三，我说应作取羔亡其三，蒙他奖借了一两句，我便因此发奋了，有机会作到古史的论文，便喜欢硬排一两个甲骨文字上去。"在老师的鼓励和认可下，郑师许对古文字学、考古学以及中国古代文化史等领域产生了浓厚的兴趣，并立誓要做"考古学的牧师"。"牧师"二字精准地概括了接下来十几年郑师许在考古学领域所扮演的特殊角色。

郑师许在高小时，每日读经三小时，早晨第一时讲经，下午第一时读经，第三时便是默经。四年读完《诗经》《书经》《周易》《礼仪》，"四书"、《礼记》则在未读高小之前读完。由此可见其扎实的国学功底。扎实的国学功底为郑师许研究古文字学打下了坚实的基础。

1898年殷墟甲骨出土之后，在王国维、罗振玉、刘鹗等名家大师的引领下，国内甲骨文、金文研究有了卓越的进步和发展，硕果累累。郑师许来到上海后，这种兴趣在外界环境的影响下得到了进一步的激发。新兴的考古学和刚刚出土的甲骨文和铜器、铜鼓让其兴趣大增。而对古文字的研究，让其对当时新兴的考古学研究有了天然的优势。历史是一面镜子，蕴含着丰富的哲理，给人以智慧的启迪。郑师许年幼时有从医救人的想法，但最后还是弃医从文，选择了研究历史。与鲁迅处于同时代的他，或许看到了医术虽然能救人于病痛，但灵魂的麻木与病痛却需要文字的手术刀来刮骨疗伤。一个人的童年影响着一个人的一生。要读懂历史，必须先读懂每个古文背后的含义。在时光的流逝下，古文字学变得尤为重

要。郑师许中学时代阅读的《说文解字》等作品为他以后的研究之路埋下了深深的伏笔。中学时代立下的誓言在随后的岁月里结出了累累硕果。《说文解字集注》《说文中译音学之研究》《近三十年来中国治文字学者的派别及方法》《古文字的语言学》《古文字的章句学》《古文字的经史学》这些古文字学的研究成果仿佛一块块巨石般,在古文字学圈里掀起了阵阵波澜。古文字学不是一门单独的学科,它与古代历史和考古学有着千丝万缕的关系。

而考古学,则是郑师许在研究古文字学时开出的另一朵花。郑师许欲创立一种不同于古器物学的不以器物为中心,以及不同于田野考古,而是具有艺术史倾向的写作方式,是同时代比较罕见的关注公共考古学并致力于考古学普及的人之一。他的想法很快因为上海市博物馆这个平台而得以实现。

郑师许受到胡肇椿的邀请担任上海市博物馆艺术部主任,参与博物馆的筹建工作。胡肇椿毕业于燕京大学历史系,随后赴日本京都大学研究院攻读考古学、博物馆学,是广州黄花考古学院在考古实践活动的重要主持人物。胡肇椿约于1934年前后受邀迁沪,先是任上海市博物馆(今上海市历史博物馆)筹备处副主任,后任馆长。胡肇椿强调通过宣传来推广考古的观念,考古学展览会、出版和演讲等具体的手段也得到了一定程度的实施。胡的考古学观念与郑师许的公共考古学观念不谋而合。被胡肇椿委以重任,让郑师许感受到了一种责任。博物馆的建设,他未曾有过任何经验。如何布展,如何保存收藏品,展出藏品的橱柜如何制作,等等问题都让他一筹莫展。困惑之际,他拿起手中的笔写下一封寄往日本的信,向当时远在日本的郭沫若求教。两人没有任何交情,甚至连面都没见过。令他感到意外的是,郭沫若很快就给他回信了,并给他提供了国外博物馆的相关专业书籍。郭沫若寄过来的书籍一下子给他解了围。

两人虽未曾谋面,但作为中国人心中弥漫着的共同的爱国情怀,让他们无所顾忌。1936年3月1日上海市博物馆新馆开放,郑师许受聘为艺术部(美术考古部)主任。

顺藤摸瓜,在对国内考古学做过一番研究后,郑师许发现许多方面落后甚多,有的方面甚至还是一片空白,于是他慢慢地对考古学产生了浓厚的兴趣。在考古学的治学方法上,郑师许表示受到日本学者滨田耕作等人的影响较大,"后来读到了日本滨田耕作诸人的许多考古学书籍,便觉得他们所用的方法,确比我们的老法来得精密,便又欲另寻出路。"在考古学领域,他著有《铜鼓考略》

《漆器考》《金彝器之辨伪办法》《考古学论丛》等。郑师许还有感于当时国内的考古学书籍大多枯燥乏味、不够通俗，难以引起普通读者的兴趣，因而撰写了《通俗考古学丛书编辑计划》。

每一个文字背后都能看到寒夜里，昏黄的灯光下，郑师许伏案奋笔疾书的身影。时钟滴答滴答地响着，与他伏案疾书时发出的沙沙声遥相呼应。

上海十年是郑师许学术研究的黄金期，除了在考古学方面的成就外，他在中西交通史上的研究也是十分抢眼的，在那个时代具有筚路蓝缕式的开拓意义。他著有《中国域外交通史大纲》《明太祖对海上的设施》《明代西教士与西洋文明之输入及记录》《明清两代军器变革及影响》《新航路的发现与欧人东来之追溯》等。

郑师许的研究极具时代气息。在那个西方文化和技术猛兽式侵入国内的时代，郑的中西交通史研究意义非凡。在对中西交通史的系统梳理中，历史仿佛一面镜子一般折射出历史曾经的辉煌与当下的落魄。

"现在盛言世界大同，但是世界如何演进？各民族的文化如何交流？如何相互推进？似乎不能不先有一番研究。所以我们要读遍世界各民族间的历史，乃可以明了我们民族以前对于世界的贡献，以后对于世界所负的责任。如何使我们的民族成为世界舞台上的一位演员而无愧悔。"这就是他研究这个课题的初衷。他在上海交大期间，见学校学生注重钻研西方科技而忽略了本国历史，于是开设"中西交通史"课程，欲让学生了解中华文化曾经的辉煌与灿烂，让学生增加振兴中华的信心。

郑师许的每项学术研究都与彼时社会现实有着千丝万缕的联系。他不是一个书呆子，他以笔为武器，表达着自己深沉的爱国之情。东北三省沦陷后，日军不断歪曲铁的事实，否认东北是中国的领土。作为史学家的他听到这些消息后十分气愤，奋笔疾书，写下了《东北史稿》，用丰富的史料驳斥了日本人的谬论。

没有飞机，就没有国防。空防占据着国防的重要位置，地面战场将决胜于空中战争。"1932年，法国战斗飞机四千六百八十三架，英国二千六百零一架，美国一千八百九十架，意大利一千八百三十四架，俄国一百五十二架，各国航空发展可谓迅速。"九一八事变后，中国仅有飞机二百余架，而当时的日本拥有飞机一千五百多架。巨大的悬殊让不少国人命丧于日军频繁的空袭之中。

在这样的时代背景下，上海发动了两次航空募捐。1933年，上海爱国人士

组织成立了中国航空协会。1933年3月到5月,航空协会第一次募捐,上海市民一共捐献了139万美元,购买了军机18架。1936年,航空协会第二次募捐,上海市民再次捐款129万元,一共购买了10架军机。

在这些航空募捐活动中,郑师许被聘为副队长,协助政府进行征募工作。此后1936年4月、5月,郑氏又两次参加购机募捐活动,号召民众捐资抗日。他用沙哑的呐喊声为抗日贡献了自己微薄而积极的力量。

三

一个爱好读书的人,书已经融入他的生命里,成为生活中不可或缺的一部分。我在一个嗜书如命的民国书生身上看到了一个书生的坚守与无奈。历史是粗疏的,郑师许离开上海前的心情我们无法考证,但我们想象他看着书房里的琳琅的书籍,仿佛看着自己的孩子般,心底满是不舍。

1936年,淞沪会战前夕,阴霾笼罩着上海。烈日曝晒下的夏季,郑师许离开了任教十年的上海,准备去广东勷勤大学教育学院任教授。离开上海,他最放不下的是自己多年搜集、视如宝贝的藏书。

郑师许在上海工作十年,藏书甚多,他的"四部书斋"藏书极为丰富。"作过四部书斋,获睹业架收藏之丰富,眼福匪浅,左图右史,四壁琳琅。主人坐拥百城,大有南面王不易之乐。"他的一位朋友参观后颇为感慨,并赋诗一首道:"望重经师高密郑,中东图籍富收储。石铜考定千年物,甲乙箧分四部书。心仪已久信非虚。等身著作尤精博,朴学宁夸简竹君。"我在其朋友的一声声惊叹和脸上不由自主流露出的羡慕里窥见了郑氏藏书之多、种类之全。

想着自己只是短暂地离开上海前往广州,郑师许只带了小部分自己钟爱的书籍,剩余的都留在了上海。离开前,郑师许把留下的书籍全部"集中放在亭子间中,内安装铁门,外面用砖全部砌上,外人只看到这是一面墙,很难察觉是个秘室"。可以猜测这处位于上海宝山路的房子应该是郑师许在上海十年的居住地。他在房间里建筑了一个密室,安装了铁门,并起了一堵墙遮人耳目。郑师许离开上海来到广州,许多个夜晚,他肯定想起了藏在上海亭子间的那些自己多年收藏起来的书籍。他惦念着,仿佛惦念自己的孩子。郑师许没想到,离开上海不久,淞沪战役全面爆发,战火很快波及自己居住的宝华路。战争的火焰燃烧着他心底，可以想象，日复一日，他的心变得忐忑和恐慌，仿佛热锅上的蚂蚁。他想亲赴上海去解救心爱的书籍于水火中，但他进退两难，无法离开。他的孩子郑永用因为盲肠病发作，此刻正在粟济医院手术，而他一时难以离开。

危难之际，他想到他的好友，便立刻去信恳求好友把书转移到一个安全的地方。当时上海已是兵荒马乱，百姓纷纷四处逃难，无人敢前往。淞沪会战后，日军占领上海。美军的飞机轮番轰炸日军占领下的上海。可以想象郑师许朝上海的方向不断凝望时，他一定在默默祈祷这些书能安然度过此劫。书的命运未知，就像眼前这苍茫的黑夜。可以想象，当战争的局势稍缓，有一天，郑师许收到友人的一封来信，告知上海四马路有一家旧书店正在专门卖他的书籍时，郑师许绝望和叹息的神情。郑师许的房子不幸中弹，藏书的密室一下子暴露在人们面前。那一本本印着四部书斋的书籍正成为别人换取五斗米的资本。远在韶关坪石的郑师许拿着朋友的信，怅然叹息。

在陆嗣曾的盛情邀请下，郑师许回到广州任教。1936年秋，各学院正式迁入新校舍上课，三个学院的学生已达到1000多人。这时，陈济棠已下台，林云陔调京任职，由陆嗣曾接任校长，勤勤大学从此进入一个新的历史阶段。

勤勤大学新校舍落成后，政局改变，1936年秋省政府已换黄慕松担任主席，1937年黄逝世后改由吴铁城接任。陆嗣曾与他们不属于同一派系，因此，勤勤大学能领到的仅是维持一般校务开支的费用，对于要求加拨扩充设备所用的资金则完全无望，学校各种建设因而转入低潮，勤勤大学从此进入它的艰难时期。1937年卢沟桥事变后，广州频受敌机空袭，学校难以正常上课。时局动荡，抗日战争全面爆发，勤勤大学迁至广西梧州。1938年7月，勤勤大学被迫解散。

在上海交大教学期间结识的陈柱尊教授，为郑氏日后的人生轨迹埋下了伏笔。20世纪20年代，上海交大还属于工科类的大学。学校自陈柱尊担任国文科主任后，教学要求极其严格，国文科除了一人担任兼职讲师外，其余皆是专职。当时的高校规定兼职的老师只能做讲师，不能评教授。这个兼职讲师就是郑师许。这个细节凸显了陈柱尊对郑师许的欣赏和认可。

就这样，在广西教育名家冯振的盛情邀请下，郑师许来到了位于北流的无锡国专学校教书。

1937年10月6日午后，日寇飞机对无锡火车站、东门投弹20余枚进行了集中轰炸。无锡国专的教学无法正常开展。7日一早，校长唐文治宣布迁校，暂避乡间，家人亦随其同行。战火之下，辗转颠簸一路迁徙至桂林。教育精神的接力棒在年迈的唐文治和冯振身上得到了鲜活的演绎。频繁的迁徙成了那个时代的人的宿命。1937年11月14日，时任无锡国专校长唐文治率全校师生避寇南迁，一路上十分艰辛。年底到株洲，73岁的校长唐文治，双目失明，水土不服，经众人劝说，同意经香港回上海，临别委托冯振为代校长。冯振带领国专师生到桂林后不久，桂林告急，无奈之下，他又带领着学校师生转移到广西北流。

陈柱尊与冯振是同乡，都是广西北流萝村人，比冯振大六七岁，在上海期间，两人曾日则同窗，夜则同榻，议论处世治学之道，往往通宵达旦，彼此是最知心的挚友。而陈柱尊与郑师许颇为熟悉，两人是同事亦是多年的好友。陈柱尊比郑师许年长七岁，家学渊源深厚，自幼勤于国学，博闻强记，根基厚实。陈柱尊师从唐文治，深得唐文治器重。郑师许在上海交大任教时，不仅与陈柱尊同在一个系，而且两人还合作创办过《学术世界》杂志。与郑师许一样，陈柱尊爱书如命，不管到什么地方，他都要从每月工资中拿出一部分买书。他家中藏书甚多，藏书楼名为"守玄阁"，康有为曾给他的藏书阁题写"十万卷楼"的牌匾。陈柱尊夫人曾有调侃之言："人家晒谷我晒书，人家数钱我数书。"可见其家藏书之巨。

两个嗜书如命的人同在一所大学的一个系任教，一种无形的气息吸引着两人靠近。两人很快就成了挚友。

郑师许逃难到广西时，陈柱尊曾特意叮嘱其弟媳妇以及侄子二百等照顾。1938年秋天，受冯振邀请在广西北流无锡国专任教的郑师许无地方居住，就在陈柱尊所在北流的老家居住了两年。

郑师许安顿好一家老小后，又独自前往藤县的教育学院教了一个学期的课。广州沦陷后，学校又准备迁徙到广西融县。无奈之下，郑师许回到北流萝村。频繁的迁徙，看着一路上战火下流离失所的人们，郑师许心痛万分。回到萝村后，郑师许经常高声朗诵那些激昂的与他心情相符的唐诗宋词，言语间满是悲愤之感。时间仿佛按下了停止键，教学与个人的学术研究都无法安心进行。窗外的炮声和枪声经常把他从悠远的思绪中拉回来。他放下书本，看着家里的一家大小近十口人正等着吃饭，而孩子们正是长身体的时候，不由悲从心来。郑师许心中无处诉说的悲愤和忧伤都宣泄在了诗词里。

战乱中颠沛流离的生活总是捉襟见肘。郑师许携带家眷逃到北流萝村之后，时刻深陷在困窘的境地。家里的饭桌上终日不见肉食，有时有一点肉食都给了家里的四个小孩。无奈之下，郑师许养了几只鸡。

局势稍微缓和后，郑师许又回到了三尺讲台上。

郑师许备课十分认真，他抓住每堂课给学生传授知识。无锡国专迁到广西北流办学时，一群学生课上课下围绕着他探讨学问。除了学问，许多学生在生活上遇到一些困难都会像朋友一般跟他倾诉。身居异乡加剧了一个人的乡愁，许多学生经常会跑到郑师许的家中聊天，不仅聊课堂上的知识，而且也会聊对国内战局形势的看法。在一群稚嫩的学生面前，郑师许充当着一个家庭兄长甚至父亲的角色，他明亮的眼神温暖着每个学生。

在广西任教期间，郑师许潜心教学，他的认真与严谨深得学生喜欢。年幼时求学的艰难让郑师许切身体会到读书的重要性，往后在大学任教期间，他都严格要求自己，努力让自己成为一名学生喜爱的老师。"要言之有物，不能误人子弟。"他经常以此作为教学的准则。这条无形的准则成为指引他几十年教书生涯的灯塔。

> 父亲在课堂上讲得好，同他认真备课有密切关系，而备课又与他勤奋治学联系在一起。每讲一课，必综合自己心得、前人研究成果，使言之有物、言之有理，从容道来，如数家珍，精彩纷呈，发人深省，使人深受教益，这是受到学生欢迎的基本原因。即使在颠沛流离的战时生活中，仍然是事先写出种种讲义，准备充足然后上课。我们儿时，曾见他从北流往藤县上课，以及坪石沦陷前由连县东陂返回坪石上课，这两次都是他将家人安顿后，自己回去上课，只见衣物带的甚少，而讲义书籍却是不能不带的。坪石沦陷后，中山大学在连县三江设分教处复课，教学条件比坪石更为简陋，且因部分教授从坪石撤出后去了东江分教处，父亲宁愿自己多开课程，在这种情况下，备课仍认真如故。由于课讲得好，听课学生踊跃。父亲自己更是不论课堂内外，只要学生有问必定津津乐道。

郑师许的三个孩子在他逝世一百周年时写的文章《勤奋治学 教学有方》中细腻而生动地讲述了他生前治学的严谨和勤奋，每次上课前都会十分认真地备课。

有这样的老师是学生之幸，这样的老师自然也深受学生的爱戴。

1940年深秋时节，远在广西北流萝村无锡国学专修学校任教的郑师许接到了中山大学校长许崇清的聘书，聘请他做中山大学师范学院史地系的主任兼研究院教授。郑师许接到聘书后的心情如何，多年后的今天我们已无法猜测，但是作为东莞虎门人的他能在战争时期回到离自己故乡不远的广东坪石，为教育事业贡献出一分自己的力量，他自然很愿意。郑师许要离职的消息在学校迅速传了开来，学校的教师和学生听后，纷纷跑到他的宿舍劝他留下来。他们舍不得他的离开。消息传出后，国专的老师和学生纷纷到家里来挽留，谈到激动处，往往声泪俱下，流露出非常真挚的感情，那些天常有谈到深夜不散的情形。

无锡国专校长冯振收到郑师许的辞职信后，颇为不舍。"父亲对迁北流的无锡国专，除认真授课外，的确协助冯振校长做了不少好事。除了教课本身以外，学校迁来之前的寻觅校舍，设法帮助学校延揽教授，积极提议增设五年制以扩大生源，出主意度过困难等等，几乎可以说只要能想到的都尽了自己全力。"郑师许的儿女的回忆文章佐证了他在无锡国专教书期间所做出的努力。冯振苦苦挽留郑师许未果，特作《师许兄就任中山大学教授苦留不住诗以送之》："浮沉沪海多年共，患难南邦两载同。颇信交情非泛泛，如何话别说匆匆。龙蛇合有腾飞日，荆棘犹伤道路中。愧我披肝沥胆语，留君不抵石尤风。"特殊时期，连续迁址的中山大学各方面条件艰苦，但郑师许凭借满腔热忱全力克服。

四

每一次迁徙，郑师许都舍不得丢下那些书籍。他们彼此不离不弃，仿佛相交多年的挚友。

树欲静而风不止。1940年7月，随着日寇的步步紧逼，进攻越南，云南形势变得严峻。远在云南澄江办学的中大师生，面临着日寇来袭和物价高涨无米下锅的双重困境。飞机在半空中盘旋的轰隆声，炮弹坠落在地发出的巨大响声时刻提醒着逃难人的脚步。另外，为解决湖南、江西等邻省学生入学困难的问题，也为纪念孙中山先生，当时广东当局决定将中山大学迁回广东。1940年8月，不待抗战胜利，在代理校长许崇清带领下，学校决定由云南澄江迁返粤北乐昌县坪石镇。9月22日，中山大学师生员工从澄江启程回坪石，经归化、昆明、曲靖、平仪、盘县、安顺、贵阳、黄果树、贵定、独山、六寨、南丹、河池、宜州、柳州、桂林、衡阳，横跨滇、黔、桂、湘、粤五省，终于抵达坪石镇。

中大校址的迁移史映射出抗战时期的动荡与不安，也仿佛一滴水般映射出一代师生在战火中坚持治学的坚强与毅力。

到达坪石后，各学院分散在坪石各村办学，风餐露宿，条件更加艰苦。据乐昌县志考证，当时中大的研究院、先修班设立在坪石镇上；文学院先在坪石清洞，后迁往铁岭。

可以想象，郑师许离开广西去往坪石的路上，一定也携带了许多跟随了他大半生的书籍。

深秋时节，溽热褪去，空气里开始有了些微凉意。一片片枯黄的落叶在半空中飘舞着，画下一个优美的弧度，随风坠落在地。叶落归根的季节，郑师许带着一家人踏上了重返岭南大地的路途。从云南澄江一路迁到粤北坪石的中山大学，许多学院的地址还未来得及安排妥当。携带着一家老小的郑师许抵达韶关坪石后，急需一个安顿家人的住宅。刚到韶关那几天，他们暂住在一个亲戚看管的仓库里，显得窘迫而狼狈。

到坪石后，安顿家人的住处和两个小孩上学的学校成了郑师许迫切需要解决的问题。想着女儿郑永安的上学问题，郑师许想到了广东女子师范学校。广东女师位于粤汉线河边场站河对面的黄浪坝，这里远离韶关，是一个相对安全的地方。郑师许来广东女师时，恰好碰见自己的学生秦紫葵。女师附近的民居不多，但是在热心的学生秦紫葵的帮助下，终于找到一个可以暂时安身的阁楼。

时光流逝，转眼到了1941年夏季。有一天郑师许在坪石街上匆匆行走时，忽然听见身后有人叫他郑老师。转身一看，见一个熟悉的身影，原来是自己当年在上海大夏大学任教时的学生黄伟才。他乡遇故人，彼此顿觉分外亲切。一番攀谈之下，郑师许得知黄伟才正在坪石白沙河畔筹建培联中学。培联中学是广州有名的私立学校培正中学和培道中学在抗战这个特殊时期的联合体。郑师许早就知道培正和培道的优良校风，作为广州有名的私立学校，如果自己的孩子能在里面读书，自然是十分好的事情。郑师许想让自己正在广东女师读书的女儿永安转入培联学校，让在家自学高小的儿子永用参加培联的入学考试。郑师许把自己的想法告诉学生黄伟才的那一刻，迅即得到了对方的热情回应。在黄伟才的帮助下，两个孩子顺利地进入培联学校就读。培联学校作为有名的私立学校，每个学期的

费用较高。郑师许作为一介书生，尤其是在战乱的年代，身上的积蓄不多，一个人的收入需要支撑整个家庭的开销。如今要供养两个小孩入读培联中学，他有点捉襟见肘。学生黄伟才看到了老师的窘境，虽然没有免去两个孩子的学费，却提供了延缓缴纳学费的帮助。这样一个时间的缓冲给了郑师许一家很大的帮助。

弟弟郑惠民的英年早逝给郑师许留下一个巨大的阴影，他心里总像是有一根细小的针一般，每当弟弟惠民的祭日来临，他内心就隐隐作痛。在坪石武水河畔的中大任教期间，他很注重几个孩子的体质。在他眼里，德智体美，一个健康强壮的体魄是所有事情的基础。"家中卫生习惯甚严，饮食碗筷必须用开水烫，饭桌上每人两双筷子（取食与自食分开）"。到了坪石以后，一家人都得过疟疾，但八年全面抗战颠沛流离中都没得过当时经常流行的霍乱和伤寒。两个孩子在坪石培联中学读书时，晨曦时分沿着武水路走路四十五分钟去上学，放学后又步行四十五分钟回家。郑师许得知后，十分高兴。他在有意地培养两个孩子的体质。果然，三年下来，孩子的体质有了巨大的进步。1945年日军再次侵犯坪石，郑师许带着妻儿转移去福建连县的路上，孩子背着书包一路前行，却不轻易觉得累。这段经历在郑师许的三个孩子晚年的回忆中有过清晰的讲述。

郑师许从广西来到坪石的中山大学文学院，给学生讲授明清史。明朝的衰亡，伴随清朝的崛起。而清朝帝国的崩塌，伴随的是列强入侵华夏大地的铁蹄声。每每与学生讲到清末亡国的历史，讲到签订的一系列丧权辱国的条约，郑师许总是不由感到义愤填膺，悲从心来。看着日渐严峻的动荡局势和满目疮痍的故土，他渐渐感到了自己作为一个历史学家的责任和重担。一块块被割让的山河土地弥漫着屈辱的眼泪，战争的迷雾暂时模糊了世人的眼睛。郑师许觉得自己必须要用手中的笔来给祖国的寸土山河还原出最真的历史面目。在无数个日夜的辛苦研究下，他给学生开设了"中国边疆史"课程。顾名思义，这个课程是在向世人阐述脚下这些土地的源头与血脉。

郑师许一边治学一边做学术研究，两者互补，扎实而严谨的学术研究让他的课堂教学吸引了无数学生。郑师许把每一堂课都看得很认真很重要，使课堂言之有物，不误人子弟是他几十年来坚持在教学岗位上的信条和准则。在坪石那段特殊的教学时光，郑师许的每堂课之所以能讲得好，像一块巨大的磁铁般吸引身边求学的学生，与他认真备课、勤奋治学有着密切的关系。在课堂上，经验丰富的郑师许不照本宣科，在讲述前人学术研究成果的同时，又融入自己的思考心得，这样每堂课内容都十分丰富，能使每个学生受到启发而受益颇深。郑师许的用心教学赢得了无数学生的喜爱，课间课后经常能在校园里看见三五成群的学生围绕着他，请教抑或探讨一些学术上的问题。

郑师许没想到会在坪石见到自己仰慕多年的陈寅恪老师。

香港沦陷后，陈寅恪在友人的帮助下从香港逃难到桂林，任教于广西大学，每月薪酬由广西大学和中英庚赔支付。从香港的九死一生逃出来后，他又面临着生计的难题。在广西大学任教一个月的薪酬只有八九百，而他一个月的开销需要三千元。他在信中透露："内子则终日做菜煮饭，小孩子不入学而作丫头。但不到数日，弟与内子心脏病俱发，结果服药打针用去千余元……薪金不足以敷日用，又无积蓄及其他收入可以补贴，且身病家口多，过俭则死亡也。"

在这种动荡不安，四处弥漫着死亡气息的危机情境下，陈寅恪接到了来中山大学授课的邀请。

在考古学方面颇有建树的郑师许一直以来都十分仰慕陈寅恪。陈寅恪研究梵文的成绩令他折服。在坪石教学的那段时光，郑师许有幸见到了心中的学术大师陈寅恪。

1942年9月30日，中山大学文科研究所主任杨成志教授，函请院长转代理校长金曾澄聘请陈寅恪为所里的教授。

远在广西大学担任教授的陈寅恪接到中大的电函后，表示应许。然而此时战乱频发，交通极为不便，陈寅恪虽然答应，但因交通不便，搬迁困难，费用太大，迟迟不能来学校报到。权衡之下，只能聘请陈寅恪为文科研究所特约教授。

几经沟通，陈寅恪前来中大讲学的日子终于敲定下来。陈寅恪决定冒着生命危险决定去坪石讲学一周。学校派郑师许前去广西桂林接陈寅恪来坪石授课讲学。郑师许在古文字学以及考古学上颇有建树，与陈寅恪颇有共同话题，派他前去陪同陈老前来坪石是最佳人选。

1943年6月30日，这是一个特殊的日子。郑师许陪同陈寅恪抵达坪石火车站。文科研究所的师生全部来到坪石火车站迎接陈寅恪，以示对其的尊重。

陈寅恪冒着日军轰炸机空袭的危险，来到坪石讲学，呈现了他作为学人的风骨。他在坪石待了一周的时间，除了去南华寺参观了两天，剩余的五天时间，每天都在给中大的学生授课。一周时间，陈寅恪以魏晋南北朝史为核心，讲了"五胡问题""魏晋南北朝读书方法之'合本事注'""清谈问题""南朝民族与文

化""宇文泰及唐朝种族问题"五个专题,每天讲一个。他如以往讲课一样,旁征博引,层层深入,吸引了不少研究所以外的师生。郑师许素来仰慕陈寅恪,陈寅恪在中大的每场专题课,他都准时到场,津津有味地听完。陈寅恪从坪石回到桂林不久,因形势严峻,日军频繁来袭,他便携带家眷从贵州入川,至年底到达成都,任教于内迁的燕京大学。

  1938年广州沦陷以后,日本侵略者曾经三次企图进犯粤北,与北方南下的侵略者连成一片,打通粤汉铁路,为此在1939年12月、1940年5月、1944年11月发动了三次大规模的向粤北进攻的战役,史称三次"粤北会战"。前两次粤北会战,日军均以失败告终。1944年秋,第三次粤北战役,日军先后攻占了韶关、乐昌,打通了粤汉铁路,广东省国民政府迁往西部山区,在坪石办学的中山大学再度被战火波及。

五

  1944年上半年,日军的铁蹄迅速进犯河南、湘北,两地迅速失守,继而沦陷。空气中弥漫着尸体灼烧的气息,不远处的河流被血液染得通红,翠绿的山野在炮火的侵袭下冒着阵阵浓烟。日军进犯两地的消息传到郑师许耳中,熟识地理的他迅速想到了日军此次大举进攻的目的是打通平汉、粤汉两条铁路线。坪石紧邻粤汉铁路,日军进犯河南、湘北两地的消息迅即弥散开来,中山大学的领导有了暂时把学校西迁到清远连县的想法,他们焦急地派人前去连县寻找落脚的房子和宿舍。距离坪石一百多公里的连县地处偏僻,层峦叠嶂的山林给办学提供了天然屏障。连县地理位置独特,"是粤、湘、桂三省(区)结合部和商贸、文化中心,又是中原往南粤的主要通衢"。在动荡不安、瞬息万变的局势下,郑师许时常把未雨绸缪挂在嘴边。学校放假后,趁着暑假,郑师许决定把家搬迁到连县东陂一带。

  1944年的夏天,在烈日的暴晒下,一个中年男子和他的家人在路边摆卖着家里的几件毛衣,想换取一些钱财作为乘船渡江的费用。这个面容焦急的男人就是郑师许。日军从湖南再次进攻坪石,企图占领粤汉铁路要塞。全校师生迁徙至坪石办学的中山大学岌岌可危,学校的师生们准备迁往连县避难。郑师许携带着妻儿、学生和跟随自己多年的书籍在尘土飞扬的小路上焦急地行走着。书籍众

第四章 被兑换的怀表

多,他雇了挑夫帮忙挑。这些弥漫着自己气息的书籍跟随他多年,他视若生命,舍不得把它们弃置一旁。挑夫挑着沉重的书籍紧跟着他们。行至星子河,再往前就是连县了。一条宽敞的河流横亘在他面前,让他束手无策。望着碧波荡漾的河流,郑师许一脸惆怅,他囊中羞涩,裤兜里仅剩的一些费用难以支付一家人坐船渡江到对岸去。他们翻出行李箱里几件贵重的毛衣摆在路边卖,希望能有人看上换取一些费用。行路人皆面色匆匆,急于逃难,朝他们投去疑惑的眼神后又低头匆匆赶路。路上扬起的尘土模糊了人们的视线,孩子的啼哭声和大人的呼喊声交织在一起,眼前是一片混乱而匆忙的景象。多年后的今天,我们想象得出携带着妻子子女逃难的郑师许,站在路边的心情是怎样的焦急而绝望。

无奈之下,郑师许想到了身上携带的那块怀表。表是时间的化身,秒针滴滴答答响动的声音仿佛时间的河流流淌发出的响声。1941年,香港沦陷后,容肇祖带着妻儿回到东莞老家稍作休息后,便赶赴坪石中大。在那个通货膨胀物价高涨的年代,纸币已经很难成为一纸通行证。为了能保证最基础的衣食住行,容肇祖在携带了一些钱币后,还随身携带了一块怀表。这相当于一块护身符。到坪石中大任教后,有一次跟东莞老乡郑师许聊起这块怀表的故事,容肇祖索性把这块手表赠送给了郑师许。郑师许与容肇祖有着亲戚关系。此刻,郑师许只有丢下书生的面子,硬着头皮拿着这块怀表去寻找星子镇的商会会长帮忙。在残酷的现实面前,郑师许感到了自己的无力感。见到商会会长,表明了自己作为逃难教师的身份,在郑师许好说歹说,苦苦哀求之下,才将手表兑换成钱,换取到了坐船渡江的费用,顺利抵达中大接待西迁的办事处。

这块与他朝夕相处多日的手表就这样被迫离开了自己。他应该想起了怀表在身上时的那些日子,怀表发出的细微滴答声时刻提醒着他。此刻怀表虽然离去,但朝夕相处的那份依恋却永远镌刻在他心底。

作为名校教授的郑师许为何经济上这么拮据?郑师许在上海期间身兼数职,同时在几个大学治学任教,颇有影响,按道理,日子应该过得比较舒心。这是因为嗜书如命的郑师许把自己的绝大部分收入都买了书。而战乱时代,微薄的工资难以养家糊口,买书让他变得更加拮据。

湘桂铁路是新中国成立前和新中国成立初期建起来的。郑师许搬家不久,日军攻下衡阳,随后,日军并没有如众人担心的那般朝粤汉铁路方向大举进攻,而是沿着湘桂铁路转向桂林、柳州,一直打到贵州独山。

东陂的地理特征是河床谷地，位于两峡二水之间，西溪和东塘河从峡谷中钻出，之后缓缓地流到镇上，同时也把习习的山风带到镇上。在东陂的日子，郑师许于山林间陪伴着妻儿，著书立说，忧国忧民。时光流逝，进入10月份，眼看开学在即，到底是在坪石继续上课，还是搬迁到较为稳妥的连县办学，成了迫在眉睫的选择。看着日军沾满鲜血的脚步沿着湘桂铁路一直蔓延到贵州独山，中山大学决定继续在坪石开课。消息传到郑师许耳中，他望着窗外密布的阴霾，忧心忡忡。东陂离坪石相距逾几百里远，如今为安全起见，家已搬迁到连县东陂，去坪石学校上课，郑师许必须撇下妻儿。带着妻儿去坪石上课，他又不放心。临行前的这一天，晨曦微露，郑师许早早地起床了，阳光透过窗的缝隙斜射进屋。他提起昨夜妻子替他收拾好的行李和书籍，起身离去。走到门槛又折了回来，隔着薄薄的蚊帐，对妻儿说道：这次去坪石最不放心的是，如果日本侵略军从衡阳向南打粤汉线，这一仗不是沿铁路线走，而是迂回湘南的蓝山、临武一带，进粤北连县再转向坪石、乐昌。这样一来就很难跳出敌人包围圈回到连县来。"如果发生这种情况，你们就给我发个电报。估计到时关于战事的电报，邮局不肯收发，你们就写'我已搬入冯家'，我就明白这边出事了。"

郑师许凭借着深厚的学识做出了自己的判断，他认为日本人是重视研究中国地理的，如果日军这次偷袭不按常规出牌，而是从蓝山、临武出连县而奔袭坪石，那后果将不堪设想。郑师许的判断与他多年研究中西交通史有着紧密的关系。

时光倏忽而逝，转眼到了1945年1月，空气中开始弥漫起一丝寒意。正在坪石上课的郑师许收到了妻儿发来的电报："我已搬入冯家。"看着这几个字，他的心不由焦急起来。正如他预料的那样，日军不按套路出牌，而是通过湖南蓝山、临武转入广东连县，再往坪石方向奔袭。几个小时前，他的三个孩子正在粤秀中学聚精会神地上课，警报拉响，学校忽然紧急宣布停课。湘边界出现了日军的踪迹，离学校所在的东陂不到十里路，危在旦夕，师生必须尽快转移。郑师许几十年对史地进行研究，这种博学让他预料到了日军的大致动向。郑师早已未雨绸缪，他在离开东陂前去坪石上课前，交代了如发生事变一家人躲藏的去处。虽然家人的藏匿之处早已安排好，但是他心底还是隐隐感到不安。除了家人，他还担心中大师生的安危。他迅速把日军来袭的消息告诉了中大的学校领导以及周边的师生和朋友。当时湖南省政府秘书长王光海住在坪石，同是虎门人，与郑师许是老乡。郑师许收到电报后，迅速找到王光海了解日军的具体情况。但王光海却一点也不了解最新的敌情。次日，闻讯赶来向郑师许打探敌情的人坐满了一屋子。一直到郑师许收到电报后的第三天，人们才从王光海处证实确有一股敌人从湘粤边进入连县星子区向坪石运动。中大就在这时宣布疏散，方向是粤东梅县，于是师生迅速逃亡，各奔前程。一时间恐慌在空气中蔓延开来。

早日知道消息的郑师许对于如何逃离敌人的包围圈有着自己的清晰判断。郑师许认为"日军这次侵犯是沿粤汉线打韶关，以打通粤汉线，所以如果向南逃则日本侵略军老是跟在屁股后面，很难摆脱被动，万一被敌人赶上则不堪设想。如果向东则越走离家人（在连县东陂）越远，而且也有遇上从江西经南雄迂回过来的敌人的危险。想来想去，只有向西即向连县方向迎着敌人走，终究敌人的兵力只是一股，总不能像梳篦式扫过来，因而可以乘隙穿过去，跳到敌人迂回包围圈外"。

郑师许这种迎着敌人前来的方向行走的判断凸显出他过人的胆识和深厚的学识。在这危险时刻，他心底时刻牵挂着妻儿，他必须往连县的方向奔去。同时与其一同往西走的有中大总务长何春帆以及何作霖的学生谢恭进等。几个人结伴而行，彼此间有个照应。

何春帆带着校警队和该队的几条枪，带着手摇电话机，走到哪里将就电线接到电杆上，问明前方没有敌人才往前走。半路上，零星的枪炮声不时传到郑师许耳中。深夜，在黑夜的掩护下，他们终于平安走回连县东。

六

阴霾散去，一缕阳光透过云的缝隙斜射在大地上。抗日战争胜利后，山河复归于平静。战乱中辗转迁徙多年的中山大学搬回了静静的校舍。物是人非，许多人在战火中消失。动荡不安的岁月看似重归于平静了。1945年8月，中山大学迁回广州石牌原址复课。从广州沦陷开始，中山大学1938年10月在政府的安排下西迁，到1946年1月在广州正式复校，几年的时间下来，中大总共给国家输送了两万多名毕业生。

郑师许的第一身份是一个教育工作者，他懂得一个教育者的责任与担当。

可以想象，当年逾五旬的郑师许回到故乡东莞，回到虎门，看着战火侵袭下

的故乡的孩子失学在家无法继续上学的情景时,他肯定想起了自己年幼时求学日子的艰难与辛酸。被日军侵占九年的虎门,此刻伤痕累累,放眼望去,满目疮痍,急需重建。一根无形的针插在心尖,让他感到疼痛无比。他肯定会想起年幼时,他们兄弟俩与母亲相依为命的日子。如今,只剩他孤身一人,弟弟1923年已因病去世,母亲也在1942年溘然长逝。

为了改善东莞的基础教育,郑师许尽力贡献出自己一分微薄的力量,积极倡议在东莞多办几所中学,以帮助乡村青年读书求学。仿佛一块巨石砸入寂静的河流中,掀起了阵阵涟漪,他的提议得到了爱国将领蒋光鼐的肯定。

虎门地广人阔,每年小学毕业达三四百人,很需要建立一所中学以方便学子就近入学。经蒋光鼐等军政要员的倡议,他们提交了倡议书给时任省教育厅厅长姚宝猷,姚宝猷曾在中山大学校长邹鲁的资助下留学日本,回国后在中山大学文学院任过副教授。可以想象,姚宝猷看到军政要员的倡议后,很快就批复了。建校筹备委员会迅即组成,郑师许被推举为筹备组主任,当时郑师许是东莞明伦堂的教育委员。郑师许事必躬亲,他们原本把虎门校址定在镇口村,借万氏祠堂数间开办。后经郑师许等人勘察,觉得发展前景受局限了,旋转择鹅公山东南麓,借用原县立七小校舍。郑师许还推荐谭之良先生担任虎门中学第一任校长。1946年9月5日,虎门中学开学。彼时,虎门中学的建立不仅惠泽乡里,为本地青年提供学习机会,还招收邻近的宝安、厚街、长安和南沙附近乡村的小学毕业生。看着沉寂多年的土地重新恢复勃勃生机,郑师许脸上露出一丝久违的微笑。校园里传来的阵阵响亮的读书声划破了一个村庄的寂静。

抗日战争结束后,郑师许担任过一段时间的中山大学代理校长。在广州中山大学教书时,他经常会看见因战争而流落街头的莞籍孩子,他们正值读书的年龄,却无学可上,四处流浪。看着他们茫然的眼神,郑师许就会想起多年前在虎门读书时的自己。如果能在广州创立一所学校帮助这些流离失所无书可读的孩子,一定能改变这些孩子的命运,就像当初郑师许靠知识改变自己的人生轨迹一般。郑师许的想法得到了许多中山大学莞籍教授的共鸣和支持。在郑师许以及莞籍教授何作霖等人的大力倡议下,作为东莞明伦堂董事的蒋光鼐也表示了大力支持。东莞明伦堂是清末至民国时期,在珠江三角洲地区影响深远的地方组织。东莞明伦堂在经营管理地方公产的同时,积极参与地方事务,特别是兴办教育、医院、水利以及资助各项公益事业方面,影响极大。然而所有手续办好后,却没有供学生上学的校舍。郑师许及时把情况反馈给了蒋光鼐。蒋光鼐得知后，第一时间把荔湾区的一栋三层的住宅无偿借给学校办学。这个学校就是莞旅中学，专门面向莞籍学子招生，免收学费。在广州荔湾区，蒋光鼐有一套三层楼的房子，抗日胜利后，他在此居住了一段时间。据郑师许先生后人追忆，这三所中学筹办的许多具体事情，如校舍建设的图样等，郑师许都亲自参与审查，定稿。时任明伦堂董事长蒋光鼐极力支持，并拿出自己在荔湾西关的一所大屋供莞旅中学做校舍，使筹备工作时间大大缩短。

  一个人犹如一块怀表。郑师许短暂的一生不断拧紧着生命时钟的发条，让自己生命的脚步嘀嗒奋力前行。时光流逝，1952年，郑师许因病走完了自己的一生。属于他生命的时钟行走时发出的嘀嗒嘀嗒的响声，也随之戛然而止。他走了，他的事迹却长久地回荡在莞邑这片热土上。他用生命中的一分一秒撰写的书籍却依旧在世间的各个角落流传着。

（周齐林）

第五章　燃烧的火焰

一

何作霖的故乡东莞万江大汾村离我居住的地方只有几里之遥。走在何氏宗祠面前，睹物思人，我像是看见了旧时光的倒影。古庙梁、枋上精美绝伦的木雕上，栩栩如生、活灵活现的飞禽走兽，依然能让人强烈地感受到当时先人的智慧与生存法则。宗祠，在时间这个酵母的孕育下，散发着每个时代独有的私密气息，沾染着每个时代固有的文化特征。

何作霖作为故乡的文化名人，他的生平事迹清晰地镌刻在何氏宗祠的墙壁上。看着何作霖的照片，属于他那个时代的气息一下子扑面而来。

记忆是时间燃烧时留下来的灰烬，重新点燃，记忆的篝火重新在眼前闪烁着。记忆的风从远处袭来，火在风里摇曳着。许多年后，当何作霖步入暮年，回忆往昔成为一种习惯，我想他一定会经常回忆起1919年的那一团炽热燃烧的火焰。燃烧的火照亮了周边的黑暗，火隐喻着希望。在那个战乱时代，战火让许多生命化为灰烬。有些火弥漫着邪恶的气息，是从地狱中释放出来的恶魔，它加剧了黑夜的浓度。但何作霖记忆中的那把火却点亮了每个人幽暗的内心世界。

20世纪巴黎和会上中国收回战败国德国在山东的权益是作为战胜国顺理成章的权利，然而面对中国的合理要求，各国却不予理睬。中国在巴黎和会上交涉失败的消息传到国内后，一片哗然，进步人士纷纷感到痛心。当时北大学生代表获悉这个消息后，决定在北大法学科大礼堂举行全体学生临时大会。时光回到一百多年前。1919年5月3日的夜晚，看似平凡，却在时光的河流里闪烁着别样的光芒。《京报》主编邵飘萍作为新闻学研究会的导师，想着当下日渐沦陷的国土，看着眼前的学生，发表了慷慨激昂的演说。他振臂高呼："现在民族命运系于一发,如果我们再缄默等待,民族就无从救亡,而只有沦亡了。北大是全国最高学府,应当挺身而出,把各校同学发动起来,救亡图存,奋勇抗争!"邵飘萍的话让同学们一下子变得群情激昂,热血沸腾。"有一个北大学生当场咬破中指,撕破衣襟,用血书写'还我青岛'四字,挂在台前,表示爱国的决心。"

可以想象,作为站在法学科礼堂的一员,何作霖听完邵飘萍的演讲,内心久久不能平静,仿佛一颗巨石砸入了心湖,掀起了阵阵波澜。他感觉有一团火在身上燃烧着,几乎要把自己燃烧起来。

革命的火种早已在何作霖的心中孕育。

1900年出生于东莞万江汾溪河畔的何作霖,浑身弥漫着书生的气质,骨子里流淌着一个刚硬书生的血脉与胆识。

位于汾溪河畔的大汾村有着八百多年的历史,哗哗流淌的汾溪河孕育着两岸的一草一木。汾溪河畔的村民大都以捕鱼为生,村里田地较少,历代以来村里人都渴望通过读书来改变命运。这种带着原始气息的想法在时间的酝酿下迅速演变成现实。村子里弥漫着书香的气息。打开村史,追寻何氏族谱的脉络,能清晰触摸到属于一个村庄的辉煌。万江大汾,历史上就曾出过众多科举名人及历史人物,在明清时期走出了4位进士、3位举人,何氏大宗祠至今还保存着明清时期的功名碑37块。而今,只要走入何氏大宗祠,我们就可以感受到浓浓的儒雅氛围。这是一种对书香文化的向往和积淀,也是对心灵的一种引领。何作霖自幼好学,小学毕业后,顺利考取东莞中学。随后逐渐长大,继而走出故乡,去更远的地方求学,去北大,去日本,一直读到获得博士头衔。

从老家东莞中学毕业后,何作霖以优异的成绩考入北大预科哲学系。进入崇尚民主自由的北大学习,血气方刚的何作霖仿佛一条搁浅的鱼回到了浩瀚的海洋里。老师和学长们对进步思想的宣传,让他对国内与国际形势有了更为清晰和深刻的了解。对于自己为何能成为五四运动的旗手之一,何作霖在晚年的一篇回忆性文章《我在北京亲历"五四"运动的一些回忆》里,有了详细的记录:"当时我是北大预科哲学系的学生,曾亲自听过李大钊先生讲授的唯物史观课程,受到很大的启发……随着国际国内形势的变动和北洋军阀外交上的失败,促使全校师生一致奋起联络北京十四所大专学校学生发起了一场轰轰烈烈的反帝反封建的爱国运动。"

当晚散会后,回到宿舍,何作霖久久难以入眠。5月3日这一晚注定彻夜难

眠，人们快马加鞭地制作了三千面旗帜，原本打算印制的五千多份传单，一个通宵下来只印出两千多份。何作霖的睡意被涤荡得一干二净。

次日，"五四"学生游行的场景在许多史料中有了详细而生动的叙述。许多年后的1979年3月，年近八旬的何作霖在他的文章《我在北京亲历"五四"运动的一些回忆》中回忆了六十年前的那段激情燃烧的岁月：

> ……游行队伍到了帽儿胡同曹汝霖住宅门前，看见宅前有一道围墙，高约三米，大门紧闭。群众大呼卖国贼，并用拳头砖块捶击大门，同时把旗子纷纷抛进墙内。但许久都不见开大门。大家有气无处发泄，于是用旗杆把沿街一排房屋上面檐前的瓦片揭了下来，隔着临街的房屋抛进院里去，后来有人用力揭开窗口的铁丝网，钻进里面打开大门，大家蜂拥而入。但是，进去之后，看不见一个人，于是学生们分开两路，一部分由右边从一个月洞门涌到一个像花园一样的院子，正面有一座厅房，前面是一个花池。有一个日本人在园里踱来踱去，大家都不理睬他，以免惹起外交问题。后来又发现一个穿西服的人跟在那日本人后面，大家以为是曹汝霖，都上前拳脚交加地把他痛打一顿，并捡起院里的砖头瓦片，向他乱砸，把他砸得头脸出血，倒在地上。这时有人取下挂在客厅里的曹汝霖的放大像一看，原来被打的不是曹汝霖，而是章宗祥。在场的学生看见章宗祥被打严重，于是纷纷散开了。章宗祥后来被人送往同仁医院去。至于曹汝霖，则据说在混乱中由后窗向隔邻逃走了。当时我和另一部分学生由左边向曹汝霖的卧室和书房方面直进，忽然有一个身穿白色花衫的少妇由里面仓皇逃出，自己说是曹汝霖的家人，名叫苏佩秋。我们立即把她释放了。我和其他学生，各人拿着木棍或椅子到处乱打乱砸，我也砸坏了一架大型钢琴和一些家具；并一直跑进曹汝霖的书房里，里面挂满了许多卖国政府各权贵的照片，都给我撕碎了。不久，书房后面起了火，我看见后面冒出一团白烟，究竟是谁点的火，没有弄清楚，于是各人纷纷散出……（《广东文史资料》24辑）

点火的人正是匡互生，北京高等师范学校数学系的学生。匡互生用事先准备好的煤油把火点燃。在他眼里，单纯的游行产生不了多大的效果。五四游行前一晚，他已做好了万一发生不测的准备。他想着自己必须用一团火来点燃无数人内心的火种。他用煤油点燃的这把火点燃了国人心中的革命之火，仿佛一包药引，治疗了国人的软骨病，把沉睡中的人们叫醒。

火燃烧着这座黑暗的屋子，阵阵浓烟冒起，缓缓向天际飘去。火正在吞噬这屋子漆黑的黑暗。游行的人见屋子起火，纷纷撤出。何作霖也撤退到了门外。他刚走了十几步远，经过一个派出所时，一个警察忽然呵斥一声，叫他站住。他站住了，做好了舍生取义的准备。他们很快把他反手绑了起来。何作霖被迅速押解到了京师警局。

何作霖看见了那团燃烧着的火焰，这团火一直在他心底燃烧着，贯穿了他的一生，直至生命走到终点。他们都是革命的火种。

五四点燃的这场火迅速让游行场面失控，政府军逮捕了32名参与游行的学生，何作霖便是其中之一。

供词往往是背叛的代名词。何作霖作为一个参加五四运动的学生，他在警局的"供词"不是中性的，反而带着反问的口吻。不带丝毫情感色彩。他只讲述事情经过，不向任何力量妥协。

被俘的何作霖面对警察的询问，用自己的聪明才智巧妙地进行了回答。许多年后的今天，我在北京市档案馆看到了这张一百多年前的"供词"："昨日晚，本校法科大讲堂开会，当时有一报馆记者，我不知姓名。该人年约三十余岁，有胡须，穿着中国衣服，戴着眼镜。该记者报告青岛，意大利退出，有被日人侵吞消息。青岛若亡，是我们山东紧要之地，与我们甚有关系，遂发起游街会。"

这是一份很有分量的"供词"。

在当时那个任人欺凌的时代背景下，面对豺狼般的警察，手无寸铁的学生何作霖没有退缩，而是呈现了一个北大学生的风骨。何作霖的"供词"字里行间弥漫着浓郁的爱国情怀，仿佛燃烧的火山一般，时刻要喷发出来。可以想象当身为中国人的警局人员面对何作霖的"供词"，他们如铁的心会不会被这激情燃烧的火焰锻造成一把把刺向侵略者的利剑。

何作霖提到的"报馆记者"，正是《京报》的创办者兼主笔邵飘萍。1918年10月5日，邵飘萍辞去《申报》驻京记者之职，创办了著名的《京报》。邵飘萍从此走上一条自资独立办报的艰辛道路。其言论既不受外国通讯社的左右，又不受军阀操纵，排除各种干扰。在他眼底，报纸应该监督政府，还应该教育民众、唤醒民众。在这种办刊思想的指引下，《京报》真的成了广大人民群众的喉舌。

北洋军阀政府欲严惩被捕的学生,然而面对巨大的社会压力,警局对32个学生束手无策,很快就释放了他们。

作为北大校长,蔡元培以最高的礼遇来迎接被捕释放的北大学生。他用这种隆重的礼遇来向世人诠释自己的立场,来鼓舞众人的志气。

"5月7日中午,32人被全部释放。北大全体学生在红楼北面的广场上列队等候,还借了三辆小汽车去迎接,蔡元培先生也在现场。广场摆着五张方桌,被捕的北大同学站在方桌上和师生见面,蔡校长讲了些安慰勉励的话,同学们都激动得热泪盈眶。"何作霖跳到桌子上,讲着不断被吞噬的国土和这次游行活动,不由得潸然泪下。时任北大校长蔡元培以这样一种隆重而热烈的方式迎接这些学生的归来,他向世界传递了五四青年的觉醒和勇气。

紧接着,蔡元培迫于压力离职,在北伐军阀的追捕暗杀下,于一个清晨选择了离开。

而何作霖以这样的方式证明了自己作为一名北大学生的勇气与热血。

二

五四运动后,北大的校园看似又恢复了固有的平静。在北大读书期间,何作霖因为经济上比较拮据,到《晨报》副刊编辑孙伏园那里做副手。这段经历也让他的思想变得更加成熟,对彼时社会的理解更加深刻透彻。孙伏园主编的《晨报》在当时的影响很大,这个平台也让何作霖结识了许多文化圈的大咖,比如鲁迅。彼时《晨报》副刊正在连载鲁迅先生的《阿Q正传》。孙伏园与鲁迅先生是浙江绍兴老乡。孙伏园在初级师范学堂读书时,鲁迅正是这个学堂的校长。后来周作人介绍孙伏园到北大旁听,后正式入学,在北大期间孙伏园同时任《晨报》记者。北大毕业后进入《晨报》编副刊。鲁迅就是在孙伏园的撺掇下揽了《阿Q正传》这活儿。鲁迅先生在《阿Q正传的成因》一文中谈道:"伏园虽然还没有现在这样胖,但已经笑嘻嘻善于催稿了。每星期来一回,一有机会,就是:'先生,《阿Q正传》明天要付排了。'"从1921年12月4日起,鲁迅以巴人的笔名在《晨报副刊》连载《阿Q正传》,持续了两个来月,写了八章,鲁迅想收笔。孙伏园说:"《阿Q正传》似乎有做长的趋势,我极望先生管宽心地写下去。"

第五章 燃烧的火焰

1922年2月的一天，孙伏园因有事要回老家，委托何作霖编辑副刊稿件。鲁迅的《阿Q正传》就是在何作霖的手里收笔的。"《阿Q正传》大约做了两个月，我实在很想收束了，但我已经记不大清楚，似乎伏园不赞成，或者是我疑心倘一收束，他会来抗议，所以将'大团圆'藏在心里，而阿Q却已经渐渐向死路上走。到最末的一章，伏园倘在，也许会压下，而要求放阿Q多活几星期的罢。但是'会逢其适'，他回去了，代庖的是何作霖君，于阿Q素无爱憎，我便将'大团圆'送去，他便登出来。待到伏园回京，阿Q已经枪毙了一个多月了……"（《华盖集续编补编》）

孙伏园的因事返乡"成全了"《阿Q正传》。《阿Q正传》是鲁迅唯一的一篇中篇小说。何作霖与鲁迅交往的细节，史料已经无从搜寻。但作为编辑与作者之间的关系，何作霖在对《阿Q正传》编排时，肯定有更为细致的阅读和校对。可以肯定，《阿Q正传》所传达的思想以及近距离接触鲁迅，让何作霖对复杂的社会有了进一步深刻的认识。人的奴性和自我麻木的精神疗法让何作霖深深感受到国民急需一根棒子的猛烈敲打。

与《阿Q正传》的近距离接触，让何作霖心中的那团火越燃越旺。

三

作为五四运动重要参与者的何作霖，他的回乡之旅注定是带着光环的。何作霖回乡的史料无迹可寻，我们只能通过合理的推理来还原何作霖返乡的情景。何作霖肯定没想到自己当初参加五四游行的事仿佛一块巨石砸入寂静的死水里，掀起了阵阵波浪。

1919年，何作霖参加五四运动大游行被捕而又被释放的消息立刻传遍了全国，传到了他的故乡东莞，传到了他的母校东莞中学。何作霖的英勇事迹在东莞中学掀起了一阵反帝反封建救国的热潮。东莞中学学生的爱国热情在师兄何作霖事件的点燃下，仿佛火山般迸发出来。莞中学生立刻联合县立高等小学400余人整队游行，并组织学界联合会分赴各区演讲。莞中学子追求科学、民主、进步，逐渐形成了"读书不忘救国，救国不忘读书"的学风。

不久后，因积劳成疾，何作霖带着一身疾病回到故乡东莞。何作霖的归来一定惊动了东莞的同道中人，那些立志为国抛头颅洒热血的青年学子。他回到母校

东莞中学教中文的那一天,一定受到了师生热烈的欢迎。喧嚣过去,寂静奔涌而来。何作霖一边修养身体,一边教书育人。日子仿佛又回到了当初读中学时的时光。从政治战斗的漩涡中心北京回到岭南,正值青年的何作霖肯定难以习惯。当抱病之躯慢慢恢复元气,暮色降临时分,望着远方的灯火,他一定一次又一次地想起了在北京的点点滴滴时光。

故乡,是肉身和精神疗伤的地方。次年,何作霖精神抖擞地重回北大读书。

回到北大,何作霖把所有的时间都放在了学业上。彼时,宪法学在国内还是一个很大的空白。由何作霖与东莞中学的校友欧宗佑一起翻译的日本法学家美浓部达吉的法学巨著《宪法学原理》对中国早期宪法学的发展产生了很大的影响。《宪法学原理》至今影响着我国法学方面的研究。美浓部达吉是日本东京大学教授,曾留学德国,主张主权属于国民并影响至今,原书是其《日本宪法》第一编,名为"宪法学之理论观念",专述宪法原理,故欧宗佑、何作霖将其改名为《宪法学原理》,分法、国家统治权和主权、国家的组织、立宪政体、宪法等六章。

许多年后的今天,透过这本书的前言、自序,依旧能捕捉到那个时代的点滴气息:

> 原书中有许多地方用小体字抵二格排印的,乃著者对于某事件或某学说之连带的,更详细的说明或引证,译者当时为书写上便利起见,未曾将字体小写,然又恐与本文相混,故随意于此等地方上面加一个注字,以示区别。
>
> 本打算于排印刷时改正的,不同于捧印的时候又忘记了。这是译者对于原著者及读者要请求原谅的。原书有一二处似与事实不符,译者根据事实,于此等地方加以按语。

欧宗佑、何作霖本欲邀请陈惺农先生为他们的这本书作序。早年毕业于日本东京帝国大学的陈惺农在北京大学法科担任教授兼政治门研究所主任,是何作霖的老师。积劳成疾的何作霖在老家休养一段时间后,于 1923 年重返北大读书。也就是在这一年,陈惺农赴苏联和西欧考察。欧、何合作翻译的《宪法学原理》在 1925 年 8 月由商务印书馆印发出版,而陈惺农一直到这年年底,空气中弥漫着丝丝寒意时,才从国外归来。作为国内第一个翻译《资本论》的人,陈惺农的学识令人钦佩。两人想请他作序，然陈老师在国外游学考察，于是两人商量后，将陈惺农介绍原书的大文权作该书的序。"因为陈先生是我们的教授，对于我们这次的'不问自处'谅不深责的。"由此可见何作霖与陈惺农之间的师生情谊比较好。作为当初五四运动被捕的三十二人之一，何作霖虽捕犹荣。他的这次行为自然也受到师生、朋友的尊重和欣赏。五四运动的那把火点燃了无数人的爱国热情。

四

北大毕业后，虽然离开了校园，但属于北大人的傲骨却始终流淌在何作霖的骨子里。无论走到任何一个地方，他就把这个精气神带到那里。

1928年，应东莞老乡徐景唐之邀，何作霖返粤任第五军司令部秘书长，这期间主持莞龙、莞太公路动工仪式。1919年，何作霖参加五四运动被捕时，徐景唐刚从日本回到北京。几年前，徐景唐以优秀成绩被选送到日本陆军士官学校第十二期学习。何作霖听闻徐景唐在日本的故事后，颇为敬佩，感觉彼此是性情相投的人。从日本陆军士官学校第十二期毕业的那天，学校举办隆重的毕业典礼，典礼由日本天皇的御弟主持。为了让中国人丢脸，校方特意选拔精通剑术的日本学生与中国留学生进行比武比赛。日方以为这次胜券在握，可以让东亚病夫的标签贴在在场的每个中国人身上。徐景唐很快就被推选为中方留学生的代表。他身材魁梧，早年学过武术。比赛开始，空气仿佛凝固了。双方屏气敛息，期待着各自的精彩表现。徐景唐从容上台，挥剑刺向对方。没想到十几个回合下来，对方不仅没有赢的迹象，反而渐露败象。日方见此情形，一下子慌了，赶紧喊停，赠予各自一把指挥剑以示奖励。徐景唐挫败日方的故事仿佛巨石般砸在深海中，掀起阵阵巨浪，在日本留学的中国学生听了无不暗暗佩服。

次年，在北京陆军部担任科员的徐景唐回到广东，担任粤军第一师少校参谋。

入社会后，何作霖心中常燃烧着一团愤怒之火。1934年，何作霖经香港转赴日本，在东京帝国大学法学部大学院毕业。何作霖突然奔赴日本留学，有着深层次的原因。1933年11月，李济深、蒋光鼐、蔡廷锴等人发动了福建事变，成立了福建省人民政府。在李济深等的领导下，在福建发动群众，掀起了声势浩大

的抗日反蒋活动。何作霖作为其中一员，被国民党通缉。何作霖无奈之下，选择去日本留学躲避风头。

日本与中国一海之隔，相对便宜的出国费用成为民国时期许多有志向的年轻人的首选之地。张之洞在《劝学篇》中对留学进行了论述："出洋一年，胜于读西书五年……入外国学堂一年，胜于中国学堂三年。""游学之国，西洋不如东洋：一、路近省费，可多遣；二、去华近，易考察；三、东文近于中文，易通晓；四、西书甚繁，凡西学不切要者，东人已删节酌改之。中东情势风俗相近，易仿行。事半功倍，无过于此。"张之洞的《劝学篇》比较精准地概括了当时爱国青年普遍选择留学日本的原因。1937年日本发动全面侵华战争，抗日战争全面爆发。华夏大地血流成河，尸横遍野。留学日本的何作霖愤然回国，进入中山大学担任教授，从事教育研究工作，寄望知识报国。

寂静的午后，四月的阳光洒落在眼前的一草一木一砖一瓦上，氤氲出一种旧时光的味道。不远处的武江水面上波光粼粼，一阵午后的风由远及近地袭来，吹破了江面的平静，一圈圈涟漪在江面上荡漾开来，仿佛时光老人脸上的皱纹。我独自一人驱车从东莞万江汾溪河畔出发，出发时天空还下着绵绵细雨，抵达韶关坪石武阳司村时，云开雨霁，温暖的阳光已经洒满整个大地。此刻时光的静谧与温馨映射出动乱时代曾经的慌乱与动荡。在坪石武阳司村中山大学的办学旧址上，一根纪念柱矗立在我的面前。缓步走上前，阳光照进眼底，让我感到一阵恍惚。仔细打量，在纪念柱的"1941年法学院教职员名册"上，我终于看到东莞籍何作霖的名字清晰在列。看着不远处静静流淌的武江水，万江汾溪河哗哗流淌的水声在我耳畔响起。

1941年8月，何作霖辗转来到中山大学设立在坪石武阳司的法学院，教授国际公法、国际私法和宪法等科目。

冬天北风凛冽，非常寒冷，但到了春天则漫山盛开杜鹃花。看着这漫山遍野火红的杜鹃花，何作霖又想起了多年前燃烧的那团火焰，它们彼此遥相呼应。

何作霖在中山大学校长的邀请下回到了国内，喘息片刻，便来到了坪石武阳司这个巴掌大的村子。彼时法学院学生达六百多人。几十间竹子搭成的简易宿舍成了学生们上课的教室，密密麻麻地分布在后山上。盖杉树皮的课室、宿舍、礼堂、图书馆、饭堂都在后面山上。黄昏降临时，点燃的菜籽油灯在晚风的吹拂下左右摇曳。何作霖在微弱的灯火下批改作业或者备课。教材都丢失了，许多时候他只能依靠记忆在黑板上写了简要的框架，而后再详细地讲述起来。他从坪石小镇的街上买来一些廉价的草纸，用锋利的针线把它们一张张缝补起来，当作自己教学的笔记或者备课的本子。当时与何作霖同样在法学院教书的，还有大名鼎鼎的王亚南——刚刚翻译完《资本论》，就在坪石第一站开讲。

在坪石，何作霖并不感到孤单，文学院的容肇祖，历史系的郑师许都是他的东莞同乡。东莞茶山上元人的袁镇岳，也在法学院，是与何作霖一起共事的中山大学年轻教师。听着他们熟悉的乡音，他倍感亲切，浓浓的乡愁仿佛得到了释放。

朝代的更迭，往往意味着血流成河。纸上谈兵在众人眼里是贬义词，但何作霖从纸上集聚的力量让人肃然起敬。人是会思想的芦苇，何作霖和他的同事们在艰苦的环境下坚持教学坚持学术研究，为一个国家的发展输送着新鲜的血液和力量。

理论与实践相结合是通往真理的试金石，即使在办学经费十分拮据的情况下，中山大学依然坚持资助学生到边远的地方进行社会实践调查。"当时法学院力求增强学生对现实社会研究的兴趣，以期收到学以致用的效果，组成考察团奔赴耒阳、衡阳、衡山、长沙、桂林等地，考察当地法院、监狱等司法情况，有力地促进了各科课程与现实社会的联系。"

在那段民族和个人遭受磨难的岁月，何作霖和中大师生一起在颠沛流离中仍坚守着学术理想，延续着中山大学的文脉。

抗战胜利后，何作霖潜心学术研究，1960年退休居广州。1982年何作霖因病离世，终年82岁，他的生命之火燃烧到了尽头，随着一阵阴冷的风袭来，他安详地闭上了双眼。但他年轻时在心中点燃的那团火却依旧剧烈地燃烧着，散发出醒目的火焰。

何作霖的身影越走越远，走进故乡的稻田深处，骨头埋进了潮湿的尘土里，化作了一粒尘埃，然而他坚挺伟岸的身躯却矗立在历史苍茫的时空里。何作霖的经历成了岭南文人的一个缩影，极富代表性。

（周齐林）

第六章　温顺的傲骨

一

容肇祖的旧居旨亭街距离我工作的地方只有不到一千米的距离。近距离加剧着我内心对容肇祖的亲近感。

莞城中兴路至大西路，是东莞古城的商贸区，明朝中后期依东江水运逐渐形成，是构成东莞古城的重要部分。穿过王屋街，古色古香的街道，两边的铺子，让人忍不住放缓脚步。沿着这条街走到尽头，即莞城旨亭街8巷2、4、6号，一座三进"三间两廊"式东莞清代民居，这就是容肇祖的出生地。茶余饭后，我经常会走到这里，看着灰旧屋檐上闪烁的阳光，深陷在遥远的思绪里。午后，温暖的阳光下，缓步行走于旨亭街附近，看着一缕缕阳光落在一砖一瓦上，时光仿佛回到了遥远的过去。那些模糊的时光印痕慢慢在眼前清晰起来。走亲戚，亲戚是靠走出来的。一个"走"字简洁扼要地诠释了人情世故的真理。而我与远去的史学巨擘容肇祖的不断靠近，则是通过一次又一次走近他的出生地来完成的，并达到灵魂上的熟稔。

家庭的变故和时代战争的烽火让容肇祖的大半生都处于还乡与离乡的颠簸之中。站在容肇祖的故居，侧耳倾听，我仿佛听到了婴儿响亮的啼哭声。哭泣带着双重的隐喻，是新生命的降生，也是一个时代的觉醒。我们无法用细腻的语言去描述容肇祖出生当天的特殊情境，无法去呈现他父母当天脸上的表情。这是一个很特殊的日子。1897年12月1日，已是深冬万物凋零的季节，岭南的冬天已有了些许凉意。冬季，新旧交替的季节，新的生命在孕育，旧的生命已走到尾声。在东莞旨亭街一间祖屋里，伴随着一声响亮的啼哭声，一个新的生命降临了。容肇祖的出生不一般，在乡里人眼里带着一丝晦气，仿佛树上不停鸣叫的乌鸦。他出生前一周，他的祖父溘然长逝。一边是新的生命的降生，一边是至亲的亡故，悲喜交织在一起。这个名叫容作恭的男人，披麻戴孝，怀抱起刚出生的婴儿，给他取名为容肇祖。一个"肇"字，意蕴丰富。念念不忘，必有回响，这是血脉的延续。

容肇祖出生时，帝国的大厦正岌岌可危，随时面临着崩塌的风险。容肇祖出生后的第十五天，贪婪的沙俄掩藏不住狐狸的尾巴，借口协助中国抵抗德国强占胶州湾，派舰队占领旅顺。几个月后，春寒料峭之际，清总理衙门大臣李鸿章与俄国驻华代办巴布罗福在北京签订极具侮辱性的《旅大租地条约》。帝国的战火虽还未波及岭南莞城的这个小村庄，百姓们还沉浸在日出而作、日落而息这种千百年来未曾改变的生活模式中，但时代的阴霾已慢慢在半空中集聚，暗示着一场暴风雨即将来袭。

在祖父去世后的第七天出生的容肇祖在村里人的眼里带着不祥的气息，家人和邻里用异样的眼神看着他，仿佛看怪物一般。"从小受到歧视的他经常被打骂，受到虐待，有时被关在一间屋子里罚坐、罚跪。"身陷黑暗的屋子里，孤独和恐惧如两条无形的绳索般捆绑着年幼的他。一缕阳光透过窗户落进黑屋中，他慢慢适应了屋子里模糊的光线。年幼的遭遇造成了容肇祖沉默寡言的性格。屋外的喧哗与快乐不属于年幼的他，他徘徊在家里的书橱边，往自己的内心走去。

因病致贫是每个时代每个家庭无法回避的问题。疾病让一个原本幸福的家庭瞬间坍塌，陷入无边的阴霾里。

容肇祖出生于书香世家，梳理他家家族的脉络，能闻到历史深处浓浓的书卷气息。

容庚和容肇祖兄弟对于自己家族曾经的辉煌颇为自豪。"在满满二百九十六年当中，科举中的人在我的县里是如晨星寥落的，我家能够挂上'父子科甲'的匾额，且科甲的前后尚有些岁贡，附上拔供的人们，'世代书香'更足以夸耀闾里。"容肇祖在《我的家世和幼年》一文中对自己家族脉络的记录更为详细：

> 我名肇祖，字元胎，广东东莞县人。生于1897年12月1日（清德宗光绪二十三年丁酉十一月初八日）。我名念祖，是生在祖父鹤龄死后的第七天。我家庭是好几代读书考试的知识分子。高祖容廷华，是清朝的岁贡生，晚年任广东嘉应州长乐县（民国间改名五华县）儒学训导。我的曾祖容保民于

1846年（清道光二十六年）考取广东乡试举人，次年入京会试，不幸试后得病，于回粤途中，舟至山东德州病故。我的祖父容鹤龄（1832—1897）于1861年（清咸丰十一年）考中广东省乡试辛酉科并补行戊午科举人。以曾祖会试病殁之故，未入京会试。1863年（同治二年）癸亥恩科会试，经戚友劝说，才得曾祖母的允许入京，因此中进士后，决不做官，在家侍奉母亲，任邑中龙溪书院山长数十年。他任院长时，曾聘请广州著名学者陈遭到东莞讲学，又曾集合士子为风台诗社，一时文风转盛，邑中士子多出祖父之门。我生在我祖父死后，这年我父亲作恭考中丁酉科拔贡。在拔贡前，曾由省提学使以观风欣赏他文章，送入广雅书院学习。父亲兼习史学辞章，现传有《聊自娱斋遗稿》印行。

祖辈们身上弥漫的书香气息和优秀品格在此后多年里，成为他们成长路上的参照物。容家的书香气息在后代身上得到了很好的传承，家境优越，书香缭绕。容庚，六岁入学，十二三岁就已熟读经史和诸子百家。祖辈恬淡自然的文人风骨也在他们身上得到了很好的延续。

然而，无忧无虑的生活环境，随着家庭的变故而被打破。

容庚的父亲容作恭是清光绪年间拔贡，但是体弱多病，平时关心国事，颇有文人风骨。容肇祖的哥哥容庚出生之时，正是甲午战争爆发之际。"时局正需才，生男亦壮哉。高轩一再过，都为试啼来。"看着刚刚出生的男婴，容作恭以诗寓志，字里行间满是对孩子的期待与憧憬。容作恭的妻子邓琼宴亦出身书香世家，其父邓蓉镜，清同治十年（1871）翰林，曾任江西督粮道，兼巡南抚建地方，署理江西按察使，晚年执掌广雅书院。邓蓉镜酷爱购藏书画，他的四子邓尔雅曾留学日本习美术，精研金文、甲骨文，工篆隶，为岭南著名篆刻家。

容鹤龄去世一年后，家道日渐中落。其子容作恭深陷于国仇家败的忧伤里，抑郁成疾，且病情日渐严重，死亡的阴影笼罩着他。忽两日，神志不清，不省人事，家人见状心生悲凉，急用艾火灸治穴位，他才从死亡的阴影里挣脱开来，捡回一条性命。经此一病，容作恭精神日渐萎靡。时光的脚步一晃而过，十年后，1908年5月12日，容作恭因鼠疫盛行，身染疫疾，不幸离世。容作恭的离世把这个家推到了悬崖边。容肇祖的母亲邓琼宴独自支撑起这个支离破碎的家庭，看着膝下六个嗷嗷待哺的孩子，想起丈夫的悲惨离世，她不由得悲从中来。容肇祖一家人靠着他的伯父和二舅邓汝霖的资助，勉强维持着日子。

父亲容作恭去世后，容肇祖染上伤寒，几次濒临死亡。死亡如影随形，这年10月，容肇祖的外祖母病逝。外祖母的离去召唤着容肇祖的四舅邓尔雅归来。四舅邓尔雅一家当时正留学日本学习美术。人生总是祸福相依。如果没有外祖母的病逝，四舅邓尔雅就不会回国丁忧。邓尔雅的归来，对容肇祖兄弟的命运产生了巨大的影响。这是命运的碰撞，仿佛几条细小的河流，在一股无形的力量的引导下，慢慢汇入哗哗流淌的大江大河之中。

虽然容家家学渊源深厚，但容肇祖的父亲容作恭的早逝，使得家学传承与子女教养的重担落在其母亲邓琼宴身上。邓琼宴是邓蓉镜的第三个女儿，她出生之日正是邓蓉镜点翰林赴琼林宴之时，因而取名邓琼宴。邓蓉镜颇为开明，邓琼宴自幼读诗书，识礼仪，通情理，颇有见识。诗书家庭和良好的家境，让邓琼宴饱读诗书，这为她以后成为一个优秀的母亲奠定了坚实的思想和教育基础。爱人撒手离去后，邓琼宴深陷在无边的悲伤里。年轻守寡，面对几个嗷嗷待哺的孩子，不容她沉湎于悲伤的泥潭，她暗暗咬着牙，靠着瘦弱的肩膀独自支撑起一个大家庭。多年后她的长子容庚在《本支世系家传》中曾这样评价她："侍夫教子，极备劳苦，勤俭严毅，子女受熏陶，均克成长。"这样的评价是十分公正的。如果说儿子评价自己的母亲带有浓郁的主观情绪，那么邓琼宴作为一个典型的知识分子母亲，她在几个子女身上的种种付出却是让人动容的。容肇祖回忆说：

> 1909年，我11岁。这年我们兄弟读书的问题在母亲的考虑中。时我的堂侄大鹏因在广州读书，携又老师所批改的国文卷带回，我兄用我们在东莞老师的国文批卷对照，感觉广州老师对于学生启发确有较好的地方，我长兄与母亲商量，因谋往广州读书。

1908年，邓琼宴的四哥邓尔雅归国奔丧，随后没有回日本，而是至广州启明高等小学任教。邓琼宴与邓尔雅商量一番后，为了孩子读书着想，决定举家迁往广州。同时在广州租的房子就在邓尔雅住处的旁边，兄妹两家比邻而居。于是容肇祖兄弟几人入读四舅邓尔雅任教的启明高等小学。邓尔雅教导容氏兄弟读书，一改从前墨守拘泥的习惯，他们大量阅读文学书籍，并习书法和篆刻。后来，容家又迁到广州榨粉街的容氏家塾附近。

四舅邓尔雅的存在，让这个不断遭遇家庭变故、濒临贫寒边缘的六口之家多了一抹亮色。

容肇祖晚年在《我的家世和幼年》中对其母亲的这几次迁居均有记述：1909年全家迁居广州，为的是让子女能读起弟弟邓尔雅任教的广州启明高等小学；1911年迁居榨粉街容氏家塾，这一年容庚考入高等师范附中，容肇新读教忠师范学校，容肇祖入读教忠师范附小。1912年辛亥革命后搬回东莞容家祖屋，请一老秀才在家教书，1913年容肇祖考入东莞中学，容庚、容肇新也插读东莞中学，为方便子女上学，又迁居东莞中学附近。1916年，容庚于东莞中学毕业，弟弟容肇新病逝。

邓琼宴颇有点孟母三迁的味道。她频繁的迁居，除了深知知识改变命运这个朴素的人生道理外，更重要的是因为长子容庚在容作恭去世后，没有帮她分担肩膀上的重担，反而一度沉沦，迷失人生的方向。容作恭去世后，十五岁的容庚嗜赌博，爱好纸牌、天九、麻雀、骰子、象棋等，邓琼宴知道后倍感心痛。这再次验证了这段痛苦而心酸的经历。然而邓琼宴的四次搬家和谆谆教诲，把容庚从迷失的小路上拽了回来。年长容肇祖十三岁的舅舅邓尔雅对容家三兄弟的影响十分大，他充当着命运修正者的角色。邓尔雅性情温和，温文尔雅，才华出众，有过留学日本的经历。他以金石、书法驰名岭南，书法上，工篆隶，刚健婀娜，刻印在南方卓有名誉，名震一时。早在1909年，邓琼宴举家迁居广州时，邓尔雅在文学、书法、篆刻上就指导过容庚三兄弟。1913年，容庚一家移居东莞中学附近时，邓尔雅也从广州辞职来莞任教，就居住在容肇祖家里。晚饭后，昏黄的灯光下，凉凉的晚风透过窗格子在房间里四处游弋着。兄弟几人饭后围着舅舅邓尔雅学习，容庚跟着邓尔雅草创《金文编》；容肇新于书法外，以刻印称；容肇祖则跟着邓尔雅学习写诗。这些弥漫着家庭温馨气息的学习经历为容肇祖日后从文打下了坚实的基础。

辛亥革命之后，邓琼宴带着孩子们回到东莞容家祖屋，在家中请了一位老秀才教导容氏兄妹。再后来，为了方便子女就读东莞中学，又恰逢邓尔雅在东莞中学任教，她便再次搬家到东莞中学附近与邓尔雅为邻。

容庚等兄妹八人在邓琼宴悉心照料下逐渐成长起来，其中以容庚、容肇祖、容媛三人最为杰出。邓琼宴曾教导容氏兄妹"不求做官，但望自立，为社会教育事业多作贡献"。他们三人得以走上学术研究的道路，除了母亲邓琼宴的引导外，也离不开容祖椿以及邓尔雅的帮助。

在邓尔雅的影响下,容庚对金石学产生了浓厚兴趣。随后,容庚便开始研习吴大澂的《说文古籀补》和桂馥的《缪篆分韵》,随之萌发补辑之意,并开始了《金石编》的编撰工作。

二

容肇祖与大哥容庚一样,童年就游弋在书籍的海洋中,自小得到舅父邓尔雅的指导,进入学术门径。大哥容庚成长路上的迷途知返,母亲的用心良苦,年幼早熟的容肇祖看在眼里,记在心里。

1916年冬从东莞中学毕业后,容肇祖为了节省学费,于第二年秋考入广东高等师范学校,学的是英文专业。在广州高等师范学校读书时,容肇祖翻译了国外经典著作,投稿给《小说月报》,并且得以发表。

广州是省会,在那里读书的四年时光,不仅开阔了容肇祖的视野,更加深了他对社会与国际视野的思考。勤于阅读之际,容肇祖还趁着学习的间隙游历了许多地方。在上海、杭州、天津等诸多城市,他目睹了深陷于战火中的苦难百姓,满目疮痍的山川河流,这些让他感到心碎。爱国主义进步思想,让他从苍茫的黑暗中看到一丝微光和希望。1919年夏,五四运动的思想潮流席卷全国,容肇祖在广东高师学习,他积极参加了学校组织的宣传队,到佛山等地宣传爱国思想。

1921年,24岁的容肇祖从广东高等师范学院英文系毕业。毕业后,学校组织安排毕业生到各地参观,费用自理。东莞在高师读书的九个人由东莞明伦堂每人资助一百元。在这次集体参观旅行之余,容肇祖和同学去了上海、南通、扬州、杭州、天津、北京等地方游玩。到北京后,容肇祖借住在一个东莞同乡那里。游玩了这么多地方之后,最终选择在北京住下,容肇祖有自己的想法,他想报考北京大学。北大是当时无数学子向往的地方,不同的思想撞击,让他们领略到自由、民主的魅力。

当时容肇祖借住在黎国材、卢翊租住的房子里。有一天深夜,他们从外面吃完夜宵归来,容肇祖觉得肚子不舒服,盖好棉被和毯子正准备睡觉,轰然一声巨响,房顶忽然坍塌,房顶的泥和砖纷纷坠落在容肇祖身上,幸好有蚊帐的缓冲才没造成大的伤害。容肇祖动弹不得,一股隐隐的痛传递到心里。一旁还未睡着正

在聊天的同乡黎国材、卢翊被这突如其来的响声给震住了,他们循声而来,发现容肇祖已被埋在泥土和砖头里。容肇祖是清醒的,他让同乡帮忙清理自己腿部的泥巴,然后从头部把他从被窝里扶出来。在他们的帮助下,容肇祖才脱离困境。送往医院后,经过检查,容肇祖的眼皮受伤,左手的大拇指被压得严重弯曲。在医生的用力下,只听咔嚓一声,大拇指给硬生生地掰直了。锥心的疼痛瞬间流遍全身,容肇祖此刻想起了自己九岁那年手脱臼,在医生的帮助下治好,同样是疼痛难忍。

经过这次突如其来的厄运,容肇祖担心自己被砸伤的消息如传到千里之外的母亲耳中,会让她担心,于是选择了回东莞。回到东莞后,在友人的介绍下,他进了东莞中学教书。

黎樾廷是一个积极宣扬进步思想的人,他回到了故乡东莞中学担任校长。黎樾廷是广东东莞人,北京大学毕业生,在北大求学期间,黎樾廷受北大教授陈独秀的影响,投身革命活动,积极参加五四运动。1920年毕业回广东后,黎樾廷协助陈独秀,与北大同学谭平山、谭植棠、陈公博等建立广东共产党组织,是广东共产主义小组的发起人之一。1921年年初,陈独秀委派黎樾廷到东莞中学任校长,传播社会主义新思想。

黎樾廷的到来仿佛一股清流,映射出现实世界的守旧和肮脏。黎樾廷这位年轻的校长,不仅带来了诸多进步的教师,还在学生当中掀起了一股学习科学民主的思想浪潮。他积极主张男女平等,男女同校,并付诸行动,招收了东莞县第一批十七名女生。然而黎校长的这个决定在当时的东莞县长眼里却成了离经叛道之举。他迅速被守旧的县长解除职务。容庚和容肇祖作为东莞中学的进步教师,与黎樾廷气味相投,他们在听到这个消息后,颇为愤慨,为了支持校长,他们兄弟俩也愤而辞去教职。

一种深沉而热烈的声音在呼唤着他们兄弟俩前行。

1922年夏天,容肇祖和哥哥容庚一起来到北京,借住在上斜街附近的东莞会馆。这年8月,容肇祖顺利考入北京大学哲学系。

三

1920年,23岁的容肇祖与四舅母的表妹结婚时,千里之外的湖北老河口,湖北女子师范学校的招生广告如飘飞的雪花般落到了老河口女子小学的学生和教师手里。这对于袁书堂家里的侄女而言是一个十分难忘的日子。袁溥之拿着招生广告，兴奋地递给她父亲，她脸上向往的神情暴露了她的真实想法。看着女儿期待的眼神，袁理堂有点犯难了，全家的开销都靠自己，哪里还有钱供孩子去武昌上学。女儿渴望的眼神，母亲看在眼里。"女孩何必躲在家里挑花绣朵，要读书识字，有了学问，像你们的姑姑一样。"母亲的话一锤定音，很快袁溥之和她的表姐宋伯筠分别以第五和第一的成绩考入武昌女子师范学校。袁溥之的成功引来了家人的欢呼声，在袁溥之的影响下，堂妹袁熙之次年也顺利考入湖北女子师范学校。

袁熙之是袁书堂的女儿。袁书堂和他的妻子王坚白都是为国捐躯的革命烈士。许多年后的今天，在武汉袁冲乡袁冲村，袁书堂的革命故事依旧在他故乡的这片热土上传颂着。占地面积约一百二十亩的袁书堂纪念园和占地面积达三千平方米的袁书堂纪念馆鲜活地再现了袁书堂生前的英勇故事。

  1927年被鄂北特委派回家乡光化（今老河口）恢复发展党组织，曾将自家二十余亩地和县城内三间瓦房出卖作为党的经费，历任中共鄂北特委委员、光化县委书记、光化中心县委委员，领导均县、光化、谷城三县的革命斗争。1930年5月4日晚，在研究部署均县、光化、谷城、襄阳、枣阳五县暴动工作时，遭当地民团包围和突袭，袁当场壮烈牺牲。1984年，袁书堂被民政部追认为革命烈士。袁书堂第二任妻子王坚白（化名。婚后改名为袁穆。女儿王鸣皋。袁书堂前妻为朱氏，生下女儿袁熙之三年后去世）亦为老河口人。1927年，在武昌平湖门、陶家巷一带散发传单时被捕，同年12月22日被杀害。

接受过新潮思想熏陶的袁书堂，他的一言一行都深深影响着子女和家人。作为熟读四书五经，曾经也想通过科举来考取功名、实现人生抱负的袁书堂，也经历过一番新旧思想风暴的洗礼。几千年来的科举制度废除后，袁书堂不得不考入湖北警察学堂。在这里，他结交了一大批志趣相投的朋友。可以想象，年轻的他经常会带一些民主革命的宣传手册回到家中，或者邀请一些志同道合的朋友和同学来家中畅谈人生和理想。隔墙有耳，家族中的年轻女性在民主思想的耳濡目染

之下，都率先摒弃千百年来缠足的恶习，以示跟随新思想、新风气的志向。

受父亲影响，袁熙之也积极参加了女师学潮。1926 年参加共青团，1927 年参加中国共产党。父母牺牲后，袁熙之也一度受到迫害，不得不流亡他方。

容肇祖和袁熙之两条命运的线条此刻还没有交汇聚合在一起，他们正等待着时光老人这个媒人的撮合。

入读北大后，容肇祖和哥哥容庚经济上都比较困难，东莞明伦堂按常规资助每人每年 100 元（大洋），同时哥哥容庚在北京大学半工半读，为北大书记（抄写），每月工资 8 元（大洋，当时一般学员每月生活费 6 元，基本够用，书籍自行解决，后月工资增至 30～50 元）。当时北京大学宿舍尚不能全部满足学生住宿需要。容肇祖弟兄俩与广东同乡在北大附近的老胡同北房租了一间房子，自行解决伙食及一切学习生活事宜。1924 年，容肇祖和大哥容庚迁居老胡同一号，一同住的还有其他两个同学。晚年的容庚曾回忆起这段艰苦而充实的求学时光："余始交君时，与弟老胡同，屋小如渔舟，每当严冬栗烈，炽一煤炉，火光熊熊，御裕衣，怡然自乐。"（《生春红室金石述记》）由此可见，感情甚笃的兄弟两人在异乡都很努力，对彼此也很关心。1925 年，容肇祖和哥哥容庚迁居沙滩居住。1926 年夏，容肇祖从北大毕业。

入读北大后，容肇祖一心想在求学期间做一点学术。民国时期，北大国学大师甚多，容肇祖一边积极听课，一边博览群书。

在北大，容肇祖的治学思想受胡适和陈垣的影响很大。"有一分证据说一分话"的观点深深影响着他。在上大学二年级的时候他曾经在胡适的指导和推荐之下发表了很多文章。胡适与夏鼐在 1948 年 4 月 2 日深夜聊天，聊及自己学问的传人。胡适这样讲道："教了三十年来的书，没有教出一个可以传衣钵的徒弟出来，实在大部分上课听讲的学生，不能算是徒弟，真正可算徒弟的，只有罗尔纲君。""至于思想史方面的传人，似无其人，勉强或可算容肇祖君。"思想史（哲学史）乃胡适始终从事的主要研究领域，传人竟难得其选，亦出乎意料。话语间，胡、容的思想史师承虽可确定，但似乎未至十分满意，透露出别有内情。

容肇祖很早就显现出自己的书生风骨，在治学和追求真理的路上一直坚持独立思考，绝不会因为对方是自己尊重和仰慕的老师，而盲目跟从，全盘接纳。1936 年，胡适在他的《中国哲学史》中提出《论衡》中有许多伪作。为此，容肇祖查阅资料，专心研究一番后写了《〈论衡〉中无伪篇考》，容肇祖忐忑不安地把自己写好的稿子递给胡适。胡适看了大为欣赏，为他敢于质疑的学术精神喝彩，还鼓励他把文章发表在《国学季刊》上。

容肇祖能够娴熟地运用古代文献典籍来层层考证自己的学术观点，逻辑清晰，十分严谨。这种做学问的习惯与容肇祖年少时的求学环境有着紧密的联系。

1923 年，容肇祖作为北京大学二年级的学生初露锋芒，其才华得到了众多大家的欣赏。容肇祖铁肩担道义，他以笔为武器，向黑暗世界宣战。1925 年，彼时政治昏暗，弥漫着白色恐怖，在胡适的指导下，容肇祖借阐述明末以张溥等为首的一批文士，建立以"兴复古学，务为有用"为宗旨的"复社"，阐明它产生的背景、经过、与东林学派的关系、组成人物及作用，指出它作为当时知识分子在特定历史条件下组成的政治组织，是时代的需要，引古讽今，借以抨击军阀剥夺人民言论、结社自由。《述复社》这标题也是经胡适改定的。文章发表后得到著名学者亦是乡贤张荫麟的高度评价，并在《清华学报》上著文推荐。

胡适虽然是自己的老师，但容肇祖并没有为唯其马首是瞻。比如胡适对明代学术思想抱有偏见，认为从总体上说贫乏不深刻。容肇祖在钻研黄宗羲的《明儒学案》之后，不同意胡适之见，随后十多年，他遍读《明儒学案》，并有意搜集关于明代思想人物的书籍。

  多年后的 1985 年，在世界上享誉很高日本哲学史家、京都大学名誉教授田虔次应中国哲学史学会之邀到北京进行学术交流，在北京大学临湖轩的一次座谈会上，当他得知父亲也在座的时候，立即到父亲座前深深地鞠了一躬，说他自己的学术思想和学术成就深受父亲在 40 年代出版的《明代思想史》影响，坚持要以弟子礼进行拜师。父亲才让众人对他刮目相看。

比如张学良的好友莫德惠在一次探望张学良时，得知被软禁十多年的张"对我国明史学者王崇武、容肇祖及翦伯赞三氏，均极推崇，且愿能与三氏交换有关明史诸问题之意见"。由上可见容肇祖《明代思想史》的影响力。

容肇祖研究明代思想史，与胡适有着很大的关系。彼时，他在北大读书时，胡适曾跟他说明代的思想内容不丰富也不深刻。容肇祖思考了一番，却不以为然。他认为明代的思想史不仅内容很丰富，而且内容也很深刻。他从黄宗羲的

《明儒学案》入手。

黄宗羲的《明儒学案》虽好，但毕竟是两百多年前的作品了。随着时光的流逝，人的思想和认识都发生了很大的变化。我从孔夫子旧书网购得的这本1941年出版的《明代思想史》，从竖排的繁体字里，依稀能嗅到那个时代的气息。在自序里，容肇祖以刻舟求剑这个故事来比喻时光流逝下历史认知与思想的变化。为了让自己的研究更加系统化、更加全面，容肇祖茶余饭后流连于各书坊、各图书馆、各家藏书中。为写《明代思想史》，容肇祖从大学时开始有意识地搜集资料，时光流逝，十多年后的1937年，资料搜集得差不多了，他开始撰写。而后又四年写好，于1941年出版。

> 所搜集的材料，计已不少，亦颇有出于黄氏所据之外，为黄氏所未见或未注意者。我很愿日夕细读各家著作，细大不遗，一家既毕，再看他家。其值得注意的述之，不值得注意的，放之过去，做成客观的叙述，使前人的思想，明白的显现在我们意识之前。由此一个朝代的思想，或者大概可以整理出来。（《明代思想史·自序》）

就是在这段颠沛流离的日子里，容肇祖完成了自己的《明代思想史》。1940年8月6日是一个值得庆祝的日子。也就是在这一天深夜，他提笔写完了此书的自序。这是一本在国际上颇有影响力的著作。在昆明落索坡的唐母祠，容肇祖给这本具有史学意义的著作画上了一个圆满的句号。

明代思想史是容肇祖学术研究的重点。东莞文史专家李炳球说，容肇祖研究明代思想，以黄宗羲所著《明儒学案》为重要参考，但也十分重视有关东莞的学案，著有《补明儒东莞学案——林光与陈建》一篇，刊《禹贡》杂志，此次后收入其全集。容肇祖认为，陈建学术上的最大贡献，是对朱子的学问思想的先后次序的阐明，并说明朱学和陆学的不同之处，辨明王守仁《朱子晚年定论》中立论的根本上错误。此后容肇祖又写了黄绾、何心隐、焦竑、潘平格、吕留良等人的思想，这些均为《明儒学案》中不载或载之不详者，相比之下，全书显得更为系统和周详。

《明代思想史》，是一本在战乱中写就的经典。

四

1926年，三十岁的林语堂在厦门大学校长林文庆长子家里避难。得知厦门大学要筹建国学研究院时，林文庆长子向其父亲大力推荐林语堂担任院长，林语堂不得不答应下来。当时"三一八"惨案刚发生不久，北京大学的运营陷入困境之中，许多北大的教授纷纷逃离北京。厦门大学正巧处于急需名师名人之际，在林语堂的帮助下，大半个北京的文化名人都被拉到了厦门大学，其中有周作人、顾颉刚、鲁迅等社会名流。厦大能邀请到鲁迅前来任教，得益于林语堂。在北大时，林语堂与鲁迅私交甚好。鲁迅当年9月抵达厦门码头时，林文庆校长曾率师生一百余人前去迎接，由此可见鲁迅当时的影响力，可谓文坛领袖一般。容肇祖则是顾颉刚邀请过来的。

鲁迅在厦门大学待了四个月，就离开去了广州中山大学。纵使林文庆校长百般挽留，请了几次挽留宴，但鲁迅去意已决。广州有他朝夕思念的意中人许广平。许广平当时在女子高等学校担任教务主任。鲁迅抵达广州后，她很快就成了鲁迅的助理。

大学几年，容肇祖与顾颉刚已有了颇深的情谊。1926年夏季，容肇祖从北大毕业后，回到了老家东莞。不久接到顾颉刚的邀约，邀请他去厦门大学研究院做编辑。容肇祖接到信后以为只是做编辑，而不是教书，就委婉拒绝了。随后顾颉刚复信说，不仅是做研究院编辑，而且还担任国学讲师，教先秦诸子。容肇祖自然欣然前往。他与顾性情相投，兴趣相同，两人亦师亦友。闽粤一水之隔，离家里也近。容肇祖收拾好行李，作别母亲，赶往厦门。到汕头时遭遇暴雨和台风，路程又停歇下来，望着苍茫的雨和窗外呼啸的风，容肇祖不由得想起风雨飘摇中的华夏大地。辗转颠簸，一直到10月16日，他才顺利抵达厦门大学报到。

在厦门大学任教了一个学期，意气风发的容肇祖正准备好好施展自己的教学理念时，却得到了国学院停办的通知。厦门大学创办人陈嘉庚经济陷入窘境，学校的经费一下子不知从哪里筹集。厦大国学研究院被迫停办。

此时，顾颉刚先生受中山大学聘请，于翌年夏天到达广州。他曾到容肇祖的故乡东莞县城隍庙，仔细研究探询，并绘制了《东莞城隍庙图》。顾颉刚每到一处都不放弃学术研究的治学态度深深影响着容肇祖。

在林语堂和顾颉刚的推荐下，容肇祖加入中山大学教师的队伍中。当时鲁迅在中大担任教务长，容肇祖在中大担任国文系讲师兼哲学系讲师。

此时刚从大学毕业的容肇祖，已发表论文多篇，初露峥嵘，当鲁迅得知他正研究魏晋哲学时，主动将自己尚未付印的《嵇康集校本》（手抄本）借阅给他，这就有助于后来完成《魏晋自然主义》一书。1927年鲁迅任中山大学教务长，特邀请容肇祖任该校预科国文系讲师兼哲学系讲师，又将自己编写好的尚未付印的《汉文学史》讲义借与参阅，这对他后来完成《中国文学史大纲》又是一助益。

容肇祖的一生曾经三进三出中山大学。这是其毕业后第一次在中大任教，担任预科国文系讲师并兼在文学院哲学系讲授中国哲学史课。容肇祖离开厦门大学一个月后，顾颉刚也离开厦大来到了中大。顾颉刚本想暂时借住在傅斯年的宿舍里，但傅暂时不在，他就住在容肇祖的房间里。两人满怀憧憬地商量着创立《民间周刊》。《民间周刊》的创立，无形中促进了容肇祖在民俗这一领域的研究。后《民间文艺》改名为《民俗周刊》，刊名更改后，显得更加大气，也更包容万象。当时一直都是钟敬文在主编这个刊物。

一年后，中大戴季陶校长因看到钟敬文主编的民俗丛书中出现了一些比较猥琐低俗的歌谣，愤而把主编《民俗周刊》的钟敬文解聘。随着钟敬文被解聘，一时间刊物陷入无人管理的状态。由此，顾颉刚力荐容肇祖接任《民俗周刊》主编。容肇祖上任后，对刊物进行了大刀阔斧的改革，首先将传统的竖排改成了适合阅读的横排。他着手策划和编辑了许多期《民俗周刊》专号，一期期下来，刊物的影响力慢慢形成，学术气息纯粹而浓厚，成为众多民俗专家和学者争鸣的地方。容肇祖对民俗学有着浓厚的兴趣，他的纸上文章都建立在细密的实地调查基础上。

容肇祖比顾颉刚小五岁。顾颉刚1920年北大毕业后，留校任教，在北大研究所国学门做助理，并编辑《国学季刊》《歌谣周刊》，1925年又编辑了《北大研究所国学门周刊》。两年后，容肇祖考入北大哲学系，他的哥哥容庚在北大研究所国学门做研究生，与顾之间相当于师生关系了。

容肇祖从东莞中学毕业后，因家境穷困，考取了广州高等师范学校英文系。

在学校期间，他就翻译了果戈里的小说，并投给当初的《小说月报》杂志发表。年少时受四舅邓尔雅的指引，他慢慢走上了学术研究的道路。容肇祖到学校后，因为给这三个刊物投稿，跟顾颉刚建立了编辑与作者之间的友谊。这种因文字而相识的友谊比较纯粹。

容肇祖对民俗学的浓厚兴趣受顾颉刚的影响比较大。顾颉刚对容肇祖的学识以及勤奋苦学的态度也颇为欣赏。顾颉刚的治学态度和思想对容肇祖日后的学术研究方法产生了很大的影响。民谣和民俗的传播随着时代和地域的变化而不断变化着。一个相同的故事在不同的历史阶段，因为各时代统治阶级的政治需要而进行了修改、删减以及新的演绎。底层人民和文人根据情感诉求也进行了新的演绎。因而在顾颉刚眼里，古史并不一定都是真实的，而是层累地叠成的、合乎需要的故事新编。既然是故事新编，那么在对古史去伪求真的过程中，则需要严谨而科学的治学态度，需要从众多芜杂的史料里，火眼金睛地辨别真伪。

一九二五年四月，我曾和顾颉刚先生、常惠、孙伏园、我兄容庚等一起参观妙峰山。那时大家都很年轻，在学术研究上又有共同的兴趣。大家约定参观之后，各写一篇文章。正是春光明媚的晴天，顾先生游兴勃勃，他走路比大家都快，沿途细心观察，了解进香者的神情、动作，有时和进香者漫谈，为了深入无拘束的畅谈，还为进香者照相，借以深入地了解情况。顾先生还十分详尽地抄录沿途树立的进香碑记全文，他忽而在前，忽而在后，对碑搜集无遗，对民间风俗信仰以至进香者沿途叩拜的情态，都详细地记录。那一次调查妙峰山记游，后来《京报副刊》出有专号，特别是顾先生的文章，是一次别开生面、具有时代意义的调查。

顾颉刚对于搜集民间文艺以及风俗、习惯、迷信等调查的指导思想，据他自己说："在我们眼光里，只见到各个的古物史料，风俗、物品和歌谣都是一件东西，这些东西，都有它的来源，都有它的经历，都有它的生存的寿命，这些来源、经历和生存的寿命，都是我们可以着手研究的。……因为它们能够清楚地表现出历史的情况。"（《北大研究所国学门周刊》，一九二六年《始刊词》）

容肇祖对民俗学的兴趣还受到刘半农的影响。1925年，刘半农从法国留学回来后，在北大担任语言学的教授。容肇祖曾跟刘半农学习语言学。刘半农是当

年北大"歌谣征集运动"的发起者,由歌谣征集而引发的民歌、民俗以及方言的研究由此登堂入室,正式进入研究者的视野。刘半农为了搜集民谣民歌,曾经三次特意回到江苏江阴老家,好酒好菜款待民间艺人,听他们唱歌。我想,刘半农的这种治学态度无形中影响了容肇祖。

1929年,局势愈加动荡,顾颉刚离开中大,去了北京。顾颉刚这个主要领导者走后,《民俗周刊》一下子陷入困境。

1930年,容肇祖从中大离职,在高等师范学校老师杨寿昌的推荐下进入岭南大学国文系任教。两年后,因岭南大学校方与董事会发生矛盾,致使办学经费陷入困境,学校大量裁员。容肇祖因为工资待遇颇高,无奈也被裁。在陈中凡的推荐下,容肇祖又回到了中大教书。随着容肇祖的重新回归,《民俗周刊》继续办了起来。一年后,中大没有续聘容肇祖,容肇祖只得离开,《民俗周刊》再次被迫停刊。容肇祖在老师杨寿昌的推荐下再次进入岭南大学。

正是酷热的夏季,一日遇到回广州办事的北大老师陈垣。陈垣素来颇为欣赏容肇祖,得知容肇祖在广州转校任教频繁后,询问他是否愿意去北京,北京作为全国的文化中心,做学问比在广州要好很多。容肇祖欣然同意。随后在陈垣的推荐下,容肇祖去了北京辅仁大学任教。辗转颠簸,容肇祖又回到了熟悉的北京。

容肇祖与陈垣师生情谊浓厚。陈垣曾写信盛赞容肇祖"粤中后起之秀,以东莞为盛"。容肇祖曾写信陈垣请教孔尚任的卒年。容肇祖研究《桃花扇传奇》时,陈垣又寄给他姚大荣的《马阁老洗冤录》。他们书信往来频繁,由此可见师生情谊。1933年5月,容肇祖任辅仁大学副教授。1935年,日军侵略北京的消息甚嚣尘上,在香港大学国文系任主任的许地山邀请容肇祖去做讲师,但容肇祖婉言拒绝了。他刚到辅仁大学任教不久,如此再匆匆离去,他怕伤了老师陈垣的心。

1934年,容肇祖到辅仁大学任国文、历史、哲学三系的副教授。这期间,他遍读明朝以前诸家著作,掌握学术源流、时代背景和对后世的影响,取材广博,梳理严谨。按照明代不同学派展开,考证源流变化,论述思想实质,撰写了一部拓荒性的断代学术思想史著作《明代思想史》,因为此书,容肇祖一举成名,被学界誉为"里程碑式著作,断代哲学史的典范"。因容肇祖对明代思想史的开拓性贡献,他被后人尊称为"明代思想史的泰斗"。

在辅仁大学任教后,因要加入教会,与自己观念相悖,他便断然离开辅仁,在胡适的推荐下终于进了北大任教。

五

这是冥冥之中的缘分，当容肇祖进入北大任教时，袁熙之也来到了北平。两条本无可能交汇重叠的平行线有了认识的可能。

1934年，袁熙之北上北平照顾患病的二姐袁震之。袁震之是袁熙之的堂姐，1925年以优异成绩考入武汉大学，因交不起学费，不得不到湖北女子师范学校当职员。1930年，她又考入清华大学。

她一入清华，便发表了《武则天》《中国地名考》等文章，让吴晗这个关在书斋的学者觉得耳目一新，十分倾倒。由于袁震之较早接受马克思主义的影响，加上她博闻强记，思路开阔，在吴晗专攻的历史学领域，往往能依据历史唯物主义观点提出独到的见解，这一切使吴晗非常佩服。多年以后，吴晗对妻姐袁溥之说：震之对我倾向党、倾向革命、皈依马列主义起了很大作用！

当时袁震之除身患肺病之外，又不幸染上了骨结核病，被一副石膏壳固定在病床上，饮食起居都不能自理，但没想到书生意气很浓的吴晗不顾母亲反对，与她结为连理。姐夫吴晗对情感的专一和执着深深打动着袁熙之。

初到北平，人生地不熟，在姐夫吴晗的朋友介绍下，袁熙之到北平交通大学做了图书管理员。图书管理员的职务比较轻松，上班之余，能照顾好二姐震之，还能挣取一些医药费和生活费，让生活有了基本保障。此时，战争的炮火已经燃烧到各个角落，全国容不下一张安静的课桌。在时代的浪涛里，那些以治学为主、颇有风骨的大学教授们纷纷跟随国家的脚步前往长沙。刚刚担任北大哲学系副教授的容肇祖，开始了颠沛流离的教书治学生涯。1937年的深秋时节，由北京大学、清华大学、南开大学在长沙组建成立了长沙临时大学，容肇祖随学校来到了长沙教学。"国破无家失自由，登高何地属神州？青山不必人经老，风雨连天即白头。"这是容肇祖1937年随学校迁徙至湖南衡阳时所作的一首诗。这首七律诗既有山河破碎的心痛，也有个体生命的无力感。作为一介书生，容肇祖自然深知在动乱时代，坚持治学的不易和难能可贵。只有通过自己的坚持教学，才能为眼前苍茫的黑暗带去一丝微光。诸多如容肇祖般的教授为黑暗岁月里的教育事业点亮一盏微弱的灯火。

然而在长沙，平静的日子还没有过几天，日军的飞机便整日盘旋在长沙的上

空,朝下面展开了猛烈的轰炸。1938年2月中旬,长沙临时大学分三路迁往昆明,4月改名为西南联合大学。像一尾尾逆流而上的鱼一般,容肇祖随着来到了昆明。容肇祖在云南昆明并不孤单,1938年10月,顾颉刚也来到了昆明,在历史系担任教授。战乱时代,危机重重,两个老友同在一个城市,彼此相互取暖。顾颉刚和他的爱人非常关心容肇祖的婚事,经常出谋划策。

说到婚姻,容肇祖曾经与他四舅妈的表妹结婚,后因性格不合,两人于1934年离婚了。容肇祖不知道,当他年逾四十,还在为结婚的事情着急时,一个人却悄悄地来到了他的身边。

此时,袁熙之随吴晗、袁震之夫妇也来到了西南联大,并在联大当速记员。

容肇祖没想到在西南联大的时光里,爱情的光芒会降临到他的身上。容肇祖与袁熙之如何相识相恋,我们已无法考证。在西南联大的日子,容肇祖与袁熙之相识。在吴晗夫妇的牵线下,1939年初,两人结婚。

六

许多年后,容肇祖去世了,袁熙之老人深陷在悲伤的泥潭里无法自拔。每每与容肇祖的学生讲起他们五十五年的婚姻生活,她总是泪流满面。往事历历在目,浑浊的泪溢出眼眶,流淌在沟壑纵横的脸上。容肇祖与袁熙之共同生活了五十五年,一万多个日日夜夜,他们从没发生过口角,彼此搀扶着到老。"尤其是1958年我受到不公正待遇,他不但没有对我责怪,而且十分理解我,比以前更关心我、体贴我,我常说是我连累了他,他每次都笑着说,家人不能这样讲,不能分彼此。"

相同的性格和气息磁铁般相互吸引,让容肇祖和袁熙之走到了一起,成为终生的伴侣。

春去夏来,空气中裹着丝丝热意。1940年暑假,容肇祖带着怀孕的妻子袁熙之前往香港看病。容肇祖与袁熙之结婚后,在思想上也有了些许变化。早年厌恶政治、性格沉默寡言的容肇祖,在不断的颠簸和逃难中,对社会的黑暗与政府的无能腐败有了更为深刻的体会。婚后一年,袁熙之怀孕了。当时正处于战乱时代,昆明的医疗条件比较差,没有做大手术的医疗设备。叶落时节,容肇祖请假,欲携带妻子去香港就医。容肇祖想乘坐滇越铁路先到越南海防,然后在海防乘坐轮船前往香港。世事难料，没想到夫妻俩刚抵达越南海防，却被告知由海防通往香港的航道已不通了。日军侵犯越南的举动愈来愈明显，许多商船不敢下水远航。一时间，夫妇俩进退两难。危急时刻，容肇祖得到了广东高等师范学校的同学的帮助，这个同学恰好在越南工作。容肇祖在同学的帮助下，食宿得到了解决。被围困近一个月后，航道终于疏通，夫妇俩才乘船抵达香港。香港时由英国管辖，日军尚不敢攻占。相比国内其他动荡不安的城市，此刻的香港还一派祥和，市民们沉浸在日常生活的悲喜之中。温暖的阳光洒落在每个人身上，有人发现不远处的天空出现了一团阴霾，笼罩在头顶。第二年，孩子出生后，国内局势愈加动荡，看着刚出生的婴儿，容肇祖的心情应该是悲喜交织的吧。从香港回昆明的西南联大，路途遥远，携妻带子，无法成行，放下妻儿独自前往又有违天理。产后的妻子身体正虚弱，刚出生的孩子嗷嗷待哺，正是需要他在身边照料之时。既然无法返回西南联大，容肇祖就只得在香港留下来。为了养家糊口，他担任了迁入香港的岭南大学国文系教授。抗战时期，不少国内著名高校纷纷迁往西部。岭南大学作为私立学校，没有跟随政府西迁，而是在广州沦陷时迁徙至香港，借用香港大学的场地继续办学。1938年，随着广州的沦陷，香港的命运岌岌可危，笼罩在香港上空的阴霾越来越浓。在岭南大学任教后，日子仿佛恢复了固有的平静，容肇祖在学校安心教学，回到家一心一意照顾妻儿。几个月后，战争的阴霾浓如墨汁，恐慌的气息弥漫着城市的各个角落，日本很快就发动了进攻香港的战争，一架架飞机在城市上空飞旋着，发出刺耳的轰鸣声，一排排炸弹从飞机内扔下来，疾速朝下坠去，很快，地上传来震耳欲聋的炸裂声，伴随着撕心裂肺的哭喊声。人们在枪林弹雨中奔跑着，争相逃命。1941年12月25日，香港完全沦陷。沦陷之际，岭南大学校长李应林率领学校的师生一路颠沛流离，来到韶关继续办学。

逃亡的人群密密麻麻，曾经喧嚣热闹的香港一时间成为一座空城。容肇祖携妻带儿，夹杂在拥挤的人群中，往故乡东莞的方向奔去。连夜颠簸，容肇祖带着妻儿回到了熟悉而又陌生的故乡东莞。站在祖屋前，看着院内的点点滴滴，那些远去的时光清晰而模糊地浮现在眼前，挥之不去。容肇祖在给朋友的一封信中说道："弟前岁自昆明联大告假回香以内子生产，改就岭南大学教席。香港事变后，弟已逃回东莞常平乡，非沦陷区。本拟日间由惠阳转曲江赴坪石，但旅费不足，又恐到坪石后，未有职业，生活无从。至直赴昆明，则旅费更重，非弟力量所能

及。"此时容肇祖剖宫产的长子容伊刚刚出世，容肇祖拖家带口，生活困顿，连迁家的旅费都成了问题。到家稍作休息后，容肇祖和妻儿又踏上了前往粤北韶关的路。彼时中山大学已迁至粤北坪石，容肇祖此番就是要前往担任历史系的教授。

这是容肇祖第三次进入中山大学这所历史名校任教，兜兜转转，他与其有着很深的情缘。

许多年后的今天，温暖的午后，驱车四个多小时来到坪石罗家头十字路口的铁岭下，默默地凝视着眼前这栋两层灰旧的老建筑，那些久远的岁月就慢慢浮现在我眼前。一楼的残破的门窗依旧带着些许西式风格的余韵，二楼的墙壁在时光的腐蚀下，部分已经剥落。远处残垣断壁所在的地址就是当初中大建筑系的办学地址。眼前这栋毫不起眼的老建筑就是当年中山大学文学院在坪石办学的旧址。

两三年时间里，中山大学频繁的搬迁史折射出日寇不断侵略和进攻的进程。1938年10月中旬，日军入侵广东，广州迅速沦陷，充满烟火气息的城市一下子血流成河，在炮火的攻击下，城市变得满目疮痍。中山大学奉命前往战局比较稳定的罗定，一个多月后局势发生巨变，又迁往广西龙州，之后又改迁云南澄江。1940年，抗日战争进入相持阶段，战线比较稳定，广东当局认为日军兵力不足，进占粤北的可能性不大，为照顾本省及邻省青年学生入读大学，因而要求中山大学迁回粤北地区。这年秋天，落叶飘飞之际，中山大学从云南辗转颠簸一千余公里，来到粤北韶关的坪石镇。

坪石虽是古来湘粤重镇，但毕竟只是巴掌大的乡村，各学院不能集中在一处办学，遂以村为单位，在坪石镇周边分散到三星坪、武阳司、塘口等地，校本部位于坪石老街，文学院则在离校本部不远的铁岭。这样分散办学能降低日寇入侵时带来的诸多风险。

容肇祖这次进中大，补的是罗香林的缺。中大人事处的一份文件特别说道："查文学院历史学系教授罗香林先生迄今尚无返校消息，所任必修科目中国史学史、断代史尚乏人讲授，顷得前史学系教授容肇祖先生来函，知已自港逃出，回东莞常平乡，当可返校任教。容先生在本校历史甚久，曾担任中国语言、哲学、历史各系科目有年。"容肇祖除任历史系教授外，还兼师范学院史地系教授，月工资是360元，1942年3月起计薪。

1942年容肇祖重返中山大学，作为历史系教授，讲授中国史学史、中国思想史、中国断代史（殷商之部）等课程。在战火纷飞的情况下，容肇祖重返中大任教，其心情可想而知。

容肇祖所授课的文学院位于坪石街头铁岭。这里原先是一座小山冈，是之前开筑坪石至连县公路的工程办事处，建有数座西式平房，但久已不用而显得破旧。文学院搬进后，将旧房舍修葺，添建数座木棚课堂、宿舍、膳堂及球场，却也五脏俱全，颇为优雅。

杉树皮做屋顶，一片片竹片钉起来，串联在一起，当作墙壁，用树木和竹子搭成的房子成了学生的宿舍和上课的教室。绿竹青青，青色的竹子搭成的房子遍布武江两岸。竹子的颜色与青山绿色混杂在一起，无形中形成了绝佳的保护色。晨曦初露之时，响亮的读书声响彻山谷。

一望无垠的稻谷在阵阵微风的吹拂下散发着金黄的色泽。上课之余，恰逢农忙时节，中大的师生也会帮忙给村里收割稻谷。在这偏僻的小镇，时光仿佛停滞下来。金黄的稻谷和袅袅炊烟让人顿生世外桃源之感。但这一切都是表象和幻觉，他们时刻要面对日军的偷袭。

在坪石教书时条件艰苦到了什么程度，容肇祖在晚年的回忆中有清晰的描述。在逼仄狭小的出租房里，一墙之隔的厨房里，浓浓的黑烟和恶臭的气味混杂在一起，朝身体羸弱的容肇祖袭来。

> 租一小屋，仅能放一床一桌，床的后面仅隔一板壁，是房东老人的猪圈，厨房无窗，煮饭、煮猪食、煮饭菜的烧柴草，黑烟加臭气俱来。生活在困穷中，卫生条件无法改善，1943年夏，我患病，镇上缺医药，医生误诊为恶性疟疾，病日加重。家人促往乐昌中大医校附属医院，到医院后，几死而获再生。

贫病交织是容肇祖当时生活境况的真实写照。纵然情况恶劣，在坪石这段艰苦甚至险些丢掉性命的时光里，容肇祖依旧诲人不倦，耕耘在一线岗位上，并且出版了《三晋法家思想》《先秦法家》两本专著。每个字后面都凝聚着他的心血。

死亡的阴影不仅仅来自疾病的侵袭，还来自恶狼般的日军的频繁扫荡。坪石时期，容肇祖几度死里逃生，均在其自传中述及。

坪石虽然地处偏远，但紧邻粤汉铁路。日军为了攻占当时的广东省政府的暂时驻地韶关，打通粤汉铁路，分别于1939年12月、1940年5月、1944年11月发动了三次大规模的向粤北进攻的战役。第三次粤北战役，日军攻占了韶关，打通了粤汉铁路，广东省国民政府被迫向西部山区迁移。坪石是粤汉铁路株韶段入粤的首站，地理位置十分重要。

整个抗战时期，尤其是广州沦陷后，广东当局开辟多条进出口运输线，打破敌人在粤的沿海封锁线。运输大都通过韶关中转，经粤汉铁路将物资源源不断地运往西南、西北后方，活跃了湘南、赣南、粤北、粤东的经济。粤汉铁路在军事上发挥了极其重要的作用。长沙会战中，借助粤汉铁路，粤军迅速奔赴长沙，遏制了日军进攻步伐，稳定了战局，为固守待援、培养战力的当局政府赢得了宝贵的时间。粤汉铁路粤北段成为抗战大动脉，一直是中日双方争夺的战略目标。1938年广州沦陷后，国民政府下令拆除韶关以南的铁轨，防范日军自广州通过粤汉铁路快速进击湖南。第三次粤北会战初期，守军奉命拆除了乐昌至韶关的铁轨。

在日军多次发起的粤北战役期间，中山大学的不少师生因此而牺牲。日军来势汹汹地跑到村子里杀人放火，无恶不作。

初到坪石教学的容肇祖就几次遭遇了日军的来袭，险些因此丧命。日军于1944年12月发动第三次粤北战役时，大批日军进村扫荡。对于这段死里逃生的经历，晚年的容肇祖有过深刻的回忆："我们逃至河对岸莲塘村，日寇亦接踵而至。我两次被日寇拉夫，挑他们所抢的衣物、被服、粮食等。我在他们贪婪、野蛮的抢掠中，两次冒死逃脱。同时被俘的李乾亨教授死于九峰路旁。乡村不可居住，复回坪石镇。一天深夜，约伴从坪石向非沦陷区连江三江镇逃奔，步行百余里，还要提携四岁和仅满一周岁、七个月催生出世的多病婴儿。夜宿破庙，幼儿饥渴哭啼，又恐惊来匪徒，境况悲惨。"

"从东莞到坪石，是一段艰苦的历程。我和弟弟当时还小，走不动路，父亲就请了一个挑夫帮忙，把我和弟弟用两个箩筐挑着。路上我和弟弟坐在箩筐里，听着挑夫唱那些船家的歌，听了一路，令我印象很深刻。到了坪石之后，父亲就到学校去上课，我们一家住在离学校有点距离的一个村子里。当时日本人的军队已经逼近粤北。我父亲在学校也遭遇过险情。有一次日本军队冲到学校里，把我父亲和几个老师抓住了。当时枪口顶在他们胸前，幸运的是，父亲的一位同事会讲日语，和日本人说了些什么，日本人就走了。父亲也逃过一劫。"容肇祖的儿子容伊晚年这样回忆道。这段文字十分鲜活地再现了当初逃亡的情景。

一缕强劲的阳光冲散了天空的浓浓的阴霾，胜利的曙光已经来临。

抗战胜利后，中山大学复迁广州，容肇祖随校迁回，任历史系教授。这时，国共两党矛盾上升为主要矛盾，不久国民党迫害进步师生的案件频频发生。容肇祖教授对国民党特务的倒行逆施，极为愤慨。当学生起来组织"人权保障大同盟"时，容先生积极支持，签名发起并领导历史学学生参加，同时在文学院演讲中国学生运动史，撰写《范滂》和《五四运动》等文，鼓励学生参加民主爱国运动。

1946年5月，香港《华商报》在广州的代理处和书店被特务捣毁和抢掠，容肇祖写信慰问，并附诗一首，又送去2000元抗议反动派的行径，作正义的支援。7月15日，闻一多先生被惨杀，容肇祖在文学院教授会上提议致电吊唁，未获通过，他便与李笠致快信吊慰闻氏家属。因此，容肇祖教授被特务们列入黑名单，幸得友人相告，他于深夜携带妻儿去了北京。

七

在四面墙壁都摆放着书籍的房间里，一个老人伏在房间的案上奋笔疾书。时而，他的目光离开书籍，凝视着远方，陷入深深的思索中；时而他像是想起什么，徘徊在书柜之间，寻觅着书籍。夕阳的余晖透过窗格子照进来，映射出他那张沟壑纵横的脸。一直到暮色完全降临，家人叫他去吃饭，他才抬起头，从遥远的世界抽身，起身离开。

这个老人就是容肇祖。我在其子写的回忆录里看到了容肇祖暮年平静而充实的读书生活。这是一个书生的真实面孔。安静地读书做学术一直是容肇祖期待的生活方式。随着战争的结束，曾经颠沛流离的日子也随之烟消云散。

中华人民共和国成立后，日子看似平静，却暗流涌动。"文革"中，当许多人走向人性丑恶的一面时，容肇祖却用自己的行动显示了作为一个文人的风骨。1949年前，因与吴晗是连襟关系，又同是研究历史的，两人过从甚密，关系甚好。吴晗当北京市市长后，容肇祖觉得一个人当了官总会有点官架子，因而慢慢疏远了吴晗。当身边的人都去巴结、靠近吴晗时，作为妹夫的容肇祖却选择了远

离。这种风骨是难能可贵的。"文革"期间,吴晗被迫害,他的儿子无人看管。此时,容肇祖却没有任何顾虑地把孩子接到家中,照顾孩子的起居。

容肇祖最珍爱的东西是古籍,他这一辈子就是在书海中漫游度过的。他家里房间的四面墙都摆满了他酷爱的书籍。一直到离开尘世前,他依旧在读书写作。

容肇祖这种安静读书的生活方式是他高寿的主要原因之一。

在同代人当中,容肇祖属于高寿。生于1897年的他于1994年离世。容肇祖的高寿与他淡泊名利的心态紧密相连。年幼时家庭接二连三的变故无形之中给予他对命运重压坚硬的承受力,大学毕业后在战乱中颠沛流离的教学生涯则让他更加体会到生命的疼痛与温暖。遇到事情,他不过于悲伤也不过于喜悦,大有不以物喜不以己悲的味道。这是命运的馈赠。当然,容肇祖也深知生命在于运动,强壮的体魄离不开日复一日的运动。研究学术废寝忘食的他虽然终日与冷板凳为伍,很难想象,九十二岁的他依然每天步行两三公里去买菜。他不抽烟不喝酒,早睡早起,生活作息十分规律。

人不是一瞬间苍老的,而是日复一日一点一滴衰老的。坚硬的骨头变得疏松,乌黑的头发慢慢变白。1993年11月,空气中开始有了些许凉意,枯黄的树叶随风飘落在地。九十多岁的容肇祖行走时不慎摔倒在地,咔嚓,骨头破碎时发出的细微声在他耳畔响起。

亲人焦急地把他送到了医院,人工关节置换手术十分成功,然而他终因手术引起心肺并发症,病情日益恶化。妻子儿女日夜陪伴在他身旁。年逾九旬,容肇祖早已把生死看淡。"我对生死早已置之度外,但仍希望再活三年,看到香港回归之日,那时再去就无憾了。"言语间流露出浓郁的家国情怀。"再给点时间,把一些文章写完就好了。"容肇祖至死依旧执着于学术的精神不能不令人动容。

"拾寒琼于芳草,著潜德之幽光。"容肇祖的骨头已化为灰烬,然而他精神的傲骨却长久地闪耀在莞邑这片土地上。

(周齐林)

第七章　烟波深处

一

吴壮达在粤北乐昌县的坪石镇至蕉岭县的崇山峻岭间奔波流亡那年，是他到中山大学任教的次年——1945年。

1945年1月，在中国农历还属于猴年，也就是甲申年，即农历1944年。甲申年暮春时节，郭沫若在重庆发表了他的历史散文《甲申三百年祭》。暮春时节，在郭沫若看来，是刻骨铭心的，也是意味深长的，因为300年前的1644年3月19日，也是暮春时节，李自成攻占北京，崇祯帝在煤山自缢殉国，立国276年的大明王朝灭亡。郭沫若开宗明义地说是总结明亡的教训，的确，这是一个有眼光的事情，也表明郭沫若对当时的政府的担心与失望。郭沫若先生在抗日战争尚未胜利的时候提出警醒是非常及时的。1944年4月，日本侵略军发动打通大陆交通线的战役，8月8日，坚守了七七四十九天之久的衡阳陷落，日军侵占衡阳，直接威胁两广。处于粤汉铁路线上的粤北门户——坪石镇，随时有被日军攻占的危险。

坪石风声鹤唳。吴壮达所在的国立中山大学，也在紧急疏散撤离之列。

其实，当时的日军已经江河日下，但这最后的反扑进攻，由于国民政府战略指导失败、战术指挥失当，竟然导致中国的豫湘桂大片国土被占，从中国东北直到越南，大陆交通线全部被打通。国难家恨，再添危机。

坪石首当其冲，形势日益严峻。

本来，到1945年年初，坚持了14年的抗日战争已经出现了胜利的曙光。日本和德国这两个第二次世界大战的法西斯同盟，分别在亚洲和欧洲战场节节溃退，失败迹象已现端倪。但是，身处南岭大山中的粤北坪石镇，战争却完全是另

外一番景象。日军南下的进攻目标之一，就是锁定粤汉铁路线上的坪石镇。当时已是农历腊月，节气上即将大寒，粤北南岭本来就是岭南的高寒地区，天气日趋寒冷，尤其是山林中。

坪石虽然是个小镇，但在抗战时期，却一度繁华，被誉为"小香港"。坪石街成为广东省战时后方，坪石街迎来了一段回光返照的时期。当年在坪石出版的《建国日报》对此曾有过描述：

> 抗战初期，南京、上海沦陷后，大量海外货物都由香港经广州北运，这个扼守湘粤要冲的坪石，凭着地理的优越形势便又被人重视而一变为工商业的安全地带。1940年冬，国立中山大学、岭南大学、培正学院等院校先后迁来坪石，继之的一些新工业、工厂迁入，加上早前长沙、韶关历次疏散人口移至坪石者甚多，如今人口剧增，百业重兴，书店、银行、旅社、酒店等纷纷开落常贸易，应有尽有。

吴壮达对乡村不陌生，对富庶的城市亦不感到惊讶。他出生在南海边的东莞县城，后又在省城广州念书直到于中山大学毕业。从东莞到粤湘交界处的粤北坪石，直线距离不过348.5公里，这两个分属不同地区的地方，因为抗日烽火，因为坪石，因为中山大学，一群在中大任教并来自东莞的教授，被冠以"坪石先生"的尊称。自那时起，他们的名字，就与坪石紧密地联系在一起。

在今天看来，坪石岁月的中山大学教授们的光环与离乱、气节与坚守，他们的悲欢与弦歌、昨天与今天，是华南教育史上的宝贵财富。

吴壮达是坪石时期的中山大学的教授。

他是在中山大学坪石时期的后期到中山大学的。

此前，他在湖湘，足迹几乎踏遍三湘四水。因为日军对湖南的争夺十分激烈，吴壮达在湖南工作，受了太多战时的苦难，他怎么也没想到在坪石中山大学任教不足一年，因为日军的进攻，魔影重重，他又被迫踏上迁徙流亡之路。

本从罹难中来，要到哪里去？

吴壮达肯定有过痛苦的思索，有过想做好学问的希冀。

他的经历不同于中山大学的其他教授。他加盟粤北坪石、回归岭南，是有着归乡的情感的。挥之不去的岭南，时常出现在吴壮达的脑海里。战火的蔓延，他将自己的人生,很清楚地做着规划,那就是有一天,必须回到自己的故乡。也是因为这个原因吧,吴壮达重新回到岭南,寄身粤北,已经过了三十而立,尚未婚配,从这一点可以清晰地看到,吴壮达在战争岁月的态度。

希望战火早日熄灭,希望国家摆脱苦痛,希望人生除却奔波,在这样的希冀之下,在吴壮达的字眼里,不是其他地方不好,实在是故乡于他而言,有着难以割舍的情愫,他心底的缘分是留给故乡的,留给故乡的某一位女子的。

因此,他单身在湖湘大地漂泊,做一个青年应该做的救亡图存的工作。湖南省的湘西,是一个世外桃源般的地方,沈从文的《边城》(成书于1931年)描述的澄澈纯净的世界,是20世纪30年代川湘交界的边城小镇茶峒的风土人情。茶峒在花垣县,离吴壮达当时所在的永顺县,中间隔着保靖县,但都是在湘西。吴壮达1937年到湖南省民政厅任实习科员,1938年11月因为日寇入侵长沙,湖南省民政厅也不得不离开陷入战火的长沙。因时局混乱,先是滞留沅陵半年,人生地不熟,穷困潦倒,后受聘湖南省立民众教育局,任总务长,并随该局到湘西永顺县,在当地工作两年半。

从后来的回忆和记载来看,湘西的异域风光和淳朴风情,给吴壮达心底的烙印是深刻的。民国三十年五月,即1941年5月,他在《湘西民报》发表《永顺老司城的今昔》,从中可以看出一个地理学家和社会学家的眼界与研究。事实上是深深融入了湘西的山山水水,因而得以有成果问诸世间。在永顺,像《边城》中"翠翠"那样的姑娘不是没有,吴壮达最终没有在湖湘缔结姻缘,并非没有机会,没有可爱的人儿,而是其真实的心愿,乃在前述原因之中。

心忧天下,难离故土。在那个年代,任何一个热血的大学高级知识分子,一方面,对国家前途和命运担忧,恨不得将全部的身心贡献给国家与民族,对民族崛起有着自然的本能的责任;另一方面,"父母在,不远游,游必有方"。这句《论语·里仁》里的话,吴壮达这样的现代知识分子,定然知道,他的思想深处有无以言说的彷徨与痛楚,要是出游,必须告知父母自己所去的地方。然而,日寇侵略中华,到处烽烟四起,吴壮达在湖湘几度遭遇困厄,远距离的交通,通讯的困难,吴壮达思返故土岭南的心愿是不曾中断的,故而,不成家立业,可以说,只有岭南的那块热土可以给他的心灵深处某种安慰,也只有故乡的某位女子,或许在冥冥之中等待自己的归来。

1942年春,吴壮达离开湘西,经胞弟吴鹏抟(1941年国立中山大学蚕桑系

毕业后到湖南省蚕丝改良所工作，并兼蚕桑技术人员训练班训导主任和滨湖工作站主任）介绍，辗转经邵阳，到从长沙迁往衡山县南岳镇的湖南省立农业专科学校任教，担任讲师。衡山相比湘西，地理空间上接近岭南许多。对于回迁到粤北坪石的中山大学，吴壮达对这所中国最好的大学之一的母校，无论是资讯的传递和人员的信息往来，都能较之以前更为便利。

这一年多时间里，吴壮达在战时的艰难信息传递中，与生命中曾经留下美好记忆的南方象牙之塔接续着关系。在恩师、地理学家、中山大学名教授吴尚时先生的推荐下，1943年暑假后，吴壮达到广东省立文理学院任史地系副教授。这所学校在离坪石不远的连县，有连坪公路相连。从湖湘归来，栖身于文理学院，吴壮达在地理上完成了亲近故土的心愿，而对于母校国立中山大学，信息的融通，又似一根纽带将彼此紧紧关联。

二

回归，是一个自我诗性的精神表达，这里有吴壮达纯粹的灵魂皈依。或许，命运中的一个中途停靠点，必须在坪石留下注脚。1944年8月，吴壮达得到母校的召唤，由国立中山大学法学院院长胡体乾教授推荐，到法学院任副教授。阔别母校8年后，吴壮达重返国立中山大学，身份的逆转，不是在和平安宁的时候完成，而是在战火日益逼近坪石的危急时刻。

坪石，注定在吴壮达的生命旅程中占据着无比关键而又十分重要的地位。

吴壮达为什么而来？精通地理的他，自然知道，坪石镇作为秦汉以来中原和岭南商贾往来的通衢，历来是粤、湘、桂、赣边境贸易的繁华市场。坪石地处广东、湖南交界，是靠近湖南宜章县的一个较大的集镇，被称为"粤北的粤北，湘南的湘南"。陆路有南粤古驿道西京古道，铁路有粤汉铁路经过，水路有发源于湖南省临武县三峰岭北麓，流经湖南省的临武县、宜章县、郴县、桂阳、汝城等五县的武江经过。武江绵延260多公里，蜿蜒流经坪石镇，最后汇入广东省的北江，因此，坪石的交通是较为便利的。自1940年8月起，从云南澄江迁回广东的国立中山大学，它的落脚点便是坪石镇。当时的广东省临时省会在曲江县，距离不远，联系较为方便。

这样一个安静的内陆山区小镇，本来环境清幽美丽，溪水曲曲弯弯，气候温暖，冬短夏长，因人员骤然增多，由是一片繁华。但是，战火蔓延，国土沦丧，到处无法安放一张平静的书桌，坪石这里也是如此。更兼战时物质短缺，物价飞涨，生存压力陡增。

穷且益坚，不堕青云之志。凤凰涅槃，等待的是浴火重生。日军的逼近，对于落脚在坪石办学和读书的中山大学师生们来说，在小镇的每一天，都能感受到战争随时降临的威胁。盘踞广州的华南日军，也虎视眈眈，企图与来自岭北的穷凶极恶的日本侵略者会师，可以说，位于粤汉铁路上的坪石镇，眨眼工夫，都会面临日军南下与北上夹击疯狂进攻的威胁。

用"困兽犹斗"形容1944年的日本，是再恰当不过的了。因为自1937年日本发动全面侵华战争后，日军不仅一直未能速战速决打败中国，而且还陷入了中国持久战的漩涡，只能保持对点（战略要点）和线（以交通线为主）的占领。日军还被分割成几块，始终不能形成完整的战略体。1941年12月7日（当地时间），日本帝国海军铤而走险，偷袭美国珍珠港，第二次世界大战之太平洋战争爆发。次日，美国总统罗斯福发表了著名的"国耻"演讲，随后签署对日本帝国的正式宣战声明。日本被美军牵制，陷入更加巨大的战争消耗战里，无论兵员、财力、资源等等，日本都已不堪重负。偏偏日军陆军主力深陷中国不能自拔，无法脱身，日军希望转兵于太平洋战场受到极大牵制，导致太平洋战场兵力不继，不断失败。而且，从中国大陆各个空军基地起飞的盟军飞机，直接轰炸日军甚至日本本土，盟军同时可以对日本发动大规模空袭，这使日本异常恐惧。为此，日军从1944年4月开始，发动打通中国大陆交通线战役（豫湘桂战役，日本称"一号作战"），企图将侵华日军各部分贯通起来，并联系被切断海上交通的南洋日军。

坪石作为战略支点，随时受到日军威胁，战略态势上是明显的。拨开历史的迷雾，不难发现，日军的战争态势和战争企图谋划已久，可谓处心积虑。坪石作为当时的战略后方，本来离战火相对比较远。然而，战争不以任何假设进行。日本学者蒲丰彦倒是非常清醒明晰，他在我国《抗日战争研究》2004年第4期发表的文章说，日本军部认为，中国的抗战力主要来源于经华南地区流入的欧洲各国对华的物资援助和海外华侨的资金，所以，必须要截断华南这条中国军队的生命线。事实上，早在1937年8月3日，日军飞机就从台湾起飞，首次轰炸广州；24日，日本海军发动了"第一次交通遮断"战；1938年2月，日军占领广东省

香山县三灶岛，6月4日，日军三灶机场主跑道建成并第一次从这里起飞轰炸广州及珠三角地区。七七事变爆发后仅仅一年多的时间，日寇侵略势力便从东北蔓延到了华南地区。

1938年10月21日，广州沦陷。早在10月12日，4万日军在惠州大亚湾畔强行登陆，广东地区遭到陆上日军侵略。广州外围线被突破时，中山大学的部分学生就由负责军训的人员率领，转移到广东坪石继续军训。

当时可能没有人意识到，以后的中山大学，迁徙流离，竟与这个粤北小镇水乳交融，变得不可分割。

大陆交通线战役（豫湘桂战役）从最初的态势来看，日军目的明确，就是与从越南突入中国的日军南方军会合，打通大陆交通线。日军侵入坪石，目标亦与上述战略目的如出一辙。进攻广东省临时省会曲江，打通粤汉路，目的不言而喻。粤汉铁路上的坪石和白石渡两个重要的火车站成为首要目标。

坪石，这个深藏内地大山中的镇子，如果不是这场抗日战争，一定像一块璞玉一样静静地在南岭的群山中接受日月的洗礼，成为人们心目中宁静、和谐的世外桃源。然而，由于日军的野蛮侵略，坪石竟然不能给中山大学的师生们提供庇佑，反而因为是交通要点，日军志在必得。师生员工都是一介平民，如何抵挡得住野蛮的侵略？迁回广东坪石4年，中山大学在短暂的平静后，又一次不得不与日寇这个战争瘟神短兵相接。

浓重的硝烟弥漫小镇，战争的阴云笼罩着苍茫的南岭大山。时不时传来日寇即将南下广东的消息，搞得人心惶惶，加之奸商囤积，物价飞涨，社会空前动荡。坪石的天空在鸣咽着，迁徙是那样仓促和迫不得已。沧桑、离乱，又一次写在每一个中山大学师生的心头上，那是一段段用脚丈量出来的每一个人心中抹不去的苦痛。

吴壮达正值壮年，他不怕苦，不怕累，但是，国破如此，心中的悲怆，只有奔流不息的武江可能了解他的心情。

作为一个地理学家，吴壮达当然知道坪石这个战略要地安危的重要性，一旦失陷，危害极大，广东南下的门户一旦被打开，后果意味着什么，吴壮达太清楚了。家乡东莞尚在日寇的奴役之下，现在这偏远的坪石也要遭到日寇的野蛮侵略，作为七尺男儿，吴壮达想了很多很多。从地理上看，位于广东省韶关市最北端的坪石镇，地处岭南山脉的南端，武江上游，素有"广东北大门，岭南第一镇"之称，自古就是水陆交通要冲，商旅繁盛，从军事上来说，乃天然的屏障。

然而，国弱，天然屏障只是一个可以任人摆布的争夺点，日寇入侵的兵祸，给坪石的打击和震撼是可想而知的，尤其是对手无寸铁的平民而言。

为了躲避日寇对坪石的入侵，中山大学不得不进行抗日战争以来的第三次迁徙。在山林间辗转流离的吴壮达，同中山大学所有师生一样，忧心忡忡，对国家的前途充满担心。尽管1937年秋，吴壮达所在的法学院邀请到经济系主任梅龚彬先生做报告，为打消人们的恐惧感，他在这次法学院召开的座谈会上作中心发言，分析了华南抗战的形势，指出日本帝国主义侵略军尽管气势汹汹，却存在兵力不足的根本困难。他说，日寇的兵力只能用于进攻交通线，而我们反倒有了回旋余地。梅龚彬的报告对于后方师生鼓劲弘毅、增强战胜日本帝国主义的信心，影响是巨大的。心忧天下，对国家的未来充满信心，为保全中山大学，赓续文脉，培育爱国知识分子，吴壮达同其他教授一样，总是克服这样那样的困难，坚持学术研究，不同的是，吴壮达始终垂注边疆，那颗地理之心，同边疆问题一直没有割裂。

三

从坪石到蕉岭的路亭墟，1000多里路，今天的人们驱车走高速，510多公里的距离，6个多小时的路程，尤觉很远、很累。回到76年前，吴壮达和中大师生们，在南岭大山里，忍饥挨饿，风餐露宿，用双脚徒步行走，还要提防日寇追击和各种袭扰，没有意志和耐力，是无法坚持几个月的坎坷路途和非人生活的。

吴壮达的意志不曾在这场长途跋涉中丧失，相反，一个目光如炬、将苦痛等闲视之的年轻教授，内心对生活还充满着热望。

与他一样在路途上饱经磨难又青春萌动的一位祖籍东莞县茶山镇上元村名唤袁葆真的24岁女子，走入了吴壮达的心灵。在从曲江疏散到兴宁县途中，袁葆真结识了吴壮达，吴壮达给予她许多帮助。艰辛途路上的相识，又似乎是冥冥之中的定数，缘来的故乡女子，不是在东江奔流的莞邑，而是在崇山峻岭的南岭山区，或许，正是这样的奇缘，使得他们二人在患难之后，于蕉岭县结为夫妇，直到白头偕老。而他们的证婚人，正是中山大学法学院院长胡体乾教授。

这是一段战地情缘的佳话。

吴壮达喜结良缘,虽身处消息极端闭塞的南岭山区,但简陋的生活里,因而有了阳光雨露。他在穷乡僻壤中坚持教学,依然不忘做自己的学问。他思维敏锐,凭感觉捕捉到了美军发起琉球群岛登陆战的消息。1945年3月26日,美军在庆良间列岛登陆。吴壮达研究边疆经济地理,他显然了解,太平洋上,美国的这场登陆战的军事意义和对我国的影响,他在心里呐喊:太重要了!日本的凶残可能是最后的回光返照,离失败的时间节点愈来愈临近。吴壮达有一种紧迫感。他讲授"经济政治地理"和"边疆问题",在坪石时就对琉球群岛表现了极大的关注。

琉球群岛由冲绳岛、庆良间列岛、伊江岛等岛屿组成,而主岛冲绳岛是琉球群岛的最大岛屿,位于日本本土和中国台湾之间,北距九州岛630公里,南北长约108公里,东西最宽处约30公里,最窄处仅4公里,面积约1220平方公里。这个地方本来世代为中国的藩属国,但是,日本人无耻地、处心积虑地强占琉球群岛,强占后就誉之为日本的"国门"。

抗日战争虽然还在继续,但是,吴壮达以学者和爱国者的智识,早已察觉到琉球战略位置对我国的重要性。他争分夺秒地克服重重困难,着手研究琉球群岛"在战争中的地位和与我国的渊源",并且疾呼"对中华民族而言,至今仍未过时,仍需奋斗","在历史的因缘,地理的优势,以及现实的教训方面,没有任何国家,比中国更有权利要求接管旧琉球国领域,以便严密防止日本侵略者行动的复活"。

吴壮达在坪石至蕉岭的山林间迁徙流亡这一年,距离三名衣衫褴褛的海外客匍匐在大清国总理衙门的门口痛哭不已的1879年10月,过去才66年。66年前,日薄西山的大清国已经没有力量去保护自己的属国;此后不久,受尽欺凌的大清国,在1911年终于走到了尽头。

66年,在人类历史长河中,只是一瞬。

但是66年的伤痛,却长刻在吴壮达这样的爱国学者心里。

相信,蕉岭县路亭墟的山山水水,留下了吴壮达心底的疾声愤懑。1948年,历经三载研究,吴壮达在极其艰苦的条件下研究出来的成果《琉球与中国》一书,由正中书局出版。这时,抗日战争刚刚胜利三周年,距离琉球耳目官毛精长等三人在国王尚泰被日本人掳走后,历经千辛万苦前来母邦中国求援,以"尽逐日兵出境"的痛苦哀号,仅仅过去69年。

从1879年到1945年，仅仅只有66年，66年就让中国的千疮百孔加剧，山河破碎，人们流离失所，国家陷入积贫积弱的深渊。吴壮达每念及此，不禁悲从中来，想起66年前（1879年）的4月4日，日本侵略者派出一支由450名军人和160名警察组成的队伍，无视大清国的尊严，就野蛮地侵占了已有200年不设军队的琉球王国（中山国），他们掳走最后一位琉球国王尚泰，并强行将王室迁移到日本东京。这群野蛮者还将琉球改名为冲绳，极力淡化琉球人的民族意识。琉球王国被肆意践踏60多年后，东莞人吴壮达一直伏兹念兹，以泣血的姿态，饱含热泪写下的10余万字的《琉球与中国》终于付梓成书。书中写道："倘使琉球群岛固定为'美国的边疆'，不仅日本所负于中国与琉球的旧账永远不得结偿，在我们，亦等同将东海的安全，交给太平洋彼岸的主人负责。"而鉴于"琉球群岛曾在日本帝国主义发动的侵略战争中，发挥过如何作用，已为世人所周知"，因此，"二战"后，没有理由让日本恢复对其统治。吴壮达查阅史料，严谨梳理，细细考证，内容详实地从地理、历史等方面证明"没有任何国家，比中国更有权利要求接管旧琉球国领域"。美丽山河在书中魂兮归来，吴壮达的研究成果以无可争辩的事实向世人宣示了琉球是中国的固有领土。

《琉球与中国》出版这一年，琉球群岛还在被美军占领，尚未托管。琉球群岛被美帝国主义托管出去是在《琉球与中国》出版后的第五年。呜呼哀哉！"二战"结束后，美苏两大阵营陷入冷战。美国为了平衡新中国对资本主义阵营的冲击，急于在远东地区重新扶植一个新的反共堡垒，以遏制共产主义的发展。加上1950年朝鲜战争爆发，全球形势突变，美国由战时的打击削弱日本和战后的限制日本，迅速改变为扶植和重新武装日本，力图把日本打造成在东亚的反共先锋。为此，美国力主尽快与日本缔结和约，解除战后长达6年之久的军事托管状态，恢复其主权，同时释放日本战犯，恢复日本的军事工业。1951年9月8日，第二次世界大战的大部分同盟国成员与日本签订和平条约《旧金山和约》，包括美国、日本在内的49个国家的代表在美国旧金山的战争纪念歌剧院进行了签字仪式，条约于1952年4月28日正式生效。

条约第三条"托管统治"规定：日本政府同意美国对北纬29度以南之西南群岛（含琉球群岛与大东群岛）、孀妇岩南方之南方各岛（含小笠原群岛、西之与火山群岛），和冲之鸟礁以及南鸟岛等地送交联合国之托管统治制度提议。在此提案获得通过之前，美国对上述地区、居民与海域得拥有实施行政、立法、司

法之权利。

琉球群岛就这样在没有战火的情况下被托管出去,渐渐远离了中国管理的视线。

琉球群岛因为第二次世界大战胜利又得而复失,战争和战争的后果,给这片美丽的海岛带去无法恢复的伤痛,给中国带去难以下咽的苦果。吴壮达在粤北山林间的思索之火,因为《琉球与中国》一书,永远为国人写下了一个记忆的记忆。

马头过了又驴头,何处飞来海上洲。
绝顶试穷千里目,烟波深处是琉球。

这首由南宋人刘镇写的有关琉球的诗《浮膺山·马头过了又驴头二》,吴壮达一定知道。在《琉球与中国》一书出版后,后来者从中再一次记住了那个美丽的属国——琉球王国。

"绝顶试穷千里目,烟波深处是琉球"的美好记叙,一遍遍回荡在国人心中。

面对琉球,吴壮达著作此书的时候,跟今天的读者心情是一样的,那就是同样的问号:何日是归期?

写下这些关于历史本来面貌的文字,我想,今天的人们唯有不忘伤痛,发愤图强,国家民族才会有救。

一书写着千古恨。吴壮达,以一介平民教授,告诉今天的世人,坪石的苦难和琉球的兴亡,如果忘却了,那一定是难以下咽的苦酒。

但愿,这个永远不会有。

四

一个人的深邃,与祥云下的故土和流水的记忆,总是有着千丝万缕的、说不清道不明的脐带关系。

吴壮达出生那年,正是大清国黯然谢幕、退出历史舞台之年,这一年(1911年),辛亥革命爆发,武昌首义,举国震动。是年8月,吴壮达在澳门呱呱坠地。尚未看清葡萄牙占领的澳门是什么样子,吴壮达一岁多时,因生活艰辛,难以为继，吴家不得不带着小吴壮达回到祖籍地东莞，从此，莞籍便是他摆脱不了的身份标记，而自然地理的乡土气息，伴随吴壮达在此度过了孩提时代。

因此，吴壮达是地地道道的东莞人。他的家就位于莞城墩头街。关于乡情，关于流水，关于老街，时光是一部留声机，只要顺着它的脚印，心灵的胎记永远不会随意抹去。

这个街区，地理上位于北隅，曾经显赫。如果从今天莞邑西门城楼出发，右转前行500余米，过平乐坊桥，将运河抛在身后，回头一瞅便知，这是当年的城外。

吴壮达小时候不是住在城内。北隅的大片街区，大多青砖墙屋，红砂岩勒脚、门框、柱与柱础，房子是抬梁和穿斗式混合梁架结构。

城外有十二坊，教场街、葵衣街、千祥街、鸡市、床街、竹排街、钉屐街、豆豉街、荣昌巷、丛桂坊、秀富巷、皮鞋巷等等，街市上熙熙攘攘，虽是城外，却是引人注目的。幼年的吴壮达一定触动很大，感慨颇深。

明朝嘉靖十一年（1532）进士卫元确，字少乾，桥头坊人，后迁莞城墩头街。吴壮达耳闻目染，对这一带的传说不可能充耳不闻。一个人有出息，一定与这个地方厚实的气息有某种无法解答的关联。生活于民国时代的吴壮达，从后世的片言只语中，我们完全可以捕捉到某种蛛丝马迹。莞城墩头街卫氏与茶山卫氏本是一家，因分支多，常迁居，迁居东莞后，卫氏子孙蕃衍，遂成东莞望族。东莞卫氏英才辈出，最为称颂的应是莞城墩头一支：卫元确，曾为进士，其后代也出类拔萃，大多为官，可谓官宦世家。卫元确后裔中最为出众的是卫佐邦，此人在第一次鸦片战争时期曾随关天培，在抗英斗争中屡立战功。

乡梓故事，在吴壮达的童年就像电影画面一样时时上演，这种无声的教育启蒙蕴藏着文化口口相传的强大力量。吴壮达通过乡间私塾识文断字、接受教育，聪颖的吴壮达，在对历史上的名人事迹的了解中埋下了忧国忧民的种子。

他到粤北坪石担任中山大学法学院副教授时才33岁，正是青春的大好年华。然而，国弱挨打，抗日战争如火如荼，人生并无一个安稳之处。日军入侵坪石，吴壮达随中山大学法学院师生一路东行，1月下半月从坪石迁徙，3月中才抵达蕉岭县路亭墟落脚。两个月的长途跋涉，法学院到路亭墟复课的学生不过150人，教授10人，副教授2人。吴壮达就是副教授中的一位。

关于这次迁徙，更为详实的记载说，事出仓促，途中还两次遇到敌人，使得

中山大学元气大伤。《国立中山大学第二十届毕业同学录》描述此次迁校曰"徒步匝月，辗转千里，攀九连，越三南，跨雪岭，登蓝关，烈风淫雨，荷囊负笈，颠沛流离，亦云苦矣"。迁徙之旅，困顿与惊吓并存，餐风露宿与生命堪忧同在。"有教授以箩筐挑儿带女者，有背负老人者。逃亡线上，男的女的老的幼的，褴褛凄凉，抢呼哀吼，是为逃亡图之实景写照。"

这条艰辛的逃亡之路，吴壮达和袁葆真多少年之后谈及，都不胜唏嘘。晚年，袁葆真对孙儿们回忆往事，都难掩伤痛，可谓字字泣血：

  袁葆真奉命领着她那个班的几十个孩子，徒步过江西的全南、龙南、定南三县，翻越南岭，行程近千里，向广东兴宁县方向撤退。时值寒冬，在翻越位于现乳源大桥镇与乐昌云岩镇之间的旧南关隘口时，孩子们的草鞋早已磨破，一双双小赤足血肉模糊。但是他们必须走。停下来不是冻死就是饿死。袁葆真和另一个比她还小的女保育员只好背起这个走一段，又哄那个走一段。然而，无论袁葆真与同事如何努力，孩子们又冻又饿，情绪几近崩溃。无计可施的袁葆真开始绝望了。

1941年，太平洋战争爆发，香港沦陷，袁葆真从香港辗转逃难到了广东战时省会曲江（今韶关），进入专门收容港澳流亡学生的国立华侨第三中学，继续学业。1944年高中毕业，袁葆真在曲江入职"中国战时儿童保育会"下属的广东省第二儿童保育院。初为人师的工作，是照顾几十个蓬头垢面、饱受惊吓的孩子们的衣食起居。偏偏遭遇日寇入侵，工作难度和强度可想而知。今天的南岭山脉或许还有当年的扼腕悲声的余音在山林间回荡。国难当头，身为副教授的吴壮达虽然与袁葆真的工作有所不同，但是遭遇殊途同归，所不同的是，吴壮达除了带领学生转移、保障安全、坚持授课外，思绪纷飞，想起了千里之外那个至今依然在日本殖民统治下的古老的琉球国。

《左传·襄公三十一年》有句名句"君子务知大者远者，小人务知小者近者"，这句话的意思是：掌管大事的人一定要考虑到宏观的、长远的事情，而具体去实施的人却一定要清楚细节。吴壮达饱读诗书，显然知道这个道理。抗日战争胜利在望，收复边疆，建设边疆，一定要提上日程。作为法学院的副教授，为国是经略，以资经国大业，书生之用武之地也。战国末期的荀子在《荀子·非相》中说,"以近知远,以一知万,以微知明",意思是:根据近的可以推知远的,举一反三,根据苗头可以推知趋势。17世纪法国古典作家拉罗什富科也说:"丧失远见的人不是那些没有达到目标的人们,而往往是从目标旁溜过去的人们。"

在大山中穿行的吴壮达,对于琉球在"海洋战略"和"大陆屏障"中的作用的认识,就如同雾霾之中的火光、大海之中的航标灯一样,自有它的意义存在。先祖筚路蓝缕,开疆拓土,遂成泱泱大国。皇皇中国,悠悠华夏,试问,哪一寸土地是多余的呢?

民国三年(1914),镇平县改名为"蕉岭县"。《辞源》蕉岭条记说:"城跨蕉岭之上,县以岭名。"从坪石到路亭墟的吴壮达,站在蕉岭之上,眼望浩淼的太平洋和琉球大好河山,作为学者,思绪是不平静的。那些海岛明珠,不应该因为是边疆就被视作化外之地而弃之,也不要因为国弱挨打、迁徙艰难而忘却国家固有的属地。

琉球是中国的,史上无可争议。元朝末年,琉球群岛形成北山、中山和南山三个独立王国。明朝洪武五年(1372),明太祖派杨戴出使琉球,分别册封了这三国国王,琉球也由此成为明朝的藩国。数年后,中山国统一南北两岛,中山王也被明朝正式册封为琉球王,这种藩属关系一直保持到清朝。

1879年,做了"亡国奴"的琉球国耳目官毛精长等三人,前来母邦求援,痛苦哀号声中,他们的母邦中国此时却无能为力。求助无望之下,使者林世功悲愤自戕,希望以死来唤起母国——中国的关注。

林世功曾留下一份"以死乞师"的请愿书,情极可怜:

> 琉球国陈情通事林世功谨禀,为一死泣请天恩,迅赐救亡存国,以全臣节事。窃功因主辱国亡,已于客岁九月,随同前往进贡正使耳目官毛精长等,改装入都,……泣念奉王命抵闽告急,已历三年,敝国惨遭日人益肆鸱张,一则宗社成墟,二则国王世子见执东行,继则百姓受其暴虐。皆由功不能痛哭请救所致,已属死有余罪,然国主未返,世子拘留,犹期雪耻以图存,未敢捐躯以塞责,今晋京守候,又逾一载,仍复未克济事,何以为臣?……

吴壮达作为大学教授,在逃亡路上,虽然饱受颠沛流离之苦,但是对泱泱中国战胜日本侵略者是充满信心的。不然,何以耗时三载苦苦研究,终于将《琉球与中国》一书告竣并出版呢?

吴壮达的心中,琉球群岛就像弯曲的胡子一样散布于东海,距中国浙江、福建千余里,如此一片大好国土,倘永久被倭寇霸占,实是难以平复内心的愤慨。《隋书·流求传》中曾将琉球称为"流虬",其中就颇为形象地描绘了它的地理形状。中国古代出海打鱼的渔民,也对这个海外大岛多有提及,其名字也因各朝而变化,或作"流求",或作"琉球",《元史》中也称之为"琉求"。琉球使臣求助团成员流落京城街头巷尾十余载,可悲可叹。而日本侵略军肆虐中华,致我中华烽火连天,人们流离失所,同样令人扼腕悲叹!

琉球和那些海岛在国人心目中到底有多重?国学大师、著名史学大家陈寅恪将大女儿取名"陈流求"、二女儿取名"陈小彭",这两个名字有何丰富的情感和寄托?众所周知,陈寅恪早年生活的时代,国家衰败,人人都可以来欺负。为了铭记台湾、澎湖被日本侵略者侵占这一国耻,陈寅恪以台湾的古称"流求"给大女儿起名,以澎湖列岛给二女儿取了"小彭"的小名。国学大师陈寅恪对女儿没有别的要求,只有一条必须遵守,那便是——

什么都可以学,但必须要学历史。

铭记历史融入了血脉。

当年在坪石街写作《铁岭弦歌》的作者之一中山大学学生曾理说:"纵谈世事抒孤愤,痛斥倭儿破国门!"艰困条件下,学生们、教授们谈论国事,想到国家烽火连天,倭寇肆虐,每念悲愤处,都情不能自已,当是时,何等激越!何等悲壮!

清澈的武江,巍峨的南岭,就这样静静地倾听一批学子和教授们,为中国的明天,为打败野蛮的倭寇,为延续中华文化薪火,披星戴月,不辞艰辛,于困顿中发愤图强,弦歌不辍。

吴壮达在临江的车田坝法学院关注着战争和时局的变化:琉球、台湾、太平洋……他的目光如炬,他的思绪是那样深邃,那样深情,那样执著,他的心是火热的,是激情澎湃的,宽阔、浩森的太平洋,完全盛得下祖国赤子对拱卫故国山河的思绪。作为一名莞籍赤子，前面高大的乡梓贤达与千年的莞邑文脉，时时锥击心扉。吴壮达在南岭的崇山峻岭间，在中山大学的苦乐酸甜的氛围里，思绪早已翻越了连绵不绝的五岭。

正中书局出版的吴壮达呕心沥血著就的《琉球与中国》一书，这本出自中国人之手、可能是世界最早的一本研究中国、琉球和日本近千年来的关系史的专著，是在炮火连天的苦难战争岁月里完成的，今天的人们细读之下，莫不感动，难以忘却。

边疆、海洋、陆地、权益、管辖……

没有一样不在他的关注之列。

吴壮达以一己之力，以民族自信心，以万世开太平之心，在第二次世界大战尚未结束、在中国的抗日战争仍在艰难进行、国家和民族危难尚未解除、琉球和台湾还被日本野蛮侵占之时，筹划琉球与中日关系之研究，尤其是琉球群岛"在战争中的地位，和与我国的因缘"。今天的我们，面对那烟波浩淼的太平洋，面对潜流涌动的复杂的国际关系，很多爱国志士认为：《琉球与中国》，是一本中国人不应该遗忘的书。

《琉球与中国》共6章，包括琉球群岛与琉球国、中国史上明以前的琉球国考证、琉球与明的关系、琉球与清的关系、中国对琉球的经济及文化影响等。吴壮达的儿子吴杰明在接受有关方面采访曾说："父亲提出的由中国接管的旧琉球国领域，包括了钓鱼岛、赤尾屿等当今中日争议的地区。"

这段话让我想起一个严肃的地理学教授，以自己的眼光和成果，为家国呐喊存证留史的良苦用心。

记住吴壮达。

事实上，吴壮达毕生致力于地理教育事业和地理学研究工作，曾任湖南省立农业专科学校讲师，广东省立文理学院史地系、中山大学法学院副教授，吉林长白师范学院史地系、台湾省立农学院、广西南宁师范学院史地系教授。1949年后，任华南师范大学地理系教授，并任广东省政协委员、台湾省地理学会理事、广东地理学会理事、中国地理学会经济地理专业委员会委员、广东省高等学校科学技术研究成果评审委员会委员、全国经济地理科学与教育研究会顾问等。

除了《琉球与中国》，吴壮达1947年还在上海新中华月刊发表《琉球群岛地理》《琉球的过去与未来》等文章，对琉球的情感，融入了吴壮达的血脉。对

于烟波深处的关注,对海岛海洋的珍视,他始终不曾中断过。他还著有《台湾》《台湾的开发》《台湾地理》《台湾省农业地理》《台湾地区经济地理志》等著作。出于对地理学的天南地北的向往,很多人在关注中国周边态势时,对于吴壮达,也越发地产生了深深的怀念和浓厚的兴趣。

五

拉纳·米特说:"宛平看上去并不像是可以决定国家命运的地方。即便在今天,它也只是一个位于北京市西南方向15公里处的小村庄。在1937年,宛平就是一个乡野之地,但它确实也有令人印象深刻的地方。"

这位牛津大学现代中国政治与历史学教授,选择用1937年7月7日发生在卢沟桥的事件作为他描写中国抗日战争的起源。拉纳·米特可能没有意识到,日本侵略军为什么要不遗余力地、持续不断地、穷凶极恶地发动一波又一波的战争来侵占中国?

从1931年的九一八事变开始到1945年8月,14年的侵华战争,让古老的华夏备受摧残,国土沦丧,人们在日本侵略者蓄意挑起的、贪婪的、没有人性的无端战火中流离失所,家破人亡,日本侵略者对中华民族犯下的罪行,血迹斑斑,罄竹难书!

1945年1月15日夜,日本侵略者突入湖南省栗源堡,旋即派兵南下侵扰坪石的管埠、梅花等地。长途奔袭粤汉路南段的日军第40师团第234联队甲挺进大队(640人),在指挥官铃木武夫少佐的率领下,着中国当地人的衣服,采取夜间行军、昼间在山林和谷底宿营的方式,1月18日,该挺进队到达铁路以西宜章以南的武阳司东北一带。这支日军是从1月3日下午6时开始,由湖南省道县东南经江华县境东部、广东的连县以北、湖南的宜章而到达坪石一带的,目的就是占领粤汉铁路沿线地区,为日军打通"粤汉线"。郴州至韶关路段是"大陆打通作战"的"最后一公里",日寇希望将华南的日军与华中日军联系起来。同时,由土屋诚一少佐率领的丙挺进队,增援甲挺进队,也于1月19日攻占了坪石向东至罗家渡这一段铁路。这些侵略者以极其卑劣的伪装手段,采取偷袭的方式对坪石继续攻击。1月24日,日军第40师团的主力全部到达坪石一带,并与派出的各挺进队取得了联系。1945年1月下半月,在坪石的历史上,在中山大学的校史上，在华南教育历史的铭记簿上，在中国抗战史上，是一个永远难以忘记的日子。坪石地势险要，易守难攻，但终于陷入敌手。在国家弱小挨打、到处都安放不下一张平静的书桌的凄惶日子，在被誉为战时后方的坪石安身四年的中山大学，不得不再次仓促搬迁。这个第三次搬迁遭到日军攻击，中大师生死伤惨重，损失不可估量。

在莽莽山林中四处躲避逃难，吴壮达和中山大学的师生员工饥寒交迫，痛彻心底。

吴壮达的儿子吴杰明曾回忆说："1945年，父亲随国立中山大学法学院，流亡在广东蕉岭县路亭墟。"

"流亡"二字的重量，至今我都感到透不过气来。这个出自《诗·大雅·召旻》"瘨我饥馑，民卒流亡"的词，用在本身斯文的大学教授及学生身上，是何等的悲哀与令人叹惋。他们在自己的国土上，著书立说、教化育人，他们并不是因为饥荒而逃亡，而是因为被异族、被日寇侵略和肆意欺凌而被迫逃离自己的热土流落逃亡在外。"逃亡"二字，字字锥心。时至今日虽然已过76载，然往事历历在目，其状何其悲也！

坪石，中山大学第三次迁徙的落脚地，在地理上，完完全全是一个地处内陆的乡野小镇。坪石山多地窄，街道长三四里，而且是沿河而筑，后面靠山，前面临水，是一个纯粹的、乡村化的市镇。如果真有人深深镌刻它的芳姿，一定是中山大学和一群教授的伟岸，让后世之人得以在今天撩开它的厚重面纱。

在坪石，吴壮达留下身影的时间是短暂的，但是，在中山大学，他投射的背影又是很长很长的。这里有他教授人生的光彩，而且他还遇到了自己心目中的另一半，将自身的命运与同样在疏散逃亡中的一位故乡女子生就一段情缘，缔结一生美好姻缘。这位美丽的女子就是袁葆真女士（20世纪50年代初期改名为袁臻）。战争映照下的青春与人生，投射在吴壮达身上，这一段遭遇与经历，无不刻录着吴壮达这个出身贫寒的青年知识分子的光影和有着艰难曲折的人生旅程。如果追寻吴壮达的平生及与中山大学的源远流长，他的故事履痕就像自然地理一样，既起伏又充满传奇。

吴壮达的父亲，是一个旧式的家庭教师，吴壮达出生那年（1911年），他在澳门做几个同乡商人的家庭教师。辛亥革命推翻了中国的封建帝制，吴壮达的父亲跟其他人一样，内心大为震动。次年元旦，孙中山在南京就任中华民国临时大

总统,民主、共和的观念深入人心。民国肇基,气象更新,当此形势大好之际,向往内地和故土,加上家庭添丁,澳门生活成本增加造成的困顿,使得这位私塾老先生动了回乡的念头。富足的澳门并不是天堂,于是归乡成为自然的理由。

滔滔的东江水不知流淌了多少年。发源于江西省寻乌县桠髻钵山的东江,源河为三桐河,这条江蜿蜒曲折,绵延数百公里,最后汇入南海,这条江给东莞的影响,无疑是巨大的。

吴壮达的东莞旧居(祖屋)就在东江边,在东莞城外墩头街一甲四巷六号(现地址名改为灯头一甲四巷20号),位于今天的东莞市"中兴路——大西路历史文化街区"红线东侧,距出身于清末书宦世家、著名古文字学家容庚故居约数百余米。这个街区,在当年,是一个繁华所在,如今也是东莞文化的一个引人注目的地方,来寻芳探幽的人不在少数。现居于吴壮达旧居祖屋的是吴壮达表弟的儿子一家。据他们介绍,祖屋正门原在一巷,整个祖屋横跨一巷与四巷。因年代久远,20世纪中晚期遭东江洪水袭击,祖屋大部分坍塌或成危房,被政府分配他人建房自住,现祖屋只剩大约30平方米的原青砖(部分为二层)建筑。

我叩访过这个至今流淌人文气息的老屋。在现代高楼林立的城区,它以默然的姿态和独有的气质与日月对话。它的前世今生,有着怎样的密码?当年的东江大洪水冲毁了平地上的老屋,但是它的根基还在。祖屋内现在还存放有吴壮达母亲赵祝龄及吴壮达伯娘的遗灰,墙上挂有吴壮达外祖父的照片。

那时,同所有穷愁潦倒的世人一样,读书是一项价钱不低的沉重负担。可能因了这一片街区出读书人的原因,当然主要是其父亲和舅父的影响吧,吴壮达对读书表现出了极大的热情和欲望。

六

彭立勋先生在《地理学家吴壮达》一文记载,据吴壮达自己回忆,在他读小学时,父亲经常选择报纸上刊载的游记文章,要他用毛笔抄写。这对他后来决心学习地理很有影响。想来报纸上那些文字描绘的天南海北的不同景致,令其产生了一探究竟的夙愿。

那个时候,吴壮达教授还在人世,他对地理的一往情深和孜孜以求,日久浸淫,致心胸玲珑、见识广阔。据说,中国共产党的优秀党员、写下《可爱的中国》《清贫》等名著的方志敏同志，读了《共产党宣言》《资本论》之后，便义无反顾地把中华民族的解放事业当作最崇高的理想，勇敢地踏上了为共产主义奋斗终生的旅途。书卷中的灵气和厚实，似一种无形的魔力，也深深影响着吴壮达的思想和心态。

明朝名臣，与岳飞、张煌言并称"西湖三杰"的于谦，在《观书》一诗中说："书卷多情似故人，晨昏忧乐每相亲。眼前直下三千字，胸次全无一点尘。活水源流随处满，东风花柳逐时新。金鞍玉勒寻芳客，未信我庐别有春。"我十分欣赏其中的"书卷多情似故人，晨昏忧乐每相亲"这句话，意思是我跟书籍的感情就像是多年的朋友，无论清晨还是傍晚、忧愁还是快乐，总是相互陪伴。

吴壮达后来成为双学位的高材生，与书卷的亲近给他带去了无穷无尽的故人之情，当是重要原因。吴壮达从小热爱地理，后来投身地理学研究事业，与两个人分不开，一个是他的父亲，另一个是他的舅舅。

在吴壮达10岁时，他的舅舅赵策六曾给他支持和赞助，这种"雪中送炭"固然是因为亲戚关系，但是主要还是因为赵策六先生认为他是可塑之才而愿意无私襄助。吴壮达的母亲赵祝龄女士是一位有教养的女性，赵家在莞邑是望族，住在东莞的"序齿约"。古汉语中"序齿"意即按年龄长幼排序，"约"字在珠三角地区多用于地名，指"聚居地"。"序齿约"在东莞城区北隅，地名古色古香，文化意味深长。赵策六先生之子赵豫立（1942年5月在抢修滇缅公路时被日寇杀害，壮烈殉国）的国立中山大学学籍表里，永久通讯地址载明是"东莞序齿约横巷三号"。"永久"二字，表明赵氏家族与地理上的东莞水乳交融，血液和记忆将一个源远流长的家族镌刻在永恒里。吴壮达的儿子吴杰明先生在《家史·那人留在青山里》一文回忆说：

记得母亲说过，她与父亲新婚后回东莞拜见阿婆（我们对祖母的称呼）。祖父英年早逝，父亲又是长子嫡孙，还当了教授，娶了省城美女，他这荣归故里，老家自然喜庆。于是阿婆亲自下厨做"打面"，也就是手擀面招待儿子和媳妇。在不产小麦的东莞，以面食为喜庆食物，加上早饭还时有"坨坨糊"，也就是面疙瘩汤，学历史的母亲据此推断祖母家族来自中原；而祖母姓赵，举止雍容优雅，很可能是宋室后裔。

北方以面食为主，吴壮达的母亲用手擀面招待媳妇，凸显老人家内心的喜悦，她是在用北方传统习俗欢迎儿媳妇。《东莞历史人物》说，最早南迁的是宋太宗第七世孙、福州观察使赵不嫖，再就是其孙赵汝栝受命到广东五华为官，后又转任广东盐司干，迁居东莞莞城栅口（今莞城三中附近）。赵汝栝有子赵崇釉与孙赵必瑮（1245—1294年）。赵崇釉与赵必瑮父子在南宋咸淳元年（1265）同登进士，曾留下一个"乔梓联辉"的千古美名，至今为赵姓人士所津津乐道。赵家是望族，重视文化，赵策六在清末民初就读于省城广州的两广师范馆，后留省城工作。在广东高等师范任学监，1929年担任广东省教育厅总务主任，还担任过勷勤学校教授兼事务主任、汕头市财政局局长，也担任国立中山大学师范学院办公室主任（民国三十四年十二月二十日）等。赵策六担任多个职务，任职时间长，在广东教育界有很大影响。因了这个关系，吴壮达的父亲在广州高等师范谋得一份当文书的工作。吴壮达也得以辞别母亲，结束乡间私塾的老式学习，开启新的求学生涯。这种完全可以说是改变吴壮达一生命运的举措，给小吴壮达带去了光明；无论怎样解释，都是充满希望的。广州作为华南最繁华的都市和当时的政治中心之一，与东莞县的比较，无疑是天堂一般的存在。事实上，吴壮达到广州跟随父亲，在舅父赵策六先生的资助下，到国立中山大学附属小学插班就读，开启与中山大学的渊源。

中山大学，对于吴壮达，似有魔力般的光环吸引着他。吴壮达在读完中山大学附小和附中之后，接着便进入中山大学深造。中山大学原名广东大学，为中国民主革命的先行者孙中山先生一手创办，其时可称得上国内最好的高等学府。浓厚的学术氛围、优秀的师资、先进的教学设备、优美的大学校园，一切的一切，为吴壮达打开了五彩缤纷的自然地理世界，等待他去用心开掘。

吴壮达在读完中山大学附属小学、附属中学后为何报考中山大学社会学，据说有这么一段耐人寻味的故事：

在选择大学专业时，吴壮达的伯父病逝，吴壮达只得匆匆赶回家乡。由于来不及跟吴壮达商讨，同学便替吴壮达报考了社会学系。按当时中山大学的规章制度，校方同意其在读完一年后转系，但此时的吴壮达显示出了不凡决心，他选择同时攻读地理系、社会学系，虽然学业加倍，但在努力与付出中，4年后，吴壮达两科均取得优秀成绩，1936年7月，他同时获得了中山大学社会学系和地理系的毕业证书，以双学位结束大学求学生涯。可谓优秀中的优秀。

这样一个优秀的学子，在那个山河破碎的时代，找一份工作却并非易事。当时的中国，正面临着日本帝国主义侵略的严重民族危机，社会动荡，人们生活都非常艰难。吴壮达在中山大学毕业后，并未找到一份合适的工作，只在广州市芳村小学谋得一份代课老师的职业，然而，这份工作并没有持续很久，原因是其父亲不幸去世，作为孝男，他要回乡奔丧和处理父亲丧事。吴壮达强抑悲痛，工作未满期便不得不回乡，第一份工作就此夭折。这时，和中国许许多多的青年一样，吴壮达也面临失业的威胁。

磨砺，用在吴壮达身上，可谓恰如其分。好在吴壮达并未气馁，一直在寻找机会。"艰难方显勇毅，磨砺始得玉成"，吴壮达的经历，正是在磨砺与机缘中慢慢找到一条与自己的人生地理相匹配的路。

在莞邑，英才辈出，这不是什么夸张的词。乡梓情义，总在每一个有所成就的莞籍英才身上体现。李扬敬（1894—1988 年），这个比吴壮达年长 17 岁、出生于广东东莞城区县后坊（莞城万寿路 76 号，原旧市府大院内）的年轻人，1936 年晋任陆军中将，7 月任第四路军副总司令兼第三军军长。对于奔波的吴壮达，他伸出了同乡的情谊之手。1939 年元月，李扬敬任湖南省府委员兼秘书长。"其时国家政治腐败，经济萧条，毕业后只谋得在广州芳村小学代理教师职务。不久，其父在莞病逝，壮达离职回莞，失业。至 1939 年春，邑人李扬敬任湖南省民政厅长，壮达被荐往湖南谋职。"这一段简短文字，如实描述了李扬敬对同乡吴壮达伸出的同乡之谊的援手。

吴壮达在战火中辗转寻找工作，交通不便，前途漫漫，各种艰难困苦，今人恐难深刻体会。从岭南到湖湘，千里之遥，为了生存和报效国家，满腹经纶的吴壮达奔走粤湘，先后在湖南省民政厅担任实习科员、湖南省立第一民众教育馆担任总务主任。这些为了生存的工作，委实与其所挚爱、所钻研的地理学无关，但吴壮达纵观天下，胸有考量，坚持不放下平生所学，在闲暇时间调研湘西地理民俗，收集了许多资料。

在吴壮达的人生旅途上，还有一个重要人物与之关联，关系密切。这个人就是著名的岭南近代地理学开山大师、中国地理学家、教育家吴尚时教授（1904 年 9 月—1947 年 9 月）。吴壮达在中山大学求学期间，师从吴尚时教授，获益匪浅。吴尚时 1928 年毕业于中山大学英语系，毕业后考选赴法国留学（公费），司地理学。从法国留学归来后，1935 年（32 岁）被聘为中山大学地理系教授。吴

壮达作为吴尚时教授的弟子,师生情谊自是不言而喻。

中山大学迁入坪石,虽然条件艰苦,但是粤北地方的自然、风土、人文等等,引起了中山大学精英们的注意,他们因陋就简,进行人文调查研究,努力从事教学与科研。吴尚时教授以乐昌为中心进行考察,写成《乐昌盆地地理纲要》等知名地理著作。我总觉得,历史的某根线索存在于人生的际遇中,或者说地理学系的吴壮达被恩师牵挂,或者是吴壮达与昔日的老师因为战争天各一方,但还是保持着藕断丝连的联系。中山大学,魂牵梦中,吴壮达透过三湘四水,南望岭南,战火中的翘首,无论怎样描述,都是一个游子的心情。吴壮达1984年12月6日在纪念吴尚时先生的文选中发表的《古南岭通道问题研究》一文中深情回忆:

> 1933年,我获得了参加中大地理系一次粤北实习的机会,在深冬的寒风雨雪中,我们登上了湘粤交通古道所经九峰山区。1943年秋,由于尚时先生的安排和领导,我和广东文理学院史地系地理组的同学一起,以中大和文理两校联合地理实习名义,从曲江桂头徒步至乳源,探访了瑶山地区。1944年冬,日寇的魔影已逼临粤北,我于中山大学战时校址所在的坪石镇街上,在快将路断行人的紧急疏散情况下,得与尚时先生相遇街道,我们作了短促的话别。……这些往事,在我回忆中,都已与北江西源"武水"的名字紧紧联织在一起;为的是它能使我寄托无限感激的心情,以抒发我对启蒙老师的怀念!

吴壮达回忆中说的启蒙老师就是吴尚时教授。游子要归乡,1933年粤北游历后10年,也就是1943年暑假,吴壮达得益于恩师推荐,前往连县任广东省立文理学院史地系副教授,在这里讲授"地学通论""中国地理",由此开始了贯穿一生的地理学研究、教学工作。

连县与坪石相邻,吴壮达离昔日的母校中山大学的距离更近了一步。在当时的战争岁月,一批学校在连县落脚。前身为广东省立教育学院的广东省立文理学院,因1939年冬粤北发生战事,迁校于连县东陂;后来,也就是1945年1月20日,中山大学总务长何春帆带领部分师生撤抵连县三江镇,中山大学在连县设立分教处继续办学;这样,两校近在咫尺,渊源阻隔不断。

吴壮达在连县广东省立文理学院度过了一年时光。同在连县，因1944年上半年日军大举进攻河南和湖南，让人很自然地联想到日本侵略军的动向是打通平汉、粤汉两条铁路线。夏天，中山大学就有从坪石西迁到连县之议，而且还派人到连县打前站，设办事处，号房子。比吴壮达年长14岁的东莞同乡郑师许教授一家人暑假就搬到了连县东坡，原因是郑师许教授预先估计日军可能会从湖南蓝山、临武出连县进入粤北连县再转向坪石、乐昌，他说日本人很重视研究中国地理，且对《方舆纪要》熟悉。两位东莞人，他们是否有过交集，我们不得而知，但是两位莞籍坪石先生在连县和坪石轮番上演故事，自然是因为中山大学的缘故。

坪石，在当时被人们喻为"小广州"，文化界人士和院校师生众多，避难民众云集，店铺林立，商贸繁盛。那些岁月，漫山遍野开得娇艳火红的杜鹃花，似乎在激励人们投入如火如荼的抗日战争。有某种召唤，让战争离乱中的吴壮达的心，始终向往中山大学。终于，阔别母校8年后，也就是1944年8月，吴壮达终于在战争激烈、岁月煎熬的时候，到中山大学法学院任副教授，给学子们讲授"经济政治地理""边疆问题"课程。

"惟其艰难，方显勇毅；惟其笃行，弥足珍贵；惟其磨砺，始得玉成。"英才归来，其治地理的学术之路，带着坪石天空的雨露，穿越岭南硝烟弥漫的崇山峻岭，向着悠长蜿蜒的武江，一路穿山越岭，直到浩瀚无边的太平洋。

那里有琉球，有台湾，有海水，有边疆无尽的风光，它需要学人去聚焦，去呼唤，去投放自由的、热情的目光。

边疆的每一滴自由之水，都是祖国母亲依依不舍的眷顾；每一寸神圣的土地，都是祖国母亲披肝沥胆后留下的璀璨珍珠。

从1937年日本全面侵华，到1945年日本投降，吴壮达辗转粤湘两省，工作之余，做了大量的田野调查，撰写了多篇文章或学术专著，除了《永顺老司城的今昔》《琉球与中国》等重要著作外，还有《中国水文地理》《南岳之气候》《溪州铜柱及其刻文》等三项研究成果；只是令人惋惜的是后三项研究成果，包括收集的材料（除溪州铜柱刻文拓片外），因外患内乱、颠沛流离等原因，全部遗失或被毁。

七

　　武阳司的码头有多少人拾级而上，永远难以厘清。西京古道上的石块有多少人踩踏过，或许只有日月星空能够细数那些匆匆的脚步和身影。

　　吴壮达不管以何种方式，他一定从这里走过。尽管后来法学院搬到了车田坝，但是，武水河静静地向东南流，今日的武阳司，仍能见到法学院师生当年踏过的旧石阶。

　　武阳司在西京古道上。现代人去武阳司村，走 S248 省道到老坪石后，经 G107 国道，过三星坪村，在石灰冲路口转入 X331 县道，过武阳司大桥后右转进村道，按路牌指引就能到武阳司村。

　　交通发达的时代，很容易遗忘那些而今长满青苔、杂草丛生的古道。

　　水运是坪石传统的运输方式。这个因南盐北运而兴隆的古镇，古商街一度繁盛，历史上富商巨贾成千上万，无数代人经年累月在此繁衍生息。坪石曾是一个拥有千年历史的古县，南北朝时期的南朝梁，在今老坪石西设立平石县。老坪石原名"平石"，灰瓦青砖建筑，木质结构，高墙翘檐，古色古香，青石板、条石铺设街道，街市商埠，人群熙熙攘攘，好不热闹。坪石有一首《竹枝词》："万人维舟饬篙橹，街尾渐进如昏鸦。落帆上岸逛街市，十步九顾长吁嗟。"昔年盛况，何其生动形象。

　　武阳司也好，车田坝也好，它们距离老坪石并不是很远。武阳司这个自南宋乾道二年（1166）起历为官衙的地方，1941 年迎来了中山大学法学院的师生。吴壮达虽然到中山大学任教的时间是三年后，但是这个神往之地，一定久久萦绕在他的心间。吴尚时、王亚南等师长在此培根铸魂。特别是吴尚时教授，他突破行政界线，使用地理学概念，于 1941 年为《广东年鉴》提供广东地理区划，珠江三角洲、北江流域、西江流域、东江流域、韩江流域、六邑和两阳、南路、海南岛和远海各群岛等地理划分条理清晰，一目了然。陈国达、吴尚时和曾昭璇等教授研究形成了"红色岩系"（丹霞地貌）的系统学说。《武水流域的上游聚落地理》，被誉为人文地理学聚落研究的开山之作，那是 1943 年钟衍威教授的杰作。

　　这是一片地理研究的热土。1943 年暑假，吴壮达人虽在连县，但相邻的两个地方，加上连坪公路贯通，吴壮达与武阳司和车田坝的法学院师尊的联系纽带，并不因群山阻隔而疏离，反而因战时艰难延续民族文脉的思想而心息相通。关山重重，云山雾绕，相比古道上那些挑担送货的人，用沉重的脚步丈量古道上的每一块石板，他们历千辛万苦而不停歇，如今，地理上的远近，怎么会轻易隔断师生之间的联系？

从武阳司到坪石的校本部，走古道22里*路，走水路则30里，还是有诸多不便。后来法学院搬到车田坝，这里距坪石的校本部不过6里路，方便了很多。但是，从地理情结上，武阳司和车田坝，都是吴壮达的心系之地。

我打开厚厚的散发古旧气息的书本，试图找到法学院武阳司、车田坝、连县、路亭墟这一路与台湾的某种关联。

崇山峻岭的坪石和海上仙山岛屿的台湾，本没有勾连，但是因为吴壮达这个地理学家的身份，这两个本不相关的地方，还是用历史的脚步实现了串联。

开明书局出版的这本《台湾》（第一版）摆在我的案头，著者：吴壮达。翻开这本已经发黄的书页，书本的版权页赫然将时间的指针定格在1952年11月。

这本书的著作年代显然不是1952年。吴壮达以一个地理学人的身份，为祖国呕心沥血写作这本台湾地理专著，是因为那个时代乃至现在，维护祖国的统一和反对外来侵略一直是中华儿女的神圣使命。

在坪石的那段日子，在日军侵凌坪石的那段艰苦岁月，吴壮达在坪石的山林间，一定思考了很多很多，尤其是边疆那些海岛明珠，毕竟是祖国的大好河山。而且，抗日战争胜利后，日军无条件投降，被强占的台湾被中国收复，受降的那些点点滴滴，也激起了吴壮达心中的波澜。

他在第一章《台湾的发现》开门见山地写道："开拓台湾第一页　让我们先从台湾的历史故事说起吧。中国大陆的人民在过去是怎样和台湾接触的呢？秦汉时代的关系，姑且不谈，就从1300多年以前的隋代说起吧。"这种看似漫不经心，实则以史为证的论述，很容易将枯燥的历史变得血肉丰满、趣味横生。

吴壮达的《台湾》一书，以及之后的《台湾的开发》《台湾地理》《台湾省农业地理》等影响深远的著作，都深深打上了"台湾"的烙印。一个地理学高级知识分子，他写作的初衷是那样的清晰。他并不只是简单介绍我国那个位于东

---

* 里，相当于500米。

南沿海的最大岛屿上的丰富的物产，实在是想强调"台湾是中国领土不可分的一部分"，表明："中国人民有决心而且也有把握从美国侵略者手中收复台湾和一切从属于中国的领土。"

历史的齿轮映照着这位地理学家思想的深邃。作为少有的去过台湾的大陆地理学者，他的经历和他的赤诚，今天依然深深打动着我。75年前，也就是1947年11月，经台湾大学农学院院长王益滔先生的推荐，吴壮达应台湾省立农学院之聘，担任地理学教授，在台湾虽然前后不过一年时间，但在此期间，吴壮达深入台湾地理，做了扎实的实地探访工作，这也为其后续研究台湾地理打下坚实基础，《台湾》等著作影响深远，是心血交融的爱国主义作品。

吴壮达教授经常对地理学界的同仁说，在研究工作中，"不经自己多次考核的资料不能用，不经自己深思熟虑的意见不能写"。这是他治学的基本原则。作为学者，他的治学态度严谨，工作精神忘我，堪称后人的楷模。他在论著中所引用的资料，总是要经过查对来源，认真核实，而且尽可能将有关论题的资料做较为全面的处理，这使得他的著作不仅见解独特，而且资料详实，科学性很强。例如，《台湾省农业地理》（科学出版社，1979年）一书，近30万字的著作，其中就有各种统计表93个，对这些统计表的制定，吴教授都极为认真和细致。对于著作中所附的大量地图，他也认真校对核验，微小的误差也不放过。我们从《台湾》（第一版）中的"台湾略图"中看出，比例、标注（距离、形状、山系、河流、铁路、地名、航程等等）科学，准确无误。《台湾省农业地理》一书，37幅地图的编制，毫无误差，即为例证。更难能可贵的是，《台湾省农业地理》所附地图，除已经标明资料来源的少数几幅外，均是作者吴壮达教授自行编制。作为我国那个时代对台湾地理专题研究方面填补空缺之作，他的严谨治学态度，值得后世研究，并以为楷模。

八

1953年7月27日，中国人民志愿军、朝鲜人民军和联合国军在开城板门店签定《朝鲜停战协定》，震惊世界的抗美援朝战争最终以中国取得胜利告终。抗美援朝战争的胜利，中国人民志愿军打出了军威、国威。中国人民志愿军以落后的武器装备，打败了完全现代化装备的、以美国为首的侵略军，震动了世界，为维护亚洲和世界和平作出了巨大贡献，新中国的国际威望空前提高。

彭德怀司令员签字后曾发表谈话，他说："朝鲜战争证明，一个觉醒了的爱好自由的民族，当它为祖国的光荣和独立而奋起战斗的时候，是不可战胜的。"

的确，抗美援朝战争的胜利，让新生的中华人民共和国赢得了国际尊重，中国人民从此以矫健的英姿出现在世界人民面前。

这一场战争让全体中华儿女感到扬眉吐气。

吴壮达也是一样。旧中国积贫积弱，因为落后老是挨打。事实胜于雄辩，中国共产党领导下的新中国朝气蓬勃，虽然百废待兴，但是与旧中国比较，作为学者的吴壮达，内心有了满满的自信心，他庆幸自己在台湾只待了一年左右便偕夫人袁臻女士一起辗转回到祖国大陆。在台湾，他目睹了在国民党统治下，台湾社会经济情况急剧恶化，局势动荡不安。在台湾，因为袁臻的教授夫人身份和她之前的工作关系，他们经常接到一些进步人士从香港寄来的报纸，由此可以了解到人民解放战争的发展情况。在这种情况下，他们毅然辞去在台湾省立农学院的职务，返回大陆，于1948年11初回到广州。随即应聘至广西南宁师范学院史地系担任教授。至1950年3月，吴壮达转至广东文理学院（现华南师范大学）地理系任教授兼系主任、地理研究所所长，在学术领域继续取得连番成就。

除了《台湾》《台湾省农业地理》外，吴壮达教授写了其他很多有关台湾的著作，比如《台湾》（第二版）、《台湾的开发》、《台湾地理》、《台湾地区经济地理志》等，其中《台湾地理》、《台湾》（第一版）和《台湾》（第二版）均被翻译出版了国外翻译本。此外，吴壮达还有很多重要学术论文发表，比如《台湾的命名和大湾的陆化》《论台湾省糖业的发展问题》《"岛夷"、"东鳀"与古台湾的关系》等。

1953年和1955年，苏联外国文献出版社先后出版了《台湾》一书两版的俄文译本。《台湾》两版俄译本出版，上面还刊载有苏联地理学文献编辑部对该书的简介，从中也可窥见苏联老大哥对中国的重视。简介说：

> 《台湾》一书是一本描述台湾省自然条件、资源及其各个经济部门情况的专著。作者令人信服地向读者展示了台湾作为中国一部分的历史事实。丰富而详实的历史资料使读者有可能详尽地了解台湾省的工农业状况、居民的生活水平以及他们在美蒋统治下饱受的痛苦。书中关于铁路、公路运输发展

情况、关于城市和港口、关于台湾省内民族的构成都有大量饶有趣味的资料。……摆在面前的这本内容丰富、充满爱国主义精神的书,无疑是会使广大苏联读者感到兴趣的。

彭立勋先生的《地理学家吴壮达教授》为我们描述了俄译本那种珍贵的荣誉、荣耀和对祖国的贡献,今天的我们,完全可以感受到那份喜悦。新中国在旧中国千疮百孔的基础上,迅速恢复国力,对科学学术高度重视,作为中国人,确实感到自豪与豪迈。彭立勋先生说,该书俄译本出版后,苏联《新时代》杂志1954年第23期、《真理报》1955年8月5日先后刊发了书评,充分肯定了它的学术价值。后来,该书又被列入《苏联大百科全书》1956—1957年修订版"台湾"词条的参考文献之一(《苏联大百科全书》编辑部曾将"台湾"词条稿复印本寄给吴壮达教授征询意见)。1955年秋至1957年秋,吴壮达被派往北京师范大学地理系外国经济政治地理进修班学习,并协助苏联专家工作。这完全是组织因为他个人的学识和人格力量给予他的应有的机会。

现代人只知道台湾是因国共内战的原因造成两岸至今依然分治的状况,而对于台湾本身或许知之甚少。任何有助于使历史继续得以延续之举,都是我们国家的幸事。学者、专家们为国家的千秋伟业所作出的种种努力,有助于民族的认同和深切的了解,对于增进沟通、加深彼此融合有不可或缺的作用。今天,我们在阅读吴壮达教授在60多年前、抑或70多年前的著作,依然可以触摸到一颗赤子之心,他在艰苦条件下不遗余力地为学术呕心沥血,为后人存证留史,为教育赓续文脉,皇皇心愿,其人伟哉!

在《台湾》一书出版后,吴壮达教授又接连出版了15万余字的专著《台湾地理》一书,该书1957年由三联书店出版,1959年又改由商务印书馆出版一版,至1960年印刷三次。差不多与《台湾地理》出版同时,吴壮达教授又撰写了《台湾的开发》一书,1958年由科学技术出版社出版。这是一部关于台湾历史地理的专著,他从一些历史事实和有关地理资料上,将2000年来中国大陆人民开发台湾的艰苦经历,作了一个简要而又较为全面的阐述。彭立勋先生称赞《台湾》一书是新中国建立后第一本全面论述台湾地理的专著,为我国的台湾地理研究提供了系统而宝贵的资料。同时,它也是地理教学方面的一部重要参考书籍。事实上,1960年,中国科学院地理研究所在总结10年地理学研究成绩时,将该书评为"区域地理的重要研究成果"。1959年,苏联外国文献出版社出版了该书的俄文译本。

大量的学术资料,并不因岁月流逝而被束之高阁,相反,历久弥新,它们的质感光辉,至今仍在散发着璞玉一般的晶莹光泽,并因是人类文明的一部分而给后世以无限的启迪。

我必须更近距离地观察和仰视一个时代,这个时代从坪石的乡野,以泥土的质朴芬芳,用自由民主之精神,眼界里布满现代意识和忧患意识,做天下人的学问,而将"学术乃天下之公器"奉若神明,每一个人的心灵都有一盏明灯。吴壮达与其他中大的教授们一样,对于孙中山先生1924年在国立广东大学(中山大学的前身)成立的训词"博学、审问、慎思、明辨、笃行"和"以天下为己任的责任精神",努力做到了践行和求索。

一个学者治学态度严谨,而且工作精神忘我,作为先师,人品与学识并重,必定是高人。每次有人请他审稿,吴壮达都认真阅读,毫不含糊地指出优缺点,并提供作者应参考的著作,以帮助作者进一步修改、完善。

吴壮达对于审稿工作的严谨和负责任的态度,见诸很多关于他的文章。据吴壮达个人笔记记载,仅1977年至1979年三年间,他接受并完成本校部分教材和论文的审阅工作、国家科研单位及兄弟院校专著和论文的审阅工作、出版单位委托的审稿工作,合计专著、论文就有29项,而他对所审阅的著作、论文均提出了详细的修改意见。

吴壮达教授在笔记中记载的事略,见证了他的内心对于学术精神的情感流露。1949年后,他一直任华南师范大学地理系教授,并任广东省政协委员、台湾地区地理学会理事、广东省地理学会理事、中国地理学会经济地理专业委员会委员、广东省高等学校科学技术研究成果评审委员会委员、全国经济地理科学与教育研究会顾问等。毕生致力于地理教育事业和地理学研究工作,他把毕生的精力奉献给祖国的地理教育和科研事业,数十年撰述不辍,惜时如金。华南师范大学的领导见他太劳累,曾先后两次安排他到罗浮山和从化温泉去疗养,他都因忙于著述任务婉言谢绝了。一个人在物质上没有过高要求,却在精神上严于律己,这与他经历抗战烽火、深怀国家落后挨打的苦痛记忆是分不开的。这一代知识分子,以中华民族伟大复兴为己任,争分夺秒,顽强、执着地工作。尤其是他对台湾地理的独特见解和著述,通过《台湾》等著作,后人可以感受到吴壮达身上

背负的恍如中央山脉一样的重量。

他肩负《中华人民共和国地名词典·台湾省》主编等繁重编撰任务的时候，人生已进入七十古来稀的年龄，身患糖尿病、心脏病等严重疾病，健康状况堪忧。加上他极疼爱的儿子吴江不幸病逝，心情陷入极度悲痛之中。尽管这样那样的遭遇，但他仍然不曾懈怠，坚持工作，忘我劳动，为早日完成国家下达的科研重任，不舍昼夜，认真工作。儿女们劝他少干点，他却说："我的日子不多了，要抓紧工作，要赶在生命结束前完成任务。"

透过其子吴杰明先生的《寻找父亲在台湾的足迹》，我们看到吴壮达这位一生与太平洋、与台湾结缘且关系密不可分的教授，用脚步和目光丈量了宝岛的山山水水。通过《台湾》等发黄的那些遥远年代的著作，我们看到了他的意志、远见以及期盼祖国山河统一的真诚心愿。这也让我们在今天透过历史的烟云，有了重读人教版二年级上册语文教科书的课文《日月潭》的欲望。

九

因为脍炙人口的《日月潭》，吴壮达被广为人知。

吴壮达教授的儿子吴杰明先生2007年因工作关系首次造访宝岛，时隔60年探寻其父亲当年的足迹，曾特别撰文回忆。他说："父亲与台湾的'结缘'，始于抗日战争期间。"

抗日战争是一页沉重的历史，每一个中华民族的子孙，都不应该忘却这段年代还不算久远的悲愤历史。以史为鉴，才能更好地面向未来，唯有国家强盛，昂然屹立在亚细亚的版图上，他国才不敢有任何虎狼之心。

吴壮达内心的希望，其实是一代知识分子的真诚夙愿。浴血奋战14年的抗日战争，是经历那个山河飘摇、国将不国、国家面临亡国灭种危机的人心中永远的伤痛。

吴壮达努力著作，研究边疆问题，垂注台湾、琉球等地，期望祖国统一，首先是因为抗日战争。那个时候，国家面临严重的民族危机。

作为一个学者，一个爱国者，最好的语言就是诉诸文字，保全文脉，唤醒民众，培育热爱国家的力量。

《东莞日报》"您好！莞籍坪石先生"2020年6月1日推出王晨征先生的文

章,称吴壮达"探地北天南,著宝岛风华",这是事实。吴壮达教授一生从事地理教育与研究,传道授业孜孜不倦,在《琉球与中国》等文章中毫不掩饰自己主张恢复故国山河、实现祖国统一的理想。在这颗滚烫的心里,也有着柔软和温馨的浪漫情感,他的《日月潭》这篇写景的短文,以243字的极短篇幅,将地理上的宝岛日月潭和人文情感里的台湾恰到好处地进行了描绘,表达了内心对宝岛台湾迷人的自然地理和美丽风景、对祖国大好河山的无比热爱之情。

  日月潭是我国台湾省最大的一个湖。它在台湾省中部的山区。那里群山环绕,树木茂盛,周围有许多名胜古迹。
  日月潭很深,湖水碧绿。湖中央有个美丽的小岛,叫光华岛。小岛把湖水分成两半,北边像圆圆的太阳,叫日潭;南边像弯弯的月亮,叫月潭。
  清晨,湖面上飘着薄薄的雾。天边的晨星和山上的点点灯光,隐隐约约地倒映在湖水中。
  中午,太阳高照,整个日月潭的美景和周围的建筑,都清晰地展现在眼前。要是下起蒙蒙细雨,日月潭好像披上轻纱,周围的景物一片朦胧,就像童话中的仙境。
  日月潭风光秀丽,吸引了许许多多的中外游客。

这篇文质优美的文章,讴歌了台湾日月潭的秀美风光,反映了吴壮达思想上的纯粹,展示了心底无比丰富、无比宽广的胸怀。五个小小的自然段,言简意赅,依次介绍了日月潭的环境、形状以及清晨、中午、雨天的景色,景之美、文之美,值得永远品味。而其简单的心境,清新的文风,真的是"幅小天地宽,文短日月长"。人们记住吴壮达,不仅仅是因为他用优美的文笔、惜墨如金地描绘了台湾的秀美风光,更因为他的赤子情怀,感染了一代又一代人。

吴壮达不仅仅做了些学术,描绘了祖国的大好河山,晚年,他还参与了有关改革开放的前期活动。1979年10月13日至20日,由国家计委经济研究所、福建省计委和厦门大学联合举办的"亚洲部分国家和地区经济讨论会"在厦门举行。这场学术讨论会,实际上是改革开放的前奏曲。当时的到会单位达到60个,有国家计委经济研究所及外事局、外交部国际问题研究所,有外经部、外贸部、中联部、国务院进出口委员会、中国银行总管理处等国家机关,有广东、福建、

上海、天津四省市计委,有广东、福建两省省委调研室,有中国社会科学院所属世界经济研究所、工业经济研究所、南亚研究所、港台研究室,有吉林、广东、上海三省市的社会科学院,有北京大学、人民大学、中央民族学院、复旦大学、吉林大学、吉林师大、延边大学、河北大学、云南大学、四川大学、中山大学、暨南大学、华南师院、华侨大学、厦门大学等高等院校有关研究所(室)或专业,以及人民出版社、中国社会科学院出版社、财经出版社、工人日报社等新闻出版部门,共100余人。吴壮达在会议上提交了论文《台湾加工出口区的问题》,会后,该文1980年8月刊登在中国社会科学出版社出版的《亚洲经济问题》一书上。这次会议对我国经济发展道路问题、工业化中不同时期的发展重点问题等等提出了一些看法,并对引进外资,引进先进技术设备,发展外贸、旅游,建立出口加工区等提出了值得重视的意见。吴壮达以自身的专长和对亚洲"四小虎"之一的台湾的经济发展特点的了解,联系我国实际,对改革开放的经济发展问题,提出了有借鉴意义的经验教训,殊为难得。

吴壮达教授1985年8月病逝于广州,时年整74岁,做到了活到老、工作到老、学问研究到老。他的人格形象光辉高大,对国家前途和命运的关注,更加凸显其臻于完美的优秀特质。

在文章即将结束的时候,我想说,吴壮达和他的夫人袁葆真(袁臻)女士,是和中国共产党十分亲近的。袁葆真在曲江入职的"中国战时儿童保育会"下属的广东省第二儿童保育院,专门收容抗日将士遗孤与沦陷区的流落孤儿。中国战时儿童保育会由宋美龄、邓颖超、李德全、郭秀仪等妇运先驱们于1938年3月10日在汉口成立,实际上也是中国共产党的外围组织之一,袁臻由此与中国共产党有了关系。为了党的长期发展需要,袁臻一直服从领导,坚持在党的外围发展,为党做应该做的工作。翻开《袁臻生平年表》,上面赫然记载,1947年,袁葆真参加由中国共产党领导的"反饥饿、反内战、反迫害"运动,后来还被校方开除。这样一个女子,让吴壮达怎么会不心生爱慕呢?吴壮达一生东奔西走,远的到了吉林省,根本无暇眷顾莞邑的那间老祖屋,他的母亲因为吴壮达等亲人不在身边,走日本时只身带着女儿逃难。吴壮达内心有过歉疚,有过柔软,内心割舍不下对故乡的眷恋。吴壮达携夫人袁葆真在1948年11月离开台湾经香港、广州回到大陆后,特意回东莞老屋小住后再赴南宁任教。在台湾期间,他们从香港收到的进步资料,大部分是因为夫人袁葆真的关系。他们最终选择摆脱国民党的黑暗统治,回到光明、进步的祖国大陆,在那个年月,这是需要多大的机智、决心和毅力啊!在台湾那种随时要掉脑袋的血雨腥风的日子,吴壮达和夫人袁葆真,摆脱威逼利诱,以中国共产党的同道人身份,默默活跃在党的外围。很多年后,羊城妇女大会开会,几个人围着吴壮达教授的夫人袁臻女士说:如果那个时候我们不让你继续留在党的外围组织,而是同意你们入党,那么,今天,你的地位比我们还高,我们亏欠你们啦!

说这番话的时候,吴壮达教授早已作古。袁臻女士微微笑道:吴教授不亏,他的名字,刻在《琉球与中国》这本书上。

至于人教版二年级上册的语文教科书里的《日月潭》,那读他的作品的人就更多了……

匡定入编的"东莞人物丛书",在《东莞当代学人》(广东教育出版社,2008年1月出版)里面,序齿排列,吴壮达位列"东莞当代学人"第14位,足见其影响。莞邑当代学人,个个光耀千秋,作为东莞这座城市的记忆,实乃东莞精神的延续。吴壮达让我们记住了烟波深处那些美丽的群岛和自然风光。

吴壮达的心中有大海,有碧浪,有岛礁……每一次我们对故国山河回望时,谁的身躯活在历史的云烟中?谁的版图上写着一个赤子的深情与热望?我们都不要忘记吴壮达这个人,他反复让我们铭记,太平洋上的那些明珠,曾经在祖国的怀抱中。

他的心中装有国家,装着教育,用文字默默擦亮中华民族曾经的版图与璀璨。

只要大海没有消失,我们就应该看到祖国曾经的身姿。

(刘帆)

第八章 一个教授的战争与文化

一

坪石铁岭，武水河畔，我们探寻莞籍"坪石先生"陈安仁的足迹。

我们来时，这里春花烂漫，芬芳幽香。一座西式洋楼静静地躺在人间三月天里，尽管残垣斑驳，但流光并未随风而逝。

这座洋楼就是抗战时期中山大学文学院的旧址。这里属于坪石镇郊外，楼是1933年修筑粤汉铁路时成立的株（洲）韶（关）段工程局所建的办公及宿舍楼。1938年10月广州沦陷，广东省银行迁到坪石，租用此楼。1941年6月，文学院从清洞迁到铁岭，粤省银行转租给文学院。

这里负山面水，绿叶敞空，风景绝佳。依山排列着旧式的洋房，分布得体，位置与交通颇为便利。作为战时的后方，粤北大山深处的坪石，迎来中山大学。相信富有远见的迁校决策者们，在战争逼迫下不得已回迁广东，于坪石找到一处安顿之所，除了看中这里远离战火外，也是看中了岭南西京古道上的这处地方适宜潜心修学，同时也能为战时培养人才。

2021年3月25日，几位自莞邑大地来的人，包括我，在这栋洋楼前，长时间默然不语。无论怎样想象，都难以相信洋楼对面的铁岭山上，就是当年中山大学文学院的师生们上课、学习和生活的地方。铁岭本是个小山岗，文学院搬来后，修整加建。泥土造屋，禾草作顶，还有竹材筑墙、杉木作梁、杉皮当瓦搭建的屋子。当年糙米饭为惯常主食，竹床为席，肉类属于珍品。就是这样一个地方，师生们因陋就简，烽火中不绝读书声。如今满山青翠，间或鲜花在其间鲜艳夺目，不远处的罗家渡汽车站，将我们的目光顺着蜿蜒的公路引向远方。山势绵延起伏，高低耸立，不见尽头，也望不见远方到底在何方。

楼前右前方空坪上矗立着一根纪念柱（信息柱），柱面上分割成40个用瓷片贴合成的小方块，瓷片上烤制着学院标识、杰出师生、档案名册、校歌校训、毕业名册等文学院的图像史料，以一种古朴而又清晰的讲述，还原着一个时代的风华。当我们在当年学生们做过的考试题目上面浏览时，那些时光的迹象，让我们觉得一个个师生依然在这里答题、释疑、解惑。

文学院这栋办公楼的后面是罗家头码头，码头的对面是莲塘渡船头码头。清澈的武江水日夜流淌，码头边停靠着一艘木制小船，似乎昨日的师生还在这里搭乘渡船前往想要去的各个校区学院或山里人家。

这罗家头码头是武江边文学院的"专属码头"，而每个学院，似乎都有自身的专属码头。罗家头码头和其他码头一样，它们的通达，是因为自古及今，因水而生，货客穿梭，来往在这武江上，生民流动的血脉，也就是这水运悠悠了。由于抗战时期的特殊原因，加上坪石有限的空间，中山大学各个学院，不得不分散选址，大部分在武江沿岸。除了步行，很多是通过武江水路，坐船往返于各学院之间。水路迢迢，在公路和铁路受阻的战争时期，船运依然承担着水陆运输的任务，古老的运输方式，同颠沛流离的中山大学一样，沧桑而又让人萦怀。1938年10月，日本侵略者进犯广东，广州很快沦陷，中山大学不得不紧急西迁至云南。1939年3月1日，中山大学在云南澄江正式复课。图书馆主任杜定友教授绘制了一幅迁校地图（即《西行志痛》附图6），描绘了西迁苦难的历程，图中文字说：

行期：自中华民国二十七年十月二十日零时三十分至二十八年二月二十二日下午五时三十分，凡一百一十五天（1938年10月20日0时30分至1939年2月22日下午5时30分）。

行程：经过广东、广西、云南、香港、安南，停留十八站，凡一万一千九百七十余里。

交通：步行、滑杆、骑马、公共汽车、自用汽车、货车、火车、木船、太古船、邮船、飞机。

…………

我之所以选择这样一段记录，是痛感一代学人之不幸和家国之殇。这场万里

迁移，路途遥远，道路坎坷，很多地方是山川丛林峡谷，公路不通，大多靠步行，翻山越岭，加上日本侵略者的飞机轰炸，流离颠沛，苦不堪言。杜定友教授在广州沦陷后130天"泣记"，读完令人惊心动魄，潸然泪下。

"泣记"二字，显然压得人喘不过气来。一个堂堂七尺男儿，非有天塌地陷之遭遇，断不至于用"泣记"字眼。清明祭祖忆先祖筚路蓝缕当"泣"，天崩地裂生灵涂炭当"泣"，崎岖世路壮志未酬当"泣"，人祸天灾民生多艰当"泣"……中山大学教授的"泣记"，非行路难而"泣"，实乃日寇欺凌、忧心家国前途而"泣"……即便杜教授在抗战迁徙时没有留下图文，人们又怎么会忘记他！原籍广东南海，1898年1月7日生于上海，杜教授因日寇的入侵而沦落为"无县人"，何其悲也！何其痛苦哉！周代制度："天下地方千里，分为百县而系于国。"秦汉，县系于郡，即地方政权直系中央。杜定友这样的爱国教授在战火纷飞中幸免于难却自嘲"无县"，在自己的国土上无立锥之地，任日本侵略者驱迫，难道不应该记住日本侵略者的滔天罪孽吗？

"从古俊奴漫无礼，款和计拙与谁争"，武进人屠寄（1856—1921年）对甲午战起失地赔款，曾无限苍凉悲壮，痛斥敌人轻慢无礼，怨愤国家不力。书生之"泣"，上悲苍天、下哀生民，中山大学教授亦是时代"书生"，伤乱世，寄望家国强盛之心，天理昭昭。

然而，在澄江，安稳日子没有多久，1940年7月，因日本侵略者策划从越南进犯云南，战争危险骤然降临，蒋介石电令所有迁到云南的大学"立刻准备万一，快速搬迁"。在澄江短暂安歇的中山大学在时任代校长许崇清教授的带领下，8月回迁到粤北乐昌坪石。

从1939年3月算起到1940年8月，一年多时间，便被迫再次搬迁，一个大学的运命，在这战火硝烟中，不得不经受颠沛流离。从云南澄江至粤北坪石，1000多公里遥远的距离，沿途20余个重要城市，9月初自云南启程，10月16日才进入粤北坪石镇。大部分人，历经一个半月的长途跋涉，无直达车马交通，迁徙之艰辛，今日遥想，犹觉不可思议。

许崇清代校长之《告别澄江民众书》曰："席未暇暖，又备登程，别绪离情，彼此同感。"此一节，最为哀恸，人非草木，焉能无情？时国家危难，大学无安居寄放之处，前路漫漫，艰难困苦难以预料啊！家国之殇，连大学都如此，况民众之奈何！

此倭寇强加之战争罪孽，为文明以来我华族遭受外夷侵凌面临之最大之亡国灭种之危险。

在那凄风苦雨、烽火连天的岁月，一位名唤陈安仁的莞籍教授，自羊城便誓死追随，由罗定，到澄江，再迁坪石，弦歌不辍，而在坪石，其常利用群众性集会发表激情演讲。

文学院门前的纪念柱上，陈安仁教授的名字赫然在目。职别：教授；籍贯：广东东莞；性别：男；年龄：五十二；到职日期：二十一年三月（1932年3月）；月薪：四百二十元。档案之清晰，教授之追随，坪石的日月山光为之镌刻，而旅行者到此，坪石之光依然如在今天。

陈安仁在《我生活的回忆》（出自《东莞当代学人》，广东教育出版社2008年版）中描述说："我的家乡，是在东莞县属之樟溪（樟坑径），与宝安县为邻，距离广九路的平湖站，约有十里之遥。"

广东东莞籍。这是一个醒目的标志性身份。因为坪石，岭南东莞这一块热土上，陈安仁等人的教授之光，在华南教育历史上，在抗战文化史上，都闪耀着无尽的光芒，他们都是有功于家国的人。

像陈安仁这样的老教授，薪资看起来不菲，却是地地道道的穷苦教授。陈安仁在坪石的月薪是四百二十元，因为物价飞涨，家里人口多，却总是入不敷出，家庭无比困难。吕雅璐主编的《抗战烽火中的中山大学》一书，这样描述抗战时期中大师生的艰难困顿："衣"——根本不可能添置新衣，穿破了唯有缝补。战时物资缺乏，价格高昂。笔者曾看到法学院的章振乾教授的女婿袁征（华南师范大学教授、博士生导师）先生曾写过一篇这样的文章《"家里连一天的粮食都没有"，抗日战争中的大学教授》，文章说："看到岳父家的情况，他大为歉疚，说：'上午我不让你拿米回来，因为这很难看。哪有教授满街背米的？所以等到天黑才送过来。没料到你们家竟然连一天的粮食都没了。'" 1941年出版的刊物《满地红》上，陈安仁以"我的……"为题，特别写下征文《我的孩子们》，从中可以一窥当时教师们艰苦的生活状况："长子赴美得好友照拂，才有工读的机会，不然以二千美金之生活费，以一个穷苦之教书先生，何能及此？华侨不但热心救国，且亦乐以帮友，实在可感。" 1943年春，也就是中山大学搬到坪石的第四个年头，广东遇上百年一遇的春旱，加上贪官污吏勾结，奸商囤积居奇，各地粮价暴涨，使灾情雪上加霜。中山大学师生的吃饭也受到了严重的威胁，一些家

庭负担较重的中山大学教授，已经开始典当家什来维持生活了。

在烽火连天、国难当头的日子，一个又一个莞籍教授，陈安仁、郑师许、容肇祖、何作霖、邓植仪、邓盛仪、吴壮达等一批莞籍知识分子，在中山大学登台亮相。我们浑然不觉得他们"新潮"，而想到的是东莞的"底蕴"，是共赴国难的爱国学人。

他们来自南海边，来自珠三角的东莞，让我们将目光投向莞邑那更为久远的历史深处。

5000多年前，古先民在此胼手胝足开基立业；三国时期，沿海引咸制盐，流通三江；唐宋以来，岭海文明融合，氏族村落形成，文化教育播植生根；特别是自明代以来，兴学尚贤，科举出仕，崇德济世，开时人之耳目，驰誉粤海岭南。明代学者邱濬曾经评述："岭海人才最盛之处，前代首称曲江，在今世则无逾东莞者，盖入皇朝以来逾百年，于兹岭海人才列官中朝长贰台省者，无几何人，而东莞一邑独居其多，君子推原所自，咸归学校育才之效焉！"入清，莞邑地利丁旺，耕织欣荣，人才继盛，仅明清两代科举文武进士就多达265人，举人逾千，而以文德武功举荐升迁者更不可胜数。布衣士绅，心系家国；节义仁声，远播流芳。莞籍精英，在近代以后，趁西学东渐，痛定思痛，自强不息，尤以虎门销烟，震惊世界，而推翻帝制，民国肇造，革新图强，及至倭寇亡我中华之战，莞人多挺身而出，为民族增色生辉。

通过文字来复原一位民国时期，特别是抗日战争期间著作等身的莞籍坪石先生——陈安仁教授的战争与文化的面目，许多人告诉我，这得从乐昌市坪石镇那里开始回溯，才能拨云见日，找到陈安仁教授在抗日战争那一段烽火连天、岁月沧桑、玉汝于成的注脚。

铁岭山下，乐昌老坪石的罗家头十字路口向东约150米的铁岭下，排岗下路路边（南），矗立的这栋两层的老旧建筑，便是陈安仁履职教书育人的中山大学文学院。这栋西式小楼，静静地在时光轴里，它所见证的历史，远比我想象的更加丰富。

这座紧邻武水的文学院，虽然在乡野，但是在战时的后方，无论陆路交通，还是水路，都是较为理想的。我们看到这里当年进出的人，无比惊讶：俱是影响中国人文学科的学术大家——历史哲学家朱谦之、新戏剧专家洪深、考据学家李笠，还有著名教授詹安泰、黄际遇、吴康、岑麒祥、黄学勤等人，以及我要落墨的莞籍坪石先生——陈安仁。

  淡淡的三月天
  杜鹃花开在山坡上
  杜鹃花开在小溪畔
  多美丽啊
  像村家的小姑娘
  像村家的小姑娘

  去年村家小姑娘
  走到山坡上和情郎唱支山歌
  摘枝杜鹃花
  插在头发上

  今年村家小姑娘
  走向小溪畔
  杜鹃花谢了又开呀
  记起了战场上的情郎
  摘下一枝血红的杜鹃
  遥向着烽火的天边
  哥哥你打胜仗回来
  我把杜鹃花插在你的胸前
  不再插在自己的头发上

  淡淡的三月天
  杜鹃花开在山坡上
  杜鹃花开在小溪畔
  多美丽啊
  像村家的小姑娘
  像村家的小姑娘

　　这支诞生于战地的歌，遥向着战争烽火的天边。我想，陈安仁教授，一个民国二十一年三月（1932年3月）便加盟中山大学文学院的教授，对这首歌一定也是耳熟能详的。在他的战争观与文化观里，他不可能绕开中华古老文化对于战争起到的支柱作用。他和他的学生们，在清洞乡（在乳源县）就听到这首歌的传唱。这首歌的词作者芜军是当年中大文学院哲学系四年级的学生，他的真名叫方健鹏，也叫方燕军，他是在这里写下《杜鹃花》的歌词的。1940年冬，师范学院的陈维祥先生，把这首新诗送给著名作曲家黄友棣教授（当时任教于师范学院），黄教授在极短时间内便谱出了曲子。1941年春，省立艺专音乐科学生以无伴奏的合唱形式演唱，甚获无数听众的喜爱。而群山环绕的管埠，也是每当春回大地，漫山遍野尽是鲜艳如火的杜鹃花，惹人无限思绪。中山大学如今仍有很多人会唱这支山歌。笔者到坪石铁岭研学采风，华南教育历史研学点的何昆亮老师当即即兴演唱，美妙的歌声立马牵引我回到战火弥漫的抗日战争年代。

　　这首民歌曲风的歌曲，无比亲切、美丽，创作上坚持民族语调，透着中国风格的和声。词作者在哲学系，他是否聆听过陈安仁教授的课，已难考证，因为陈安仁是史学系的教授。但是清洞那个乡村，事实上的注脚是，1940年8月，中山大学自云南迁回广东，文学院的第一个落脚点是清洞，次年6月迁往铁岭，历时10个月有余。无论怎样说，清洞乡村那个狭小的空间，是足以抬头不见低头见的。文学院栖身的那栋下层青砖砌墙、二层泥砖瓦屋的房子，正对着前面空旷的坪地、溪流、田地、菜园和水井，尤其是偌大的水井，是打水、洗衣，或去溪边散步赏景的必由之地。有水的地方，就有通往各地的泥土路相连，尤其是溪旁的野花，争相斗艳，远处的杜鹃花，恰是最让人燃起烽火离乱之思的热望的。"蝴蝶梦中家万里，子规枝上月三更"，这群饱经千里迁徙之苦的师生，到了这个宁静的小山村，"家国"是挂在心头的话题：何时打败倭寇？何时回归故里？何时与亲人团聚？那些个明月照耀的寂寥的天空，少不了这样那样的思绪。"数峰和雨对斜阳，十里杜鹃红似烧"，情郎上前线，妹妹去送别，一去经年，聚首无期，村后森林遮天蔽日，唯有门前小路通向远方。中山大学原本在富庶的广州，那里，木棉红火，华灯璀璨，尤其是石牌的大学校园宁静优美，相比清洞山村，恍若有隔世之感。落脚此处，触景生情，文学的魅力，此时发挥了空天的力量。

　　事实上，清洞这里，远处的杜鹃花在山地，在松林下，在小溪边，热情奔放，清白忠诚，唤起红火的爱情、深沉的思乡和期盼早日打败日寇、早日结束战争的心声。松涛阵阵，苦乐甘甜，文学院师生在艰苦的环境中，依然保持乐观豁达，战时仍举办各类文体活动。当年铁岭山上，开满漫山遍野的杜鹃花，师生们不停地传唱着芜军和黄友棣所创作的歌曲《杜鹃花》："淡淡的三月天，杜鹃花开在山坡上，杜鹃花开在小溪畔……"国难当头，诗人联想到的是烽火连天的血与火的战场；52岁的陈安仁，同样激情澎湃，忧国忧民，他在这里讲演《希腊文化盛时与中国同期文化之比较》《人类精神文化之动力》《中国先哲之伦观思想》等。文化传承是人类社会发展的内在精神动力，先生之睿智和心地，实在是美好且难忘的。

1941年的中山大学《教师手册》显示，当时中大教授183名、副教授42名、讲师47名、助教97名，总计教师374名。其中就有朱谦之、陈安仁、岑麒祥、杨成志、钟敬文等文史名家，文学院阵容之强大，由此可窥一斑。而东莞籍的陈安仁，到坪石此间，屈指算来，他已经在中山大学度过了十年光阴。

他以一个不同于其他教授的方式，解析着人类的战争与文化。苏格拉底说："未经审视的人生是不值得过的。"而孔子说："古之学者为己，今之学者为人。"尤其是在抗日战争时期，用道义、理智与客观需要来推论，战争形势下的文化，与其他文化一样，不仅应该受到人们的关注，更值得深入研究。陈安仁作为一个学者，正是站在为家国为民族争取抗战胜利的愿景上，希望唤醒民众，谴责日本侵略者的卑鄙野心和野蛮行径，为抗战鼓与呼，为民族立言发声。

因为世界大势，国家与国家，社会与人，正义始终是王道。1937年"七七事变"爆发以来，日本对华的全面战争开启。如果从1894年7月的甲午海战算起，中国与日本，实际上一直在进行着力量的博弈。这是由中国大陆文化演进的日本海洋文化与中国大陆文化的对冲，以日本侵略者的野蛮和穷兵黩武来演绎的。日本的这种蛮文化，承袭了西方早期的殖民主义思想，与来自历史深处的"以人为本，家国一体"的中华儒家文化始终对立。在这场博弈中，尽管日寇的坚船利炮和飞机坦克能够摧毁中华的一些设施，造成中华民族人力的伤亡与物力的损毁，但是中华文化的根并不会断裂。维系几千年的文明纽带始终在国人心中，战争的残酷反过来催生一个民族的觉醒，尤其是我们都认识到，我们进行的抗日战争是正义的战争，而正义是不可战胜的，是世界的王道。抗日战争，中国必胜。

陈安仁想要表达的，正是这样朴素的推论思想。

二

著名作家老舍在抗战时期曾说:"我以为,在抗战中,我不仅应当是个作者,也应当是个最关心战争的国民。"

随着日本强寇迫近、家国濒危,知识分子的全部良知都在放弃一切个人情绪,心底以中华民族的最高利益为重。抗战时期的中国知识分子都面临着灵魂的拷问:我不能逃避我的责任。

陈安仁,一个同盟会的老会员,一个中山大学的教授,毋庸多说,他的思考是何等的沉重,他的心底总泛着希望的曙光。

今天的人们,似乎有必要回首追问:80多年前,日本侵略者为什么要不遗余力地、持续不断地、穷凶极恶地发动一波又一波的战争来侵占中国?从白山黑水到南海之滨的华南地区,从太平洋上的琉球属国到滇西,为什么每一个中国人都真切地感受到了"亡国灭种"的威胁?除了日本侵略者的贪婪和嗜血成性外,还有一个原因就是日本侵略者知道"大陆"的意义,那里有他们梦寐以求的"渴望"。

在这场侵华战争中,日本帝国主义使中国人民付出了3500万个生命以及8000万~1亿难民的代价,中国人民在战争中遭受了惨重的苦难。如果每一块被战火蹂躏的石头泥土、每一棵草木、每一滴血可以说话,那么日寇在中华大地所犯下的罪恶,比现实的文字刻录和图像佐证更具冰冷的证词。"铭记历史,珍爱和平",前提的前提是我们必须铭记历史,牢牢在心底和灵魂深处记住那段惨不忍睹的历史,才能以惨痛的教训、以受害者的姿态,更好地追求富国强军的目标,以史为鉴,面向未来。

在中山大学关于全面抗战前后研究的部分著作一览表上,来自东莞的陈安仁教授,他于1938年7月由商务印书馆出版的《战争与文化》,名列榜首。为什么是陈安仁教授的《战争与文化》最受关注?答案是显而易见的:因为这是一个教授的呕心沥血之作,与家国利益息息相关。图书出版的这一年7月,广州还没有沦陷,中山大学仍然还在广州石牌一带,那里校舍巍峨,环境清雅,高士云集。作为"象牙之塔",它是孙中山先生当年(1924年)创办时希望的心目中的最高学府,经过13年的打造,到"七七事变",这里早已是"学术之宫",成果丰硕。

　　陈安仁以一个大学教授的眼光和敏锐，看到日本帝国主义的本性。他绝不是随随便便就有了《战争与文化》这样的著述欲望，实乃日本帝国主义的行径，早已为有识之士所警觉。日本帝国主义对中华文明和中华文化的摧残，从它1895年窃取台湾、奴役台湾那一天起，如果再远一点，从它在1879年吞并中国属国琉球国那天算起。这个侵略成性的国家，实际上一直在以彻底消灭中华文明和中华文化为目的，一步一步地利用战争来实施它的既定目的。陈安仁的警惕是敏锐的，《战争与文化》在第一时间向中国表明了一个学者的担忧，提出了对策。他的担忧是对的，"七七事变"爆发仅仅一年多时间，日寇的侵略势力便从东北一直蔓延到了华南地区，中山大学被迫进行了长达9年的千里大迁徙大转移。中华文化的命脉虽然得以保全，却付出了沉重的代价。

　　日本自丰臣秀吉时代起就有吞并东亚的野心。宋、明先后亡于少数民族，中国天朝上国的高大形象在日本心中轰然崩溃。元、清等少数民族统治中国，让日本觉得自己更有资格和能力统治中国。而甲午海战中清朝失败，更让日本觉得中国是可以战胜的。

　　日本侵略者除了在军事上对中国大肆进攻，企图消灭中国军事的有生力量，屠杀中国人民，强占我国大好河山外，在文化上对中国更是进行斩草除根式的灭绝性的摧残，对学校校舍、图书馆等文化设施和载体肆意轰炸，中国面临亡国灭种的危险。全面抗战后，北京大学、清华大学、南开大学等大学纷纷躲避战火南迁办学，中山大学亦不例外，不过，中山大学是西迁。

　　日本侵略中国蓄谋已久，准备极其充分。1867年，明治天皇睦仁登基伊始，即在《天皇御笔信》中宣称"开拓万里波涛，宣布国威于四方"，蓄意向海外扩张。作为一个流氓成性的国家，日本根本没有道义可言。1871年，充满野心的日本帝国主义还假惺惺地与当时的清政府签订了第一个条约《中日修好条规》，其第一款明确规定："嗣后大清国、大日本国倍敦和谊，与天壤无穷。即两国所属邦土，亦各以礼相待，不可稍有侵越，俾获永久安全。"这个掩盖其狼子野心的平等的条约成为麻痹清政府的烟幕弹。日本的大陆政策一直在积极准备，而事实上，日本并没有遵守这一条约，而是积极向中国扩张。

　　如果说1895年的《马关条约》是继《南京条约》之后最严重的不平等条约，它给近代中国社会带来严重危害，是帝国主义变中国为半殖民地、半封建社

会的一个重要的步骤，那么日本蓄意发动的全面侵华战争，则在事实上让中国面临亡国灭种的危险。陈安仁教授意识到这一点，是基于当时的日本侵略者反人类的行径得出的结论。在台湾被奴役的50年间，台湾的中国人被禁止学习理工科，他们害怕中国崛起和强大。1946年3月，国民政府教育部"清理战时文物损失委员会"对文物损失调查最终形成的《中国战时文物损失数量及估价总目》，该文件列举了除东北、台湾和中共领导的解放区以外，全国各地文物的损失情形，其中古迹被毁741处（公705处，私36处）。日军大规模破坏古建筑和古迹，显然是处心积虑摧毁中国的历史传统及根植于人心的信仰和伦理观念，其狼子野心，可见一斑。而据《抗战初期日军对中国高等教育的破坏》（周建彩、孙春雷著）披露，抗战全面爆发后，日本军国主义为了彻底摧毁中国，对我国的高等院校和文化机构进行了有计划、有系统、长时期的摧残与破坏。"此次战争中，蒙受损失最大者为高等教育机关，敌人肆意破坏，亦以高等教育机关为主要目标。"到1938年8月底，全国108所高等院校中，有91所遭到日军破坏，其中25所因损失惨重，实在难以恢复而被迫停办。"此项教育机关，关系我国文化之发展。此项损失，实为中华文化之浩劫。"日本侵略者深知要摧毁一个民族的反抗力，就要摧毁这个民族的文化和意志，就要从摧毁这个民族的文化教育事业开始。这个今天看来很明显的道理，在当年日本全面侵华战争发端之时，却绝非每一个中国人都知晓的日军的企图。日军宣扬的"大东亚共荣圈"实际上是一个企图瞒天过海的强盗采取的骗子欺骗语和迷魂汤，为的是彻底斩断中华文化，将中国变成日本的殖民地。

穷凶极恶的德国法西斯侵略者1940年8月至10月发动对英国的"不列颠之战"，德国空军猛烈轰炸英国的重工业区和雷达站，但是牛津大学、剑桥大学在内的著名古建筑却完好无损。这不是在为德国法西斯说什么好话，而是想用一种事实来真实还原当年日本侵略者的滔天罪行。因为日本法西斯与德国法西斯恰好相反，日本侵略者对中国的教育设施、寺庙、铸像、钟楼、碑塔、陵墓等等，蓄意破坏，几乎是无庙不毁，对文物非劫即毁。单就中山大学而言，1937年8月到9月和1938年3月到6月，中大校本部和文明路校区被日机轰炸多次，遭受巨大损失，文明路校区部分校舍被炸毁，死伤12人，图书设备也损失很多。到1938年4月7日止，日机多次袭击石牌新校，前后轰炸共计10次，投弹50多枚。1937年8月31日在石牌新校区投下炸弹5枚之多。1937年10月5日邹鲁校长在报纸媒体上发表讲话,对日本帝国主义轰炸中大的真实目的进行了揭露和谴责,他说:"本校周围3万余亩,并无其他建筑物,敌人报纸曾目之为文化区,如非敌人故意消灭文化机关,绝无数次轰炸之理。有谓总理规划此校,规模宏大,致被敌机轰炸;然其他规模之大不如本校者,亦遭轰炸,可见敌人专欲消灭我文化机关,无分规模之大小。"日本侵略者罔顾国际公法,对中华文化大肆摧残,罪恶滔天,恶贯满盈,真是罄竹难书。当时的国际公法的根本原则是:非战斗员在陆海与天空,均不得加以袭击。1932年通过的一个国际条约规定,"天空攻击平民,应绝对禁止"。日本侵略者赤裸裸的野蛮行径,丧失了文明的底线,每一个国人何其悲凉!

我相信陈安仁在著述《战争与文化》一书时,一定想到了宋亡、明亡的结局。战争的残酷绝非仅仅是失地那么简单,在道法统天下的观念里,残暴者入侵,是要亡读书人心中的"天下"的。宋亡,30万抗元精英不愿当亡国奴,集体在崖山跳海殉国,道法相传不继,以致有亡国遗民哀婉"亡天下"之叹,悲愤之情,莫不警言在耳。明亡,知识分子的感觉同样如此。陈伯陶的《明季东莞五忠传》中的东莞人张家玉,殉国时才33岁。他明知抗清必死,仍然举旗募兵杀敌,浩气之举,让人肃然起敬。当代著名作家詹谷丰说"东莞是一个忠臣辈出的地方",历史上的某些关联,让陈安仁是否心有相通,我无法揣度,但是作为一个口口相传、史迹无法割裂的文学院史地系教授而言,他一定对东莞历史上的那些英雄人物充满了敬仰,对战争下的文化有自己独到的思考。岭南三忠之一的张家玉在《途中八绝》中写道:"云净天空朔气寒,举头何处是长安。那堪几点孤臣泪,洒向枫林带血看。"战争下的生死、哀伤、鲜血、疼痛、孤寂等等,文化人的心底比普通民众更有切肤的痛感。战争让文明中断、文化断层,绝非危言耸听,而是前车之鉴。作为一个老同盟会会员、黄花岗起义后加入革命军的文化学者,陈安仁对于战争的得失关系和历史的殷鉴,在心中早已了如指掌。

陈安仁在1939年2月由商务印书馆出版的《宋代的抗战文学》一书中,第一章开宗明义说:"一部人类史,就是人类的战争史。"他认为,战争之原因:一是为繁衍其种族,不能不以战争的力量而消灭其他的种族,使自己的种族之适以生存而尽量发展之;一是为扩大其疆域,为此,不能不以战争的力量而侵略其他部族国家的领土,使自己部落国家的领土,得无条件地无限制地而尽量拓殖之。他认为:"世界有许多国家,以有战争而疆域愈缩小;世界有许多的种族,

以有战争而族类日以萎靡。"

今天的人们,无论男男女女,依然应知晓战争,随时为战争服务。一支军队如果没有战争文化,注定会打败仗,而且会土崩瓦解。

1944年10月,毛泽东在抗日战争即将胜利的最关键的时候,在陕甘宁边区文教工作者会议上,使用更为直接明了的语言来提醒部队干部、战士重视文化教育工作:"没有文化的军队是愚蠢的军队,而愚蠢的军队是不能战胜敌人的。"这句名言,一直在不懈地反复提醒和教育大家。其中对战争与文化、军队与文化,关系的阐述形象生动,直截了当,对提高部队的作战能力和文化能力都起到了实实在在的巨大作用。

像陈安仁这样的文化学者、知识分子,说他心忧天下,洞察时局,关注国家命运,赓续文化命脉,这是符合读书人"天下兴亡,匹夫有责"的理想的。陈安仁在1938年出版的《我生活的回忆》一文中说:"一方面看到世界科学的猛进,使人类文化达到升华的景象。一方面看见世界和平的空气,虽然弥漫着,但得不到安顿的乐土。"世界本就矛盾复杂,而中国内忧外患,更加矛盾尖锐,困难重重,陈安仁显然关注到,战争对于中国意味着什么。

1937年卢沟桥事变,日本侵略者以海陆空军之威力,大举侵华,中华民族危机空前严重。1938年陈安仁在《我生活的回忆》中说:"为了这一年头,是中国全民族的抗战年,也是敌人大举进攻的侵略之年,可以说是中国划时代的一年。假使中国抗战如胜,中国民族会由此而复兴;抗战如失败,中国民族会由此而沉沦。我个人的命运,是和国家民族同为消长升沉的。"

何为命运?何为国运?陈安仁这一段文字之泣言,忧愁忧思忧虑无处不在,而心底之与国同进退的决心亦显而易见,可谓字字句句锥心。文公直编《帝国主义对华之侵略》一书,有一段"痛心疾首"的话:"直至中日战争以后,以伟大的中国,不旬日间,竟败于区区三岛倭奴之手,于是,故国威严乃顿失其效力。"列强瓜分之兆、共管之说,如春云之展,日甚一日。

亡国灭种之说,对于饱受日本侵略者踩躏的中国人而言,不是遥远的土地上的事情。危险已经是箭在弦上,中国的战争与文化问题,怎能不直抵心间拷问!

三

战争是政治的延续，或者是政治变异后此消彼长后的博弈。

明朝后期，一位无论是在史学史上还是思想史方面都有一定地位的东莞人陈建（1497—1567年）先生，在《皇明资治通纪》中提出了一个发人冷静思虑的诘问：为什么"祖宗时士马精强，边烽少警，而后来则胡骑往往深入无忌"？

陈安仁对自己生存的时代，也有着像陈建这样的诘问，否则日寇侵华日进、国家危难之时，陈安仁不可能发出《战争与文化》这样具有远见和富有批评的声音。从一脉相承这样的思谋来看，文化的基因和思考，必然已沁入肺腑，对于自己和他人，他总是有无限感慨在其中。

解读陈安仁，似乎必须弄清楚"著作等身"四个字是个什么概念。《宋史·贾黄中传》中说，"黄中幼聪悟，方五岁，玭每旦令正立，展书卷比之，谓之等身书，课其诵读"。这段话就是成语"著作等身"的由来。宋朝时，贾黄中从小聪明颖悟，他父亲对他要求很严，规定每天要读一定数量的书籍，办法是将要读的文章篇幅展开，用它来量黄中的身高。身高多少就得读完多长的文章。黄中的记忆力相当惊人，居然读完就可背诵。"著作等身"形容著作极多，叠起来能跟作者的身高相等。陈安仁是完全可以用这四个字来形容的。根据记录，陈安仁任教中山大学17年，一共完成了73本专著，是真正的"著作等身"。这个专著的数量让多少人为之望而却步，这需要多少精力和时间才能完成如此鸿篇巨制？特别是在民国时期，国难当头，陈安仁的著作竟然有40余本，可以列成长长的书单，更让人瞠目、佩服。原中山大学历史系主任、著名历史学家朱谦之有过一段评价："在十年中本系所延聘的国内史学专家不少，如朱希祖之南明史，吴宗慈之清史，杨成志之人类学，黎东方之西洋通史，容肇祖之中国思想史，姚宝猷之日本史，罗香林之隋唐五代史，郑师许之考古学，罗志甫之希腊史，均能卓然成家，而陈安仁著述之多，尤属罕见。"朱谦之一向很少表扬人，评价中特别提到陈安仁的丰硕著述，说明当年的陈安仁著述之多是众所周知的。如今的中山大学校史展览，关于全面抗战前后研究的部分著作一览表中，排在首位的，就是陈安仁在1938年出版的《战争与文化》。

陈安仁是在抗战硝烟中，是在战争烽火无法给教授们安放一张安静的书桌的

穷困条件下，避难乡野，在澄江古庙，在坪石金鸡岭下、武水河畔，在昏暗的油灯下，勤奋笔耕，挥就华彩篇章，令人心生感慨。

陈安仁的理想，是和他书上的声音一致的。寻找陈安仁教授的足迹，首先得从昔日属于东莞、今朝隶属深圳市龙华观澜的樟坑径村寻觅他的前世。

穷困、苦难、心灵，只有这样的字眼才能解释为什么陈安仁能站在书山之巅。为什么他的《战争与文化》等著作至今依然灿若星辰？古希腊哲学家毕达哥拉斯认为，数字是高居于万流之上的永恒力量，但数字是怎样蕴藏力量的？这个过程，乃是心灵在苦难中产生的渴望与不屈的执拗勇力。贫困和痛苦、追求和快乐是陈安仁一生交织的生活乐章。

毫无疑问，陈安仁当年同全中国亿万孩子一样，是在贫穷与落后的乡村长大的。1889 年，这一年，大清国的光绪帝亲政，陈安仁在樟坑径村呱呱落地。陈家是一个贫穷的家庭，家里孩子众多，最小的弟弟陈安良比陈安仁小了整整 19 岁。陈安仁家人口太多，生活殊为不易，生活极其艰难。陈安仁的父亲几乎每年除夕都要躲在山里，年初一才敢回家，怕人来讨债。

樟坑径村本是一个三面环山、交通不便的山村，在晚清及民国属于严重的"不发达地区"，但是，作为古村，樟坑径却又是幸运的，这在 1688 年就有文字记载。在东莞，许多客家村都是单姓村，樟坑径村却是个杂姓村，到 20 世纪已经发展到十个姓氏。自然条件不太好的樟坑径村，近代以来却也出过许多名人，中国第一位瑞士留学生陈明秀，就是樟坑径人，他比清朝第一批公派留学生留学还要早 10 年。1869 年，陈明秀从巴色尔大学学成回来，回到老家樟坑径设堂传教，不久又兴办了近代化的学校明智学校。在明智学校教书的老师，除少数中国老师，大多数来自德国、瑞士、瑞典。他们除了修建学校，还建筑了有西式风格的住宅和教堂。学校的兴办，使得村里的年轻人，无论男女，都有机会接受现代教育。

很多当地本来读不起书的孩子，不仅有机会上学，甚至还可能改变自己的命运，走出大山。

陈安仁家几代都是贫苦农民。陈安仁祖父陈超然（超贤公）早年在美国做过劳工，后赴美国加州淘金，不幸的是，运金矿砂的马队在沙加缅度河河谷宿营时遇突发洪水，全部人马遇难覆没。陈安仁的父亲陈圣达曾到村中基督教堂德国牧师家中当面包工人，母亲钟四娇则在山坡上开荒种植菠萝、沙梨和柿子补贴生活。陈安仁的父亲被村人称为"圣泰公",1922年却是在讨债者的逼迫下急病攻心而去世的,那一年,陈安仁22岁。陈安仁在《我生活的回忆》中说,他是至长,他的母亲生了陈安仁兄弟姊妹八人。可以说,陈安仁自小就饱尝贫穷的滋味,因而早年一直靠自学,是个自立意识比较强的懂事的孩子。客家人的勤劳是众所周知的,陈家也不例外。"年深客地成吾地,日久他乡变故乡",陈安仁一家,从先祖筚路蓝缕到这里开基兴业,秉承勤俭做人、立业兴家的本色,因而,陈安仁日后大有出息,从这里可以找到源流。

或许是上天赐给这里非常幽静的自然环境,山多,水好,河水、井水都远近有名,连一百年前洋人在这里拍摄的照片都特别提到这里井水甜美。樟坑径村在未开放前是典型的农耕社会,但就是这样一个村落,却可以在美国南加州大学图书馆搜到几十张老照片,让现在的人可以穿越回百年前这个幽静的中国客家山村。自从陈明秀办教会学校后,这里实际上早在一百多年前就已经是开放社会了。今天从那些老照片中可以看到,照片上的教堂屋顶,是这个古老村落开放的标识。这使得樟坑径呈现了一种奇特的景观:虽然地处穷乡僻壤,却又似乎直通遥远的外部世界。

陈安仁在回忆中说六岁入学校,是德国教会办的学校,入学读书不要学费,这对陈家是个帮助,但是当时的教会,人们看不起,教会办的学校,自然引不起人们的注意。而几年的初等教育,也是不完备的。好在陈安仁天资聪颖,勤奋好学,不用父母督责和劝诫,都能自动温习。人类的竞争性是与生俱来的,陈安仁的发展,印证了这一点。十岁开始,陈安仁到宝安县的李朗德国教会所办的第二级初等学校念书,时间有三年之久。这个学校也是在深山穷谷中。不收学费,食宿费只十元左右,陈安仁这样的穷苦子弟,能脱离家庭就学,说起来也是一个开放地区孩子的幸运。不过,这里的教育却是古典式的,注重灌注式及记忆,考试取德国教育的严格主义,陈安仁静而诵读,毕业时名列优等。但以陈安仁家庭的贫苦,哪里能到中等学校念书呢?陈安仁又得有赖德国教会学校了。考试优等进修中学之中学生,每年食宿费约共十五元之数,家贫者尚还能承受,只是中学路途遥远,且又是在崇山峻岭中,只十三岁的陈安仁,表现了长途跋涉、承受困苦的坚韧精神,三年后毕业。三年中,学校甚为严格,对于间有犯重要校规者,主校政者必拿大藤条鞭挞,而中文教师是清朝的秀才,名叫曾敬塘先生,五经能自首至尾背诵无遗。他教学生多背经书,这种记诵式的教法,陈安仁日后还说并非

无用。教师的殷勤指导是值得钦敬的，故除各种学科，陈安仁尤以文学为嗜好。数年中学时代过去，十六岁毕业，以优等和及格成绩进入大学院深造。而当时革命思潮蓬勃起来，陈安仁喜读《民报》《中国日报》，后离校到广州考两广师范，先后复试而被录取，当时有志于外国留学而以家庭经济不济而辍学了。十八岁因亲戚接济而习读于香港皇家书院，不数月又以经济之困而辍学，心中之苦痛，非亲历者难以感同身受。十九岁到本乡教会小学教书，二十岁任教于宝安县属海隅之上洞乡，二十一岁任国文教员于宝安县的新民学校，继任教职于香港九龙，其间秘密加入香港同盟会，做一些秘密的宣传工作。黄花岗起义后，广东革命党人试图再次举事，陈安仁于民军东新军中担任军中秘书。民国元年，因民军云集饷糈来源不裕，陈安仁所属民军自动解散，获革命军功牌退伍。退伍后考入私立广东大学法科及省立高等师范学校本科，不数月因为学费不继而退学。风云激荡年代，不能不说教育和时代给了陈安仁全新的能量。

今天的人们把陈安仁视为硕学通儒是有道理的。陈安仁曾做过中国民主革命的先行者孙中山先生的机要秘书，曾被孙中山亲自任命为国民党南洋群岛特派员，为辛亥革命开展海外活动。这是樟坑径的奇人。他后来担任中山大学历史系主任、民国中国史学会理事，著述成果丰硕，文章一流。历史常常在民间有另外的解释与流传，有人说陈安仁好像没有念过什么小学、中学，后来成了中国的大学问家，研究中国学术思想史，都不知道他的文化底子是从哪里来的！这一点与前面说的似乎相近，就是教会学校教育，在当地似乎被人看不起，当一个人没有成名成家的时候，很容易被人瞧不起。换作国家，也是如此。国弱挨打，晚清时国家政治腐败，国力日益衰微，连倭寇之国亦敢欺凌中国。作为知识分子的陈安仁，历经清朝末年、民国风云激荡的年代，山河破碎，落后挨打，这国耻的悲凉、悲声、悲愤，随着全面抗战时代的来临，令人义愤填膺，同仇敌忾！

四

毋庸置疑，很多人有过伟大的理想，但理想最终被战争的炮火撕碎。日本侵华的灭绝方式，引起陈安仁在内的中国知识分子和爱国人士的警惕。无论是在罗定，还是澄江，乃至坪石，在艰苦的条件下，教授们相信：坚持教书育人、培养有生力量、潜心学术著述、保全文化命脉，是学者应对国难的最好方式。

因为这种坚守，他们可以藐视物质上的匮乏，忍受困苦的折磨，他们在精神上保持书生的骨头，当战火在天边映红的那个年月，他们始终对黎明、对曙光心生向往。

陈安仁所在的文学院，山林授课，结茅立舍。早在澄江时期，1939年9月，史学系经教育部训令规定改称为历史学系，陈安仁作为历史学系教授，先后为本科生讲授多门课程，如中国近百年史、中国近代三百年史、中国近世史、中国上中古文化史、中国法律史、中国近世法律史等，为研究生开设的课程有文化史专题、史料整理法、史学方法实习、中亚文化探原等。陈安仁不单单是文学院的教授，同时还兼授法学院课程，讲授"汉代交通西域对于文化经济之影响"等。法学院起初是在距坪石十多公里的武阳司，后来搬到车田坝，交通极其不便。陈安仁在舟车不便、路途遥远的情况下，是怎样坚持往返于两个学院之间的？文学院原在距坪石三十里的清洞乡，那里风景颇好，但路途遥远，交通困难，后来迁到铁岭。岭上远眺车田坝的松林，都有一段段崎岖不平的路途或曲曲弯弯的水道，但距离的远近，并没有阻隔陈安仁对学生的亲近。陈安仁是热爱法学院的，这里有学习研究的热度，有不觉沉寂的氛围。每系设有学会，经常邀请名流学者进行学术演讲，或举行座谈会、讨论会等活动。陈安仁的演讲极有水平，他应法学院中国经济史研究室和社会研究所的邀请，在其联合举办的学术讲座上讲演"汉代交通西域对于文化经济之影响"等，参加学习者众多。文学院学生多致力于书本上的探讨，法学院学生也不甘寂寞，也参与聆听、辩解和探讨。

陈安仁在法学院兼职授课，法学院来自东莞的教授还有东莞万江大汾人何作霖教授，以及1944年8月到法学院任副教授的吴壮达。另外还有1942年中山大学毕业的东莞茶山上元人袁镇岳，也留在法学院，他是中山大学的一位年轻教师。来自同一个地方，在同一间大学、同一个学院教书育人，坪石这个条件极为艰苦的乡村，与千里之外的东莞，竟是如此契合，虽然在大后方，但是抗战形势日益严峻。陈安仁在中大时间长，又是老同盟会会员，他无疑有着乡梓的厚谊和长者风范。他的长时间坚守，是否给同乡以鼓励？答案无疑是肯定的。

在这里，条件虽然不好，但并不意味着学术荒废，相反，陈安仁更有良心的安定。中山大学一度想聘其担任训导长，但被陈安仁婉拒。对当时中国大学教育中道德培养忽略的问题，陈安仁进行了深入思考。他认为"大学生要有自动自治自尊自重的精神，以检束自己的身心，能够有此认识，与实践的力量，则大学之

道德训育,才可以达到目的",这段话很好地体现了陈安仁内心对于道德的宣讲,在特殊的战争时期,文化进步的力量当是认识与实践的力量。1943年11月,陈安仁在《我的教师生活》一文中,回忆了自己的育人感悟:"惟有一事敢竭诚敬告吾教育界同仁者,为人师真不容易,要有研精慎独之精神修养,要有垂世范俗之工作效能,否则不但不能为百代之师,且不足为一代之师也。所谓师者,不但指其有智识之谓,而且是指具有道德之人格之谓。"

重塑智识与道德人格,陈安仁身体力行。无论是在文学院,还是在法学院,他的文化教育与学术思想非常清晰。他注重实地研究,课题紧贴社会脉搏。从现在的眼光来看坪石时期,中山大学研究院的实践和理论探讨,是最具有时代特征的高等教育历史。陈安仁曾任文科研究所研究生指导老师,从保存至今的文档来看,研究生考试的校内外委员,选择都十分严谨。1938年进入研究院就读的文科研究所三名毕业生之一的区宗华,论文题目便是《中国税务司史研究》,由陈安仁指导。文科研究所三名毕业生,这个不起眼的表述,实际上潜藏着无限丰富的想象与现实的严苛。

学术是不能马虎的。说到这里,应该要提三尺讲台上的文学院历史学系的教授们对于学识的敬畏。1943年,中山大学研究院聘请陈寅恪教授为研究院特约教授。为迎接陈教授到坪石,专门派文学院历史系兼研究院文科研究所历史学部指导教授郑师许前往广西桂林,陪同陈教授乘火车到坪石。郑师许来自东莞虎门白沙,1940年夏受聘于中山大学,与已在中山大学奋斗了11年的同乡陈安仁同在文学院和研究院,又都是历史学系的教授。还有一个来自东莞北隅、1942年重返中山大学的容肇祖,也是历史系教授。三个东莞人,都是文学院历史学系的教授,他们的交集,在迎接大师陈寅恪教授的事情上,表现了极其一致的尊重。当时的《国立中山大学日报》虽然没有提到三人的东莞人身份,但是"6月30日到达坪石车站时,研究院全体师生前往车站迎接",这句简单但是分量很重的话,至少说明陈安仁、郑师许、容肇祖三个东莞籍教授是怎样的一致。他们对于学术和大师的态度,体现了"海纳百川,厚德载物"的东莞精神,他们在坪石肃立迎接陈寅恪教授,不但为他们自己,也为东莞,还有为他们各自的学生竖起一道书生的骨骼和对学识的礼赞。有些谦卑出自本能,陈安仁作为东莞籍教授的长者,他的姿态,印证了岭南东莞一个地域的文化精神,证明了此地论学空气的浓郁,也聚合了中山大学的大学精神。这些教授的身板,后来者在仰视之余,多半感叹时光的雕刻和文化瓷器般的光泽。

文科研究所研究生考试的校内外委员，除像陈安仁这样的老资格的大学校内教授外，中山大学还邀请校外知名教授任考试委员会委员，比如闻一多、陈序经、陶孟和及李方桂等人都曾是。

澄江时期，中山大学文学院及研究院旧址在文庙，那里的棂星门与大成殿甚为气派，殿前横额书着"斯文在兹"几个字。文学院设有历史学系（1939年9月史学系经教育部训令规定改称为历史学系）、中国文学系、外国语文系英文组、哲学系。1940年中山大学历史学系学生毕业时，文学院院长吴康及历史学系师生朱谦之、陈安仁、鲁默生、罗香林、杨成志、吴宗慈、江应樑、梁钊韬曾在文庙合影。陈安仁、吴康、朱谦之等大家与其他师生在撤离澄江前夕，以一种敬意和温情，在文庙留下念想。文庙是合乎礼制的地方，在战争情况下，他们依然保持着对传统文化的尊崇。

对青年的根系的培植，需要教授们的精心呵护与传帮带。坪石时期，1942年12月15日出版的《民族青年》第一卷第六、七期刊登了《服务经验特辑》，工学院院长陈宗南、文学院院长陈安仁、法学院政治系主任刘求南、文学院教授詹安泰等重量级教授纷纷为《民族青年》撰文。陈安仁就三十年来的宣传与政党建设谈了不少经验。1943年，陈安仁出版了专著《中国文化建设问题》，对民族本质和文化本质等进行深入浅出的分析和论述。陈安仁以自身的底色和兼收并蓄的视野，诲人不倦，在指导研究生研究上，更是留下了不可磨灭的烙印，深刻体现了对国家社会的关切。陈安仁的研究题目更是如是。《抗战与建国》《中华民族抗战史》就是陈安仁在这一时期撰写的。它们与文学院洪深撰写的《四年来之抗战戏剧》、文学院杨成撰写的《人类学及现代生活》《现代人种问题总检讨》等交相辉映，反映战争状态下的文化研究与培植。教授们致力于培养学生对学术研究的兴趣，拓宽其知识面，鼓励其开展调查研究。这些著作反映了作者的内心，映衬出他们对于战争离乱和苦痛创伤下的中国未来有一种慧眼如炬的穿透力。

一心埋头国学研究的陈寅恪在贫病交加中认为"国可亡而史不可灭"。陈寅恪是现在公认的史学大师，甚至被称为"教授中的教授"。全面抗日战争爆发以来，中国大片国土沦陷，社会上很多人觉得中国必亡。而陈寅恪教授大声疾呼：只要文化精神不灭，即使中国亡国，也能再次复兴。抗战到底，是教授知识分子

的决心，也是凌然风骨。陈寅恪不是空喊口号的，他继承了其父亲陈三立的铮铮骨气。1937年7月，卢沟桥事变爆发，陈寅恪的父亲陈三立听人议论中国必败，怒斥："呸！中国人岂狗彘耶？岂帖耳俯首，任人宰割？"北平、天津相继沦陷后，日军欲招纳陈三立，虽百般游说，陈皆不答应。后，侦探日伺其门，陈三立大怒，呼佣人拿扫帚将其逐出，从此绝食五日，忧愤而死，享年85岁。

这就是中华民族抗战中的战争文化，它以天地的浩然之气，宣示着中华民族的倔强和风骨，中国从来不缺有死节之志的真正的抵御外侮的精英。中国历来就有战争文化，这些文化必然深深影响了陈安仁。在陈安仁成为同盟会秘密会员的那一刻起，他就融入革命与战争的洪流中，虽然后来进入学界、教育界，但是其忠烈之义，并未泯灭，不然今天的人们怎么也不会理解他有关战争的著书立说。他不是为了著作流芳百世，而实际上是为了唤醒民众，团结起来抗战到底，直到将日本侵略者赶出中国。

翻阅陈安仁在1939年出版的《宋代的抗战文学》，该书旨在梳理宋代主战派和主和派的利弊得失。一个布衣教授，在发黄的故纸堆里寻找历史教诲的幽光，他绝不是出于对前人的好奇。在日寇日益猖狂的进攻下，陈安仁滴血的心只好用这样隐晦的办法，通过比较宋代的国运和危机，以期找到解救民族困局、避免华族亡国灭种的办法。陈安仁认为，中国几千年的历史，是内乱和外患相始终的历史。他说："以上略述宋代的抗战文学，以为现在抗战期间的写照。中国文化教育界，对于此次全国军民之为正义而战，为强权侵略而战，为民族自由独立而战，当提倡抗战的文化精神，以为民众的领导啊！"

提倡抗战文化精神，以抗战文化精神领导民众抗战，这就是陈安仁教授在烽火连天的抗日战争时期发出的呼喊。

五

在中原文化和海洋文化裹挟下的岭南文化，既有前者的积淀与厚实，又兼具后者的开阔与包容。中山大学中文系教授、博士生导师谢有顺先生在《文学岭南的一些新质》一文中说："岭南文化最突出、最独特的价值，就在于1840年以来发展起来的现代文化。"

如此说来，生于1889年的陈安仁，是属于现代文化范畴的。但是，经受了抗日战争这一段烽火岁月，整个民族的伤痕烙印在不可忘却的记忆中，用八个字可以概括形容之，便是：洗血国耻，常记心头。

用"不屈不挠"四个字来形容中国人民坚持的抗日战争，我觉得似乎远远不够。对灭绝人性的摧残我中华文明的日本侵略者，坪石先生们普遍有一种集体的希望，那就是影响和培植后来者。他们的精神向导意义，日月昭昭。

《铁岭弦歌》的作者之一曾理回忆："1942年，余与镇湘考入坪石铁岭的中大文学院，同赁居附近农家，朝夕相处，互相切磋……必大谈国事，不能自已。"诗曰：

　　…………
　　纵谈世事抒孤愤，痛斥倭儿破国门。
　　但愿回天终有术，不须相对泪沾巾。

另一个来自东莞虎门的坪石先生郑师许教授，同样对战争极度关注。他遥望前途，坚信抗战必胜，但是痛感中国疆土被蚕食太多，作为一位大学教授，又是一个史学工作者，自己有责任为恢复历史本来面目说话。他开设中国边疆史课程，著有《中国边疆史》《中国边疆史纲要》《东亚国别史》《越南史讲稿》《我国在东沙西沙等群岛的主权上之历史证明》等文章。抗日战争让莞籍知识分子对国家和未来有了空前的集体担当，他们对战争状态下的文化表现出无与伦比的关注。在坪石乡下的陋屋里，陈安仁以一个同盟会老人的身份，功成不倨傲，教育后进，淡薄自甘。《战争与文化》里表现出的思想转折，或源于孙中山先生的殷殷嘱咐。1923年11月，孙总理以陈安仁一向服务于教育界，嘱他入教育界，联络学生，宣传主义。时岭南大学校长钟荣光先生聘陈安仁为该大学秘书，兼侨务和出版事宜。1926年冬，兼该校大学政治系教职。当时陈安仁为何不进入政途，而面向教育界讨教育的生活？其实原因在于陈安仁已"认定教育为神圣之任务，而大学教育，尤为负了创造最高文化的任务，其使命重大啊"。

陈安仁早年备尝艰辛，多靠自学成才，因而对于教育有其独特见解。他的弟弟陈安良，比他小19岁，生于1908年，无论物质条件还是读书受教育的条件，都比陈安仁要幸运得多。他上了教会小学，后来一路考至上海同德医学院。

在风云激荡和民族民智觉悟的时代，每一个年轻人，对国家的积贫积弱，都

表现了自觉的担当。有钱者出钱，有力者出力，有命者出命，有才者出才。1925年5月30日，上海发生了著名的"五卅运动"，沪上各校学生两千多人到上海租界散发传单、发表演说，英国巡捕房逮捕一百多名学生，拘押在南京路老闸巡捕房内，被捕者中就有陈安仁的弟弟陈安良。

陈安仁作为一个大哥，他的传奇经历，显然影响了陈安良。陈安良的孩子们后来用"山沟里走出来的学者"来形容自己的父亲，指的就是，陈安良出生在樟坑径那个小山村。家里排行第八的陈安良出生时，比他大19岁的大哥陈安仁已在本乡教会设立的小学任教。可以说，大哥陈安仁对年轻的陈安良而言，那是心中的楷模。

17岁的陈安良在上海被捕的消息传到岭南的樟坑径村后，陈安仁的母亲心急如焚。此时，陈家的主心骨、陈安仁的父亲已在三年前离世。陈安仁身为大哥，又在岭南大学工作，而且还是同盟会元老，自然就成为营救弟弟的主力。这时的陈安仁已经有一定的地位和影响，另外，他从小练就的良好的英语水平，对于拯救弟弟也发挥了良好的作用。陈安仁亲赴上海，很快从英国人手中把弟弟营救出来。同时，为弟弟的未来考量，陈安仁将弟弟转学至中山大学医学院学医。

陈安仁为家族成员和至亲骨肉的种种努力，反映了陈安仁的人生态度。当时第一次国共合作才开始一年半不到，距离国民政府1926年7月9日开始北伐战争还有一年多时间，中国革命的发展尚任重而道远。

陈安仁把自己的弟弟解救出来，并不是担心陈安良莽撞，而是他看到革命的另一种任务，乃是教育与文化的培植与深耕，而要完成此任务目标，非有大学教育不可。陈安良顺利得以完成身份的逆转，要归功于陈安仁作为一个教育工作者的眼光。医学无论在战争还是太平时期，都是医者良心的职业，于国于民，都可视为教育文化的延伸，是国家再造需要的力量。

从某种意义上讲，是文化让陈安仁做出了抉择。后来的历史证明，他的选择是正确的。1928年，陈安良作为中山大学第三届医学院的优秀毕业生留校任教，后来成为中国最早具有执业资格的法医，也是中国第一本现代法医学著作的作者。1949年10月14日广州解放，陈安良出任中山大学医学院教授兼方便医院院长。陈安仁为新生的中华人民共和国输送了急需的人才，此时，如果仅仅用"弟弟"的身份解读陈安仁当初的安排，显然是褊狭的。1953年，广州市创建卫生防疫站，陈安良任第一任站长。此时起，他离开了医院一线工作。1960年，陈安良任广州市卫生局副局长。陈安良作为广州市科协主席和荣誉主席,可谓2020年8月11日"共和国勋章"获得者钟南山院士的"前任"。陈安良去世后,钟南山曾用"淡怀风清月朗,雅量海阔天空"来表达对陈安良的敬意。这段从小小的山村樟坑径通往遥远外部世界的传奇故事,正是寒门学子兄弟陈安仁、陈安良知识报国的体现。

陈安仁的足迹遍布南太平洋诸多国家,所以他的见识和视野宽广。陈安仁认为,大学生活,是值得非常注重的生活,也是非常有趣的生活。一方面可与许多可敬可爱有志有为的青年接近,另一方面可与世界学术之林相亲,这是何等宝贵的事业呢?但是,由于时局的急剧变化,国家面临严峻形势,有识之士充满了担忧。全面抗战前,硕果仅存的中山大学是否会惨遭日本侵略者的毒手,很多人还难以预料。然而,陈安仁同其他有远见的中山大学的教授们,显然意识到问题的严重性。在民族危机面前,一切理想都会因为战争而发生变化。陈安仁早年就关注到文化和教育的问题。1913年,他在任新民学校校长时,写了一部《文明家庭教育法》,凡数万言,刊于《觉魂日报》,后刊印于香江,这是陈安仁著作单行本的第一部。1916年,朱庆澜先生主省政,阅是书后题序,其中说:"东莞陈君安仁,著有《文明家庭教育法》一册,披览既竟。皆为鄙人意中所欲言,诚可谓先得我心者矣!……世之有国有家者,盍日取陈君所著之书面一再审览之耶?今世变亟矣!不及早梦醒,国人且夷为日虏。"这段话清晰地指出,远在1937年七七事变前21年,像朱庆澜先生这样的有识之士,对陈安仁在三年前著就的作品,除了关注文明家庭教育之外,更为主要的是担忧文化教育的落后,担心国家贫弱变为日寇的臣虏。在21年后,随着日本全面发动侵华战争,这种担忧被证明并非无稽之谈;日本侵略者的处心积虑和有计划有目的地吞并中国的野心,绝非一朝一夕所想。

警钟长在。这是我对陈安仁教授富有远见的研判的由衷赞佩。《文明家庭教育法》面世后24年,七七事变爆发,北京大学、清华大学和南开大学先迁至湖南长沙,后又迁至云南昆明,三校一起办学,称国立西南联合大学。其他大学也纷纷内迁,继续办学。战争带来史无前例的高校大迁徙,路途行进异常艰难。据原国立浙江大学农学院学生唐觉回忆,师生途中乘坐的铁皮火车,由于曾遭日军轰炸,夜晚的凉风肆虐而入。"冷得不得了,吃也没的吃,水也没有,什么也没有,都硬撑着。"他说。而支撑他们走完迁徙之路的则是不做亡国奴、与大众共

赴国难的信念。

不做亡国奴、与大众共赴国难。在中山大学校史上，一个大学的灵魂支撑着一个个师生，抒写战争下的弦歌，立下一道道不朽的雕像。他们来自乡土，又将乡土情结上升到家国情怀。有国才有家，无论是撤离广州时暗夜里的机帆船的"突突"声，还是千里迂回奔赴澄江、坪石的脚步，他们用史诗的壮阔，无畏的牺牲，凝集合力，只为了一个目的：国家的强盛、民族的未来。

信念和乡土，是否有某种关联？答案既是肯定的，又是必然的。樟坑径村的陈安仁、陈安良兄弟和邓屋村的邓植仪、邓盛仪兄弟，真可谓特殊佳话。比邓植仪晚一年出生的陈安仁，二人都有"立言平正"和"造福桑梓"的想法，对于推动广东现代高等教育，都有独特建树。樟坑径是一个三面环山、交通不便的山村。邓屋村是个窄窄的、有着麻石路的农业聚居乡村。两个乡村的密码和它们的气韵，在一个个教授身上清晰如初。

在气候温润的岭南，这样的乡村似乎又很多。但就其独特性而言，因为社会贤达和名流的原因，它们流淌的学问，终究是有来路的。有的人说是他们天资聪颖，才在日后的教育中培养成才的。这样说固然有些道理，但是，当我们拨开历史的迷雾，寻找和探究那些远去的背影，发现地理上的乡土对一个远足的人来说无比重要，在灵与肉的双重印记里，乡村的家族和那方水土，总是让人不由自主地联想到源头。

陈安仁、陈安良后来的多重智识，与陈明秀有着不可分割的关系；邓植仪与邓盛仪的书上留名，也与他们的父亲和其他邓氏宗亲紧密关联。任何割裂，只会让人物失去滋养和本身的光泽。

当然，仅仅用乡村的牧歌来解读他们也还不够。他们成才的得天独厚的条件，又是因为"开放"而使他们走得更远。

樟坑径村是现在的深圳、当年的东莞最早对外开放的村落之一，邓屋村同样如此。邓氏乡贤在外地人多，社会关系面广，生命的信息无论是在祖屋还是在漂泊的埠头，都有千丝万缕的联系。根脉的庞杂，就像树木的根须一样，织成一张张精神维系的网。陈安仁兄弟与邓植仪兄弟，在那个需要毅力、胆识和眼光的时代，他们作为成功的参照，已经为后世之人认可。

任何文明的进步，总是与人物的智慧相连。抗日战争的烽火，和后来的新中国诞生，中华民族在多难中兴邦；时间的力量，只证明文化的绵延不绝和文明的凤凰涅槃，浴火重生。透过百年前樟坑径那个典型的老农扶犁、老牛拉套的农耕田地后面的教堂屋顶、尖塔，这个古老的村落明显具有那个时代应有的开放标识。

六

陈安仁作为睁眼看世界的人，当然对日本侵略者的野蛮入侵保持着高度的警惕和痛苦的思考。作为历史系教授，陈安仁教授非常清楚世界兴衰成败的事情。比如，公元前4世纪，起家于马其顿王国的亚历山大，在情感上自认为是希腊城邦的一员，采取弘扬希腊文明的政策。他的马蹄征服了小亚细亚、波斯、埃及等地，就连印度的旁遮普也被征服，希腊文明被广泛传播到各地，古埃及、古印度、古亚欧的本土文明慢慢被覆盖，西方世界进入希腊化时代。中国被日寇惨无人道地蹂躏，日本侵略者更是对中华文化大力摧残，企图从根上毁灭中国的文化。陈安仁和全国有识之士一样清醒地意识到，如果日本侵略者完全占领中国的话，那么中国有"亡国灭种"的危险，这绝不是危言耸听。

以日本侵略者在台湾、在东三省、在南京等地制造无数惨案来看，知识分子和有识之士的警觉是对的。日本侵略者不但对中国人进行肉体的灭绝，还对古老的中华文化肆意掠夺或焚毁。他们罪恶滔天，罄竹难书。

因此，唤醒民众刻不容缓。

世界文明的兴衰沉浮教训，太多了！

在希腊城邦，亚历山大曾对哲学家、犬儒学派代表人物第欧根尼说："我可以满足你一个要求。"

第欧根尼——这位西方的庄子回答说："我的要求就是，请你站开一点，你挡住了我的阳光。"

在这里，我深深为第欧根尼感到震撼，也为亚历山大感到震撼。亚历山大认为自己是第欧根尼所自称的"世界公民"，像第欧根尼一样，他崇拜海格立斯的英雄形象，第欧根尼是自由的。

亚历山大没有被第欧根尼激怒，他意味深长地回答道："如果我不是亚历山大，我愿做第欧根尼。"

第欧根尼的孤傲和亚历山大的胸襟，只是战争文化进程中的一个哲思般的叙

事。故事更多的是第欧根尼对亚历山大的不卑不亢的态度和表现，他希望当权者对文化保持应有的尊重。亚历山大在这一个问题上的反应是机敏的，也是富有哲学意味的，亚历山大对超然的哲学师尊给予了足够的礼遇。

与之相反的是，日本自隋唐以来就以中国为师，但其羽翼渐渐丰满之后，其贪婪本性随之而起。明朝时期，倭寇不断在中国东南沿海袭扰，对中国的属国朝鲜亦不断挑起事端。坂野润治著述的《日本近代史》说，进入1873年后，领土问题急剧升温。出身于旧萨摩藩的桐野利秋重视台湾问题。桐野利秋希望以辖区内琉球人被台湾生番虐杀一事为由，兴兵征台。1874年5月，日本出兵我国台湾，决断由大久保利通做出。1880年11月，陆军参谋本部长山县有朋将参谋本部汇总的《邻邦兵备略》呈递天皇时附呈上奏文，宣扬"清国威胁论"，称"邻国强大并非值得欢迎之事，日本也必须重新致力于'强兵'"，日中对立的思想在日本朝野上层发酵。

中日战争的祸端，就在奉行合理主义的军事指挥者山县有朋这里，可以找到原始的敌视中国的论调和阴谋。

可以说，甲午中日战争，当时的清朝北洋海军的失败，既是军事上的失利，也是农夫和蛇的故事在国家与国家之间的上演。历史容不得任何假设，历史的舞台却充斥着残酷的掠夺、野蛮的杀戮与肆意的破坏。奉行礼仪之邦的中国，面对野蛮入侵，伤痕累累，千疮百孔。落后挨打的教训，应该代代宣扬下去；前事不忘，后事之师，这才是中日战争的经验教训。

陈安仁在颠沛流离的战争迁徙路途上，有着深刻的思索。他曾说："卢沟桥事变，日本敌国派遣大兵进攻我国，中华民族伟大的时代已经降临了！四万万五千万的民族，以何种方式应付这个时代，是值得非常注意的问题。应付得了，则国家民族生；应付不了，则国家民族由此而灭亡而沉沦。"陈安仁在民国二十七年（1938）三月六日撰写的文字，振聋发聩，发人深思。

一个地理上的东莞人去往坪石落脚，与中山大学到坪石落脚，本质上是一样的，均是因为被日本人侵略驱迫所致。战争让很多东莞人登台亮相，检验家国情怀的标尺，是在烽火中为国仗义疾呼，书生的骨头是否民族的脊梁，考验着一个人的身板与灵魂。

抗日战争时期出版的《中国史纲》的作者张荫麟，也是东莞人，于1938年奔赴西南联合大学。散文家詹谷丰在《半元社稷半明臣》中说，《中国史纲》

"这部书的属草,是在卢沟桥事变之前二年(1935年),这部书的开始刊布,则是事变之后将近三年","日军侵华是张荫麟、伦慧珠爱情颠沛流离婚姻最终夭折的根源"。

卢沟桥事变后,清华、北大在炮火中南迁,战争让人天各一方,家庭离散。张荫麟一家就是这样。张荫麟千里迢迢赶往昆明西南联大,而他的妻子伦慧珠则带着两个年幼的子女回到东莞老家。如果没有这场战争,那么张荫麟、伦慧珠就不会天各一方,他们的婚姻最终夭折的可能性不大。

这个故事说明,在国家生死存亡危在旦夕的时候,个人和家庭的根基受到破坏,美好的时光总是那么短暂。陈安仁或许不知道他们的故事,因为那个时候,陈安仁在千里辗转迁徙的途中,在去往澄江的路上,充满千难万苦。在信息难以传递、通信并不发达的战争岁月,个人的磨折,只能是自己的历史编年,沸沸扬扬的传播,哪里有呢?有的只是战争的消息和物价的飞涨。

在抗日战争的烽火下,就是地处南岭深处的坪石、寂静的西京古道,也是不安静的。何况个人与家庭。

所幸,文明得以维系。1945年,日本战败无条件投降,中国为世界和平做出巨大的牺牲。没有中国的牵制和抵抗,世界反法西斯战争的胜利不会那么快到来。

陈安仁的战争观、文化观,今天依然值得多看看。

在南粤古驿道,在西京古道上,陈安仁用不同于其他人的方式,追踪着战争的脚步,用文字的笔力,传递心中的中国必胜的坚定信念。他以《中华民族抗战史》《中国近代民族复兴史》《中国先哲伦理思想》等代表作发声,思想何其富也!

陈安仁教授的学生丘陶常在《陈安仁先生学谱跋》中说:"抗战八载,吾师随校由广州而澄江而坪石而东江,以迄复昌原址,再四播迁,不辞劳瘁。粤赣事起,坪乐相继失陷,吾师受困仁化,席地而卧,食止菜蔬,沐雨栉风,避敌锋崇山峻岭间,暇辄笔草'劫后记'备史家之采择,数阅月如一日,安之若素,浩然正气,磅礴天地!"

陈安仁教授坚守自己的文化观,向往光明和正义,1949年选择留在祖国大陆。他以饱满的热情和丰富的教育经验,为新中国贡献心力。

在"东莞人物丛书"之《东莞当代学人》(广东教育出版社,2008年1月出

版）一书中，陈安仁教授位列"东莞当代学人"第三位，位置显赫，足见其在东莞的文化影响。

陈安仁教授离开眷恋的、为之奋斗一生的世界，是在1964年。这一年的10月16日15时，中国在西部地区爆炸了第一颗原子弹，成功地实现了第一次核试验。100多年来，中国人民饱受战争的创伤，中国的第一颗原子弹爆炸，"东方巨响"震惊了世界。这一成就集中代表我国科学技术当时所能达到的新高度，有力地打破了超级大国的核垄断和核讹诈，提高了我国的国际地位；它充分证明我们中华民族强大的实力，同时也向全世界证明中国不是弱者，中国已经站起来了。

陈安仁教授希望中国强盛的目标在新中国实现了。

陈安仁教授一生为中华民族的独立、自由和富强著书立说，影响世人。他心比山高，思比水长，不愧为受人尊敬的"坪石先生"。

让我们记住陈安仁，记住他的《战争与文化》，这些没有过时，也不会过时。

人们常常把历史喻为长河。河流发源于哪里，又流向哪里？古往今来，河流文化在人类的精神生活里有着母亲河一样崇高的信仰。

中山大学在珠江之滨。珠江是中国南方最大的河系，是中国境内第三长河。众多的支流，丰盈的河水，这样一条伟大的河流，其感召性，自然的启示、影响和塑造，孕育了灿烂的中华珠江文明。

流水汤汤。自1924年2月4日，中国民主革命的先行者孙中山先生颁布大元帅令《着创建国立广东大学令》，开始筹办"文学堂"——国立广东大学（中山大学的前身），此后，它就与黄埔军校一起，成为孙中山先生培养革命和建设人才的最高学府。一文一武两所学堂，将星云集，精英荟萃。在此后的历史云烟里，东莞籍的邓植仪、陈安仁、郑师许、容肇祖、吴壮达、邓盛仪、何作霖等一批中山大学知识分子，因为抗日烽火，赢得了一个共同的身份，就是中山大学的"坪石先生"。

这是一批崇高的人。在珠江口东畔，2465平方公里的莞邑大地，始终没有忘记他们，当然，他们也没有忘却自己的故乡。源远流长的东江日夜流淌，于东莞的石龙镇进入珠江三角洲，岭海文明在这里融冶，自然的优胜和文明的教育，给这片神奇的土地镀上了人杰地灵的光辉。

东汉王充在《论衡》中说:"才有浅深,无有古今;文有伪真,无有故新。"中国近代土壤学先驱、农业教育家邓植仪,著作等身的历史学家陈安仁,桃李满天下的史学大家郑师许,著名古典哲学家、史学家、民俗学家容肇祖,小学语文课文《日月潭》作者、地理学家吴壮达,五四运动领袖何作霖,香港著名实业家邓盛仪等诸多大家,均从莞邑大地出发,以身报国不分先后,沉潜教育不辱使命,在日寇野蛮侵略中国的动荡岁月里,与中山大学不离不弃,虽迁徙流离,但英气、硬气、文气、浩气,始终映照大地。

他们著书立说,以启山林。在高校里,在油灯下,在坪石那个山区小镇,用文化的执着,点燃文化的火焰,那些如今和平、安静、美丽的每一处注脚,仿佛依然有着他们遗存的风物,独特的气息和坚挺的足迹,刻写着生命的密码,掩不住记忆的风流。80多年后回望那个山河破碎的岁月,斯人虽然已经逝去,但是他们托起和献身高等教育的英姿,依然在一拨又一拨寻芳探幽者的心里成为巍巍丰碑。

高等教育是教育龙头。它为国家政治、经济、社会、文化、教育、科技、军事等方面的发展提供强大的人才和智力支持。没有良好的高等教育,就没有国家强盛的未来。据《第二次中国教育年鉴》统计,"1928年全国公私立高等学校有74所,学生25196人。1936年大学达到108所,学生增至41922人。全面抗日战争爆发后,一度减为91所,学生31188人"。从战前战后大学数量和学生人数对比可知,战后大幅锐减。日本侵略中国,企图从文化上摧残和灭亡中国,沉重教训,至今尤见血泪斑斑。

在终结日本侵略中国那场残酷和满是屈辱的战争史上,东莞籍"坪石先生"们身处逆境而壮志不移,饱经磨难却坚韧执着,他们在坪石岁月里播植生根,为美丽家国育得无数新绿;他们在战争烽火中坚持殉道精神,气质贯穿生命的始终。他们爱国爱乡,皇皇著述,透着厚重文化底蕴;深深思考,为后世俊学以为先贤指引。他们身形硬朗,百折不挠,在纸上重重写下深邃的思想,在今天依然散发耀眼的光芒。

因为抗日战争的驱迫,中山大学不得不千里大迁徙,自澄江到坪石,从精神到肉体,从心碎到坚强,时代和民族的荣哀早已化成奋斗崛起的钟声。坪石先生们,在离乱中与祖国不离不弃,后来成为中国共产党建设新中国的同道人,他们为繁荣富强之中国付出毕生的才智与心血,今天的人民永远不会忘记他们。

陆海相荡，历史的车轮驶过虎门销烟、烽火坪石，文化上的接续，已翻开中华民族新的篇章。"苑彼莞草，芃芃其色……邑之攸名，实维伊昔"，在莞草、莞香留名的历史坐标上，莞籍"坪石先生"，为他人提灯，像航标灯一样，在东莞、在岭南、在华夏，永远激励一代又一代青年才俊，将理想、初心和行动，化作追寻先贤们坚实的脚步，为明天的中华民族繁荣昌盛继续务实进取，继续自强不息。

在"坪石先生"纪念册上，莞邑还有卢文、毛鸿甫、刘伟民、吴鹏抟、袁镇岳、卢法等人，他们与中山大学邂逅的时间或长或短，但无不与抗日烽火的那段悲壮历史共过命运、同过生死。

这些为高等教育献身的大师，一个个远去了，但他们在国难时期发声，在支撑民族未来空间、民族灵魂和科技进步的光荣柱上，已经重重刻下了他们的名字。今天的我们想起那些书生的骨骼，更能感受到为实现中华民族伟大复兴的征途上，知识对于一个国家的重量。

（刘帆）

参考文献

[1] 东莞市政协. 邓植仪文选［M］. 广州：广东高等教育出版社，2006.

[2] 黄义祥. 中山大学史稿（1924—1949）［M］. 广州：中山大学出版社，1999.

[3] 华南农业大学校史编写组. 华南农业大学校史［M］. 广州：广东科技出版社，1999.

[4] 吴建新. 邓植仪评传［M］. 广州：广东人民出版社，2014.

[5] 吕雅璐. 抗战烽火中的中山大学［M］. 广州：中山大学出版社，2017.

[6] 侯德础. 抗日战争时期中国高校内迁史略［M］. 成都：四川教育出版社，2001.

[7] 吴壮达：探地北天南 著宝岛风华［N］. 东莞日报，2020-06-01.

[8] 中共东莞市委宣传部. 东莞当代学人［M］. 广州：广东教育出版社，2008.

[9] 中共东莞市委宣传部. 东莞历史人物［M］. 广州：广东教育出版社，2008.

[10] 中共东莞市委宣传部. 东莞现代人物［M］. 广州：广东教育出版社，2008.

[11] 吴壮达. 琉球与中国［M］. 南京：正中书局，1948.

[12] 坂野润治. 日本近代史［M］. 杨汀，刘华，译. 北京：新华出版社，2020.

[13] 陈安仁. 宋代的抗战文学［M］. 北京：商务印书馆，1939.

后　　记

　　这是一次曲折的旅程，在毫无准备的情况下，匆匆上路。面对从未有过的难度和挑战，我们从接受创作任务的那一刻起，就感受到了一种紧张、惶恐和难以言说的焦虑。

　　从选题策划、项目申报、专家评审、现场答辩、作者委托、两级签约，再到项目付诸实施，一路走来，充满了变化和起伏，整个过程可说是五味杂陈，一言难尽。

　　作为中共东莞市委宣传部的委托项目，《烽火坪石》的项目体裁为"长篇历史散文"。面对远去的历史，面对现代中国百年来波澜壮阔的社会图景，以及沧海桑田的价值裂变，我们知之甚少。应如何去把握时代精神，诠释先贤风骨，从而让我们的创作找到与历史合流的方式，这无疑是一个全新的命题。

　　按照学院派的划分，历史散文主要是指诸子百家的哲理散文，并明确以记述历史事件的演化过程为主，认为最早的历史散文是《尚书》。然后还指出，历史散文分为三体，即"国别""编年"和"纪传"。

　　如果从这种角度来定义历史散文，显然我们的视野、学养、水平和能力都难以企及那样的高度。该如何将烽火岁月中的莞邑先贤形象生动地再现于我们的笔端，这无疑是一次短兵相接的实力考验。加上时间紧迫，人物众多，资料匮乏，无论是史料收集、文献研读，还是材料的运用转化，均存在各种各样的困难和障碍。为了克服这些困难和障碍，我们需要付出更多的汗水和努力。

　　我们都是非专职作家，属于8小时之外的业余创作。为稻粱谋者，必须在服务好主业之外，方可言及文学。然而协议要求在短短几个月时间完成15万字的书稿，这种压力可想而知。

　　为了按期完成创作任务，在中共东莞市委宣传部的关心支持下，在市作家协会的指导下，在桥头镇委、镇政府的周密部署下，桥头镇文化服务中心作为项目

后记

主体，一直以来，高度重视，采取了一系列措施来推动本书的创作，使我们在重负中得以前行。

对于我们来说，三人共同完成一个创作项目，这是从未有过的经历，可说是大姑娘上轿——头一遭。这种模式与独立完成的创作方式不尽相同，作者根本无法从以往的写作方式中找到可靠的经验，无法做到轻车熟路，游刃有余。在夜深人静的时候，我们只能相互之间不断地鼓励、沟通、磨合、协调和探讨，最后在极短的时间内完成了本书的创作。在此，对给予我们关心和帮助的各位领导、同事和各界朋友，表示衷心的感谢！同时恳请大家对书中存在的错讹舛误给予批评指正，以便我们在今后的创作中加以改进和提高！

2021 年 8 月